编委会

与时偕行

中国特色国有企业
现代公司治理的南网实践

中国南方电网有限责任公司法规部　著

暨南大学出版社
JINAN UNIVERSITY PRESS

中国·广州

图书在版编目（CIP）数据

与时偕行：中国特色国有企业现代公司治理的南网实践／中国南方电网有限责任公司法规部著 . —广州：暨南大学出版社，2025.6
ISBN 978-7-5668-3908-4

I. ①与… II. ①中… III. ①国有企业—企业管理—研究—中国 IV. ①F279.241

中国国家版本馆 CIP 数据核字（2024）第 085022 号

与时偕行：中国特色国有企业现代公司治理的南网实践
YUSHI-XIEXING：ZHONGGUO TESE GUOYOU QIYE XIANDAI GONGSI ZHILI DE NANWANG SHIJIAN
著　者：中国南方电网有限责任公司法规部

出 版 人：阳　翼
策划编辑：姚晓莉
责任编辑：苏　洁
责任校对：陈皓琳　王雪琳
责任印制：周一丹　郑玉婷

出版发行：暨南大学出版社（511434）
电　　话：总编室（8620）31105261
　　　　　营销部（8620）37331682　37331689
传　　真：（8620）31105289（办公室）　37331684（营销部）
网　　址：http：//www.jnupress.com
排　　版：广州市新晨文化发展有限公司
印　　刷：广州方迪数字印刷有限公司
开　　本：787mm×1092mm　1/16
印　　张：17.25
字　　数：350 千
版　　次：2025 年 6 月第 1 版
印　　次：2025 年 6 月第 1 次
定　　价：90.00 元

▶ 前　言

党的二十大报告指出，自十八大以来，中国特色社会主义进入新时代，党和国家创立习近平新时代中国特色社会主义思想，采取一系列战略性举措，推进一系列变革性实践，实现一系列突破性进展，取得一系列标志性成果，推动我国迈上全面建设社会主义现代化国家新征程。如何在社会主义市场经济体制下，推动国有资本和国有企业做强做优做大，是新时代新征程国有企业改革与治理过程中亟须思考的问题。新时代以来，以习近平同志为核心的党中央统筹两个大局，将科学的世界观和方法论运用到国有企业治理中，提出要建立中国特色现代企业制度，以更高站位、更强责任、更大力度把国企改革向纵深推进，推动国有企业坚定走好中国式现代化道路，为推进国有企业改革、提高国有企业治理水平指明了方向。正如习近平总书记指出，"建立中国特色现代国有企业制度，要立足我国国情，不要生搬硬套外国的做法。公司治理本来就没有放之四海而皆准的模式"。完善中国特色国有企业现代公司治理应当走中国式现代化道路，建立中国式现代国有企业治理体制机制，以中国式现代化全面推进世界一流企业建设。

中国南方电网有限责任公司（以下简称"南方电网公司"）是中央管理的国有重要骨干企业，由国务院国资委代表国务院履行出资人职责。在新时代新征程中，南方电网公司以习近平新时代中国特色社会主义思想为指导，深入贯彻落实党中央、国务院关于深化国有企业改革的决策部署，紧紧围绕创建世界一流企业目标，积极探索和实践中国特色现代企业治理模式，取得了显著成效和宝贵经验。南方电网公司为总结和推广自身在国有企业现代公司治理方面的探索和实践，组织编写《与时偕行：中国特色国有企业现代公司治理的南网实践》，旨在为广大国有企业改革发展提供借鉴和参考。

本书从国家政策、治理理论等宏观政策层面以及微观治理层面阐述了新时代国有企业高质量发展的要求、中国特色现代公司治理的目标与原则、坚持加强党的领导与完善公司治理相统一、依法管控与激发活力相统一、企业共性与个性治理相统一等方面的内容；聚焦于南方电网公司将理论创新转化为改革实践的过程，介绍了南方电网公司优化法人内部治理、规范法人层级治理、优化治理制度等方面的具体做法和成效；从南方电网公司不同治理结构的分子公司视角出发，展示了 15 个具有创造性、示范性的实践案例，介绍了南方电网公司分子公司在遵循党中央、国务院关于深化国有企业改革的顶层指导意见以及集团总部设计的治理体系的基础上，围绕完善治理结构、健全制度体系、规范行权机制、提升治理效能等方面进行的创新举措。

第一章"高质量发展视域下国有企业治理"从高质量发展的视角出发，重点探讨分析新时代我国出台的国有企业治理举措如何推动创建世界一流企业，进而助推国家经济高质量发展。国有企业是中国特色社会主义的重要物质基础和政治基础，是我们党执政兴国的重要支柱和依靠力量。新时代以来，国内外环境的变化使得国有企业的公司治理需要进一步优化，国有企业在新时代应该承担起"顶梁压舱"的职责，做强做优做大，以自身高质量发展引领和推动经济高质量发展。基于此，本章对新时代国有企业的发展历程、现状和问题，以及新时代国有企业治理的举措和目标等进行了分析。

第二章"中国特色国有企业现代公司治理的实现路径"在第一章宏观政策层面分析的基础上，将国有企业公司治理理论研究深入企业个体层面，从公司治理理论的角度探讨中国特色现代企业制度框架和图景。中国特色现代国有企业制度，"特"就特在把党的领导融入公司治理各环节，把企业党组织内嵌到公司治理结构之中，明确和落实党组织在公司法人治理结构中的法定地位。坚持党的领导、加强党的建设，是我国国有企业的光荣传统，是国有企业的"根"和"魂"，通过坚持和加强党对国有企业的领导，强根铸魂，可以将党的政治优势更好地转化为企业发展优势。扎根中国土壤、彰显中国智慧、体现中国特色的现代国有企业制度，可以为企业高质量发展目标提供坚实保障。在致力于创建世界一流企业助推高质量发展的目标之下，中国特色现代国有企业的治理原则可以概括为坚持党的领导与公司治理相统一、坚持依法管控与激发活力相统一、坚持企业共性与个性治理相统一。

第三章"南方电网公司治理背景与改革规划"介绍了南方电网公司的发展概况、治理改革动因、改革目标与整体安排，概述了其在国有企业现代公司治理方面的探索和实践的背景和框架。本章主要根据南方电网公司自身情况，综合反映了作为一个大型央企，在新时代新征程中，如何紧跟国家战略和行业发展，如何把握国有企业改革的方向和要求，如何制定和实施国有企业现代公司治理的改革规划和措施。本章从宏观和微观两个层面，介绍了南方电网公司在国有企业现代公司治理方面所面临的机遇和挑战，以及如何在坚持加强党的领导下推进国有企业高质量发展。

第四章"优化南方电网公司法人内部治理"介绍了南方电网公司在优化法人内部治理方面的具体做法和成效，包括全面落实党的领导、聚合股东会多元结构资源优势、夯实董事会经营决策主体地位、激活经理层经营管理作用、畅通治理主体权责衔接路径等方面。本章主要根据南方电网公司在法人内部治理方面的改革措施和实际运行情况，详细地描述了其如何在坚持党的领导的前提下，完善股东会、董事会、经理层等治理主体的结构和功能，以及如何厘清各治理主体之间的权责边界，以优化法人内部治理。

南方电网公司在改革过程全面贯彻两个"一以贯之"，坚持落实《关于中央企业在完善公司治理中加强党的领导的意见》，制定公司"三重一大"决策管理规定、公司治理主体权责清单、各治理主体议事规则等治理文件，以"一张清单"厘清治理主体权责边界，以"法定事项不授权、授权一般不前置"的原则优化议事决策流程，以"三种方式"创新党组织前置研究讨论程序，充分发挥企业党组织的领导核心和政治核心作用，保证党和国家方针政策、重大部署在国有企业贯彻执行，处理好党组织和其他治理主体的关系，明确权责边界，做到无缝衔接，形成权责法定、权责透明、协调运转、有效制衡的公司治理机制，把改革"试验田"深耕为"示范田"，以改革成效推动公司高质量发展。

第五章"规范南方电网公司法人层级治理"介绍南方电网公司在创新法人层级治理方面的具体做法和成效，包括以法人层级治理凝聚南方电网公司力量、因企施策精准授权、"管理型+治理型"分类行权等方面。本章主要根据南方电网公司在法人层级治理方面的改革措施和实际运行情况，详细描述了南方电网公司作为兼具经济属性与政治属性的国有集团，其治理模式如何做到"张与弛"，如何用"模型+清单"开展精准授权、用"管理型行权+治理型行权"推进分类行权，激发企业活力，创新法人层级治理新路径，赋能集团整体高质量发展。

第六章"强化南方电网公司治理制度"介绍了南方电网公司在强化治理运行制度方面的具体做法和成效，包括首创不同治理结构公司治理范本、建设激励制度、构筑内部监督制度等方面。本章主要根据南方电网公司在治理运行制度方面的改革措施和实际运行情况，详细地描述了南方电网公司如何编制和调整适用于不同治理结构公司治理范本，如何建立和完善全员绩效正向激励和员工中长期激励机制，以及如何构建集团内部监督权的分配和协同机制，以提高治理运行质效。

本书致力于通过总结中国特色现代国有企业制度的理论特点，更好指引国有企业改革与治理实践，同时在实践中总结出有益经验，将有关经验启示上升为理论的枝叶，以此完善中国特色现代国有企业治理理论，期望实现理论与实践融通共进。书中介绍了大量南方电网公司优秀实践案例，方便读者理解南方电网公司如何统筹理论与实践。

在编写过程中，本书广泛征求了各分子公司、各部门、各专家学者等相关方的意见和建议，并进行了多轮修改完善。但由于水平所限，书中难免存在不足之处，敬请广大读者批评指正。

恰逢新《公司法》修订稿审议通过之时，为避免混淆，方便读者阅读，本书将采用以下表述方式：提及 2024 年 7 月 1 日即将生效的新修订版时，称为《公司法（2023）》；谈及 2018 年公布的版本时，称为《公司法（2018）》；当讨论公司法的一般理论式概念时，称为《公司法》。后续不再赘述。

最后，衷心感谢所有参与编写、支持出版、关心帮助过本书的人员和单位，感谢他们为本书的诞生付出了辛勤劳动和宝贵贡献；也衷心希望本书能够为国有企业改革发展提供一些有益的思考和启示，为推动国有企业高质量发展、建设具有全球竞争力的世界一流企业作出一些微小的贡献。

中国南方电网有限责任公司法规部

2024 年 12 月

▶ 目 录

▶**理论篇**

第一章

高质量发展视域下国有企业治理

中国特色社会主义进入了新时代，我国经济发展也进入了新时代，基本特征就是我国经济已由高速增长阶段转向高质量发展阶段；推动高质量发展是当前和今后一个时期确定发展思路、制定经济政策、实施宏观调控的根本要求。国有企业改革在经历放权让利、制度创新和国资监管等三个具有历史意义的阶段之后，步入了分类改革的深水区和攻坚期，目标方向是要通过体制机制改革、发展方式转变和强身健体，推动国有企业迈向高质量发展。优化国有企业治理体系和治理能力是推进国有企业高质量发展的方式手段，通过国有企业高质量发展支撑经济高质量发展是现代国有企业改革的使命。

第一节 新时代国有企业

新时代国有企业应当担负起发挥国有经济战略支撑作用的重大使命，在做强做优做大的同时，更好地服务国家重大战略和地方经济社会发展，更好地推动解决发展不平衡不充分的问题，更好地满足人民日益增长的美好生活需要。

一、十八大前国企改革历程回顾

国有企业于 1978 年至 2012 年期间，进行了从放权让利到转换经营机制，国有企业制度创新改革，国有资产管理体制改革，逐步建立完善社会主义市场经济，推动国有企业成为独立市场主体。回顾国有企业改革的基本历程，总结经验教训，深刻认识国有企业改革的必然性，把握国有企业改革规律，凝练国有企业改革的基本理论，能更好地指导国有企业改革实践。

（一）放权让利到转换经营机制阶段（1978—1992 年）

党的十一届三中全会指出，权力过于集中是目前我国经济管理体制中的一项重大缺陷，由于长期政企不分，企业实际上成为行政机构附属物。这一阶段的改革目标即是让企业有更多的经营自主权，按照经济规律和价值规律办事，从扩大企业自主权试点开始，通过实行经济责任制、两步推进"利改税"、推行承包经营责任制等系列举措，增强企业活力（见表 1-1）。承包经营责任制在试行之初产生了立竿见影的效果，但随之也出现了负盈不负亏、技术改造资金得不到保障、以包代管等问题。加上 1988 年价格改革闯关，国家的宏观调控使市场迅速降温，企业外部经营环境发生变化，国营企业再度陷入困境。

1990 年，全国预算内国营工业企业工业总产值增长 1.5%，利润总额却下降 18.5%，其中税前利润下降 58%，企业亏损面达到 31%。国营企业面临的严峻形势迫使国有企业的改革思路转向企业内部经营机制的转换上来。

1992 年 7 月，国务院颁布《全民所有制工业企业转换经营机制条例》，对全面落实企业经营自主权、加快经营机制转换、把企业全面推向市场作出明确规定，赋予企业生产经营决策权，产品销售权，人事管理权，工资、奖金分配权等 14 项经营自主权。转换企业经营机制工作的重点之一是打破企业的"铁饭碗""铁工资"和"铁交椅"，改革劳动用工制度、人事制度和分配制度，努力建立"干部能上能下、职工能进能出、工资能高能低"的经营机制。由此，全国掀起了轰轰烈烈的"破三铁"活动。"破三铁"符合国有企业改革的大方向，也是国营企业进入市场的必由之路，但由于涉及利益关系的调整，特别是社会保障体系尚未建立，改革所需要的外部条件尚不具备，改革并未实现预期的目标，时至今日仍然是改革的一道难题。但必须承认，当时的改革带来了人们观念上的撞击与变化，制度建设逐步朝着这个方向迈进，改革的意义和影响十分重大。

表 1-1　1978—1992 年国有企业改革措施的成效与不足

年份	改革措施	措施含义	改革成效	改革不足
1978	放权让利	企业在完成国家计划后，可自行安排生产，并可提取少量利润用于企业发展和给职工发放奖金	初步打破了计划体制的束缚，调动了企业的积极性	难以解决如何平衡国有企业和员工的权利、责任与利益的关系等问题，也逐步暴露出难以规范放权之后的约束机制问题

（续上表）

年份	改革措施	措施含义	改革成效	改革不足
1981	经济责任制	企业首先要保证财政上缴任务的完成，在此基础上实行基数利润留成加增长利润留成	较好地调动了企业和职工的积极性，促进了企业增产增收和国家财政的好转	缺乏统一的价格税收规范，承包期短，容易形成"鞭打快牛"的现象，造成企业短期行为
1979—1983	"利改税"和"拨改贷"	"利改税"改革：将企业与国家之间按盈利比例分配的方式改为按统一的税率征收；"拨改贷"改革：将基础建设投资的财政拨款制度改为银行贷款	有力地规范了国家和企业的分配关系和投资关系，推进了政企分开和经济体制改革	税率不够合理使得企业负担大幅上升。同时，缺乏很多必要的配套改革，"利改税""拨改贷"在很大程度上将原本由政府承担的负担转嫁给了商业银行
1981	承包经营责任制	由企业与政府签订合约，确定在一个承包期限内上缴利税基数，或按一定基数确定每年增长幅度，企业完成上缴基数后的剩余部分可由企业留存，用于扩大再生产和职工福利	取得了积极成果，全面推行后仅两个月就一举扭转了全国工业企业利润连续22个月下滑的局面	一方面导致政府缺乏必要的手段监管企业经营层的经营风险，往往出现"包盈不包亏"；另一方面，使得经营层更关注短期行为，由此导致经营层滥用经营权行为
1992	"转机制"和"破三铁"	企业内部的经营机制改革从劳动用工制度开始，并逐步在分配制度和人事制度层面展开	打破了终身雇佣的观念，开始逐步向市场接轨	触动了全体员工利益，并对传统观念造成强烈冲击，加上社会保障等宏观体制改革缺乏配套，改革中遇到了各方极大的阻力

资料来源：根据公开资料整理。

（二）国有企业制度创新改革阶段（1992—2003年）

1992年，邓小平同志发表了著名的南方谈话，回答了长期束缚人们思想的许多重大认识问题。1992年10月召开的党的十四大提出我国经济体制改革的目标是建立社会主义市场经济体制。国有企业改革进入新阶段（见表1-4）。

1993年，党的十四届三中全会通过《关于建立社会主义市场经济体制若干问题的决定》，系统化阐述了建立社会主义市场经济体制的目标和基本原则，明确我国国有企业改革的方向是建立现代企业制度，对国有企业改革作了一系列重大部署。在企业微观主体上，明确了建立"产权清晰、权责明确、政企分开、管理科学"的现代企业制度，开启了以公司制股份制改革为主要形式的现代企业制度建设，企业集团逐步完善母子公司体制；并且从整体上对国有经济结构进行调整，通过"抓大放小"的方式改组国有企业。1993年12月，八届全国人大常委会第五次会议通过的《中华人民共和国公司法》（以下简称《公司法》），对有限责任公司、股份有限公司和国有独资公司的组织机构作出了规定。

1995年11月，国家经贸委印发《关于国务院确定的百户现代企业制度试点工作操作实施阶段的指导意见》，提出要"建立符合《公司法》规范的公司法人治理结构"（见表1-2）。大多数试点企业按照《公司法》的规定，建立了由股东大会、董事会、监事会、经理层组成的公司法人治理结构，从形式上看，国有企业形成了相互监督制约的框架，但此时很多企业的董事会、经理层、党组织的成员高度重合，董事长与总经理由一人担任，并担任公司法定代表人，"一把手"权力过于集中的问题还很突出，需要进一步深化改革加以解决。

表1-2　1995年百户现代企业制度试点工作操作实施阶段的主要任务

1	进行国有资产清查和资产评估。国有资产管理部门确认评估结果，办理资产登记手续
2	明确国有资产投资主体，实行新的国家对试点企业的管理方式
3	进行资产重组，核实法人财产占用量
4	清理和明确债权债务
5	进行人员重组，分离并安置富余人员
6	建立符合《公司法》规定的法人治理结构
7	依照《公司法》及配套法规中对设立有限责任公司、股份有限公司和国有独资公司的要求，分别办理申请、登记注册手续
8	落实技术改造措施，开发新产品，强化市场营销

（续上表）

9	对公司的管理体制实施改革
10	建立健全各项管理制度，加强内部管理，降低生产成本，提高企业的市场竞争能力和企业效益

资料来源：《关于国务院确定的百户现代企业制度试点工作操作实施阶段的指导意见》。

1997 年，中共中央《关于进一步加强和改进国有企业党的建设工作的通知》和中央组织部、国务院国资委党委《关于中央企业党委在现代企业制度下充分发挥政治核心作用的意见》均明确了"双向进入、交叉任职"机制。1999 年 8 月，东北和华北地区国有企业改革和发展座谈会进一步强调，公司法人治理结构是现代公司制的核心。考虑采取"双向进入"的办法，处理好绝大多数国有控股公司"股东会、董事会、监事会"与"党委会、工会、职工代表大会"之间的关系：在国有及国有控股公司中，党委负责人和职工代表可按照法定程序进入董事会、监事会；董事长、监事会负责人和总经理可按党章和有关规定进入党委会；党委书记和董事长可由一人兼任。通过这些措施，可以形成公司对重大问题的统一决策机制。同年 9 月，党的十五届四中全会通过的《关于国有企业改革和发展若干重大问题的决定》明确提出"公司法人治理结构是公司制的核心"，确立了法人治理结构在现代企业制度建设中的地位。

为贯彻落实党的十五届四中全会精神，推动国有及国有控股大中型企业建立现代企业制度和加强管理，2000 年 9 月，国务院办公厅转发国家经贸委《国有大中型企业建立现代企业制度和加强管理的基本规范（试行）》，强调要"建立规范的法人治理结构。充分发挥董事会对重大问题统一决策和选聘经营者的作用，建立集体决策及可追溯个人责任的董事会议事制度。董事会中可设独立于公司股东且不在公司内部任职的独立董事。董事会与经理层要减少交叉任职，董事长和总经理原则上不得由一人兼任"。随着公司制改革的推进，改制为有限责任公司的企业都依法设立了股东会、董事会、监事会和经理层，公司法人治理结构的框架基本形成。

2001 年 8 月，证监会印发《关于在上市公司建立独立董事制度的指导意见》后，上市的国有企业按照要求逐步建立了独立董事制度。这时的国有企业法人治理结构主要还是搭起框架，这些探索降低了国有企业的亏损，增强了国有企业的盈利能力（见表1-3，表1-4，图1-1），为党的十六大后进一步改革完善公司法人治理结构积累了实践经验。

表 1-3　1997—2002 年国有企业各项指标变化

年份	企业户数/万户	利润总额/亿元	盈利面/%	盈利企业盈利额/亿元	亏损企业亏损额/亿元
1997	26.20	791.20	34.10		
1998	23.80	503.70	31.30	3 280.20	3 066.50
1999	21.70	1 145.80	46.50	3 290.70	2 144.90
2000	19.10	2 833.80	49.30	4 679.80	1 846.00
2001	17.40	2 811.20	48.80	4 804.70	1 993.60
2002	15.90	3 786.30	50.10	5 588.80	1 802.50

数据来源：《中国财政年鉴》。

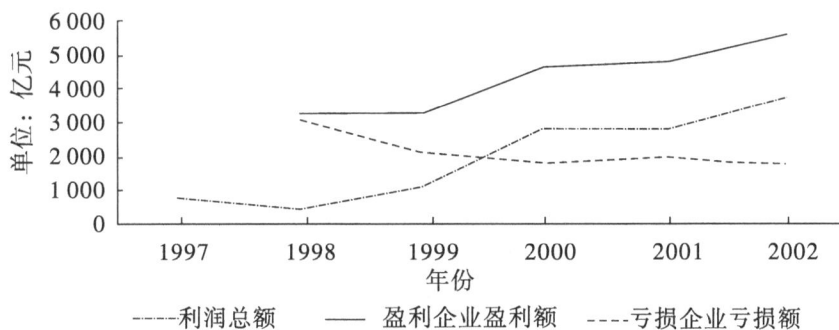

图 1-1　1997—2002 年国有企业各项指标变化折线图

数据来源：《中国财政年鉴》。

表 1-4　1993—2000 年国有企业改革措施的成效与不足

年份	改革措施	措施含义	改革成效	改革不足
1993	建立现代企业制度	公司制股份制改革为主要形式，建立以"产权清晰、权责明确、政企分开、管理科学"为基本特征的现代企业制度	对于明确国有资产投资主体，建立公司法人治理结构，转变企业内部机制，探索企业平等参与市场竞争的途径等均具有重要意义	由于没有解决"所有者不到位"的问题，内部人控制的问题逐渐暴露

（续上表）

年份	改革措施	措施含义	改革成效	改革不足
1993	企业集团制度试点	建立国企集团内各成员企业之间清晰的产权关系	明晰企业集团内部各企业间的权、责、利关系，深化国有资产管理体制改革，促进了国有企业发挥规模经济优势	未清晰界定"权利"的性质，造成对国有企业"过度授权"，与此配套的约束机制、监管机制供给不足
1995	现代企业制度试点	建立符合《公司法》规范的公司法人治理结构	大多数试点企业按照《公司法》的规定，建立了由股东大会、董事会、监事会、经理层组成的公司法人治理结构	很多企业董事会、经理层、党委成员高度重合，"一把手"权力过于集中的问题突出
1995	国有困难企业关闭破产	对于长期亏损、资不抵债、扭亏无望的企业，推进政策性破产	国有企业经济效益显著提升；对维护企业和社会稳定，激发企业深化改革的内在动力有重要作用	政策性破产具有"政府推动"的特点，并没有从根本上改变在软预算约束下国有企业关闭难的问题
1997	国有中小企业改制	最初采用将企业出售给职工或管理层的方式，而后采取多种方式，引入外部投资者	所有权监督的建立和机制的转换增强了企业的活力和竞争力，解放了被长期束缚的生产力，改善了经济效益	国有资产的所有者不到位，改制过程缺乏公正决策和有效监督，导致一系列不规范的行为
1997	"双向进入"	党委负责人和职工代表可进入董事会、监事会；董事长、监事会负责人和总经理可进入党委会；党委书记和董事长可由一人兼任	处理好绝大多数国有控股公司"股东会、董事会、监事会"与"党委会、工会、职工代表大会"之间的关系，形成公司对重大问题的统一决策机制，降低内部人控制风险	以党委委员"个人嵌入"董事会、监事会和经理班子为原则的设计方式存在不足。党组织自身仍是以行使建议权的形式发挥政治核心作用，并未从根本上解决党组织"脱嵌"的问题

（续上表）

年份	改革措施	措施含义	改革成效	改革不足
2000	建立独立董事制度	董事会中可设独立于公司股东且不在公司内部任职的独立董事	完善公司法人治理结构，降低内部人控制风险	配套制度与外部环境不够完善：独立董事仅占董事会成员 1/3，限制了其制度性作用；部分独立董事缺乏企业经营管理实践经验；选聘与激励影响其独立性

资料来源：根据公开资料整理。

（三）国有资产管理体制改革阶段（2003—2012 年）

早在 1994 年 7 月，国务院颁布《国有企业财产监督管理条例》，规定由国务院代表国家统一行使对国有企业财产的所有权，实行分级管理和分工监督。条例还提出创设国有企业监事会制度，明确国有企业的监事会是由政府派出的企业外部机构。1998 年，政企分开迈出重大步伐，成立相应的国家局和行业协会。同年，撤销国家国有资产管理局，相关职能并入财政部。行业管理部门和国家国有资产管理局撤销后，推进政企分开，但同时形成了国有资产多头管理、"五龙治水"的局面，出资人缺位、保值增值责任不能真正落实的矛盾日益显现，明确专门的国有资产出资人代表机构、建立新的国有资产管理体制迫在眉睫。

党的十六大在总结国有资产管理体制实践经验的基础上，作出了改革国有资产管理体制的重大决策，提出"建立中央政府和地方政府分别代表国家履行出资人职责，享有所有者权益，权利、义务和责任相统一，管资产和管人、管事相结合的国有资产管理体制"，坚持政企分开、政资分开；坚持落实国有资产保值增值责任；坚持所有权和经营权分离，维护企业经营自主权和法人财产权在国家所有的前提下，由中央政府与地方政府分别代表国家履行出资人职责，分级管理。

2003 年 3 月，党中央决定成立国务院直属特设机构——国务院国有资产监督管理委员会（以下简称"国资委"），其党委负责指导国资委对企业的党的建设工作进行监管。同年 4 月，国资委正式挂牌成立，代表国务院履行出资人职责和国有资产监管职责。随后，按照国有资产国家所有、分级管理的原则，各省（自治区、直辖市）、市（地）国有资产监督管理机构相继组建，建立了一套较完整的履行出资人职责和国有资产监管职责的组织体系，初步解决了政企不分、政资不分、多头管理、出资人不明确不到位、责任不落实等体制性问题。（见表 1-5）

2005 年，国资委会同有关部门推动"股权分置"改革的实施，国企上市进程加快。截至 2011 年，中央企业的公司制股份制改革面达 72%，至 2012 年 6月，央企下属公司在境内外资本市场首次公开发行股票的有近 100 家。2005 年 4月，国务院明确要求建立健全国有大型企业董事会，健全法人治理结构、独立董事和派出监事会制度。同年 10 月，宝钢集团有限公司组建董事会，共 9 位董事，其中外部董事 5 位，席位超过半数，同时下设 4 个委员会：常务委员会、提名委员会、薪酬与考核委员会、内部审计委员会。这意味着我国中央企业第一家规范的国有独资公司董事会开始运作。① 至 2012 年，中央企业建设规范董事会试点达51 户，试点企业开始由过去的"一个人说了算"的局面，转变为董事会决策、经理层执行、监事会监督的公司法人治理模式。（见表 1-5）

2008 年 10 月，《中华人民共和国企业国有资产法》（以下简称《企业国有资产法》）颁布，以国家法律形式明确了国有资产监督管理机构作为政府授权履行出资人职责机构，规范了国有资产监督管理机构与所监管企业之间的出资关系。现阶段，基本形成了以《企业国有资产法》为龙头，以《企业国有资产监督管理暂行条例》为基础的国有资产监管基本框架和以国资委制定的规章、规范性文件和地方国资委制定的规范性文件为具体内容的国有资产监管法规体系，为实现国有资产管理制度创新、推动国有企业改革发展提供了制度保障。（见表 1-5）

上述改革取得了较好的成效。第一，国有企业通过公司制、股份制改革，初步建立起现代企业制度，截至 2011 年，全国 90% 以上的国有企业完成了公司制股份制改革，中央企业的公司制股份制改革面由 2003 年的 30.4% 提高到 2011 年的 72%②。第二，国有经济布局得到进一步优化，国有资本逐步从一般生产加工行业退出，据国资委统计，在 39 个工业行业中，有 18 个行业国有企业总产值占比低于 10%，国有资本更多地集中于关系国民经济命脉的重要行业和关键领域，在国民经济中发挥着主导作用。第三，国有企业发展质量和运行效率得到了提升，竞争力有了很大增强，国有经济已经摆脱困境，对经济社会发展的贡献进一步显现。例如，2003—2012 年，国有及国有控股工业企业资产总额由 94 519.79

---

① 赵峡. 国资监管体制改革全面深化中央企业健康快速发展［EB/OL］.（2006-01-05）. http：//www. gov. cn/govweb/gzdt/2006-01/05/content_147686. htm.

② 王勇. 国务院关于国有企业改革与发展工作情况的报告：2012 年 10 月 24 日在第十一届全国人民代表大会常务委员会第二十九次会议上［N］. 中华人民共和国全国人民代表大会常务委员会公报，2012-11-15.

亿元增长至 305 976.70 亿元，涨幅达 3.24 倍（见图 1-2）；年销售总额从 58 027.15 亿元增长至 242 518.90 亿元，涨幅达 4.18 倍（见图 1-3）；实现利润总额从 3 836.20 亿元增长至 14 163.10 亿元，涨幅达 3.69 倍（见图 1-4）。

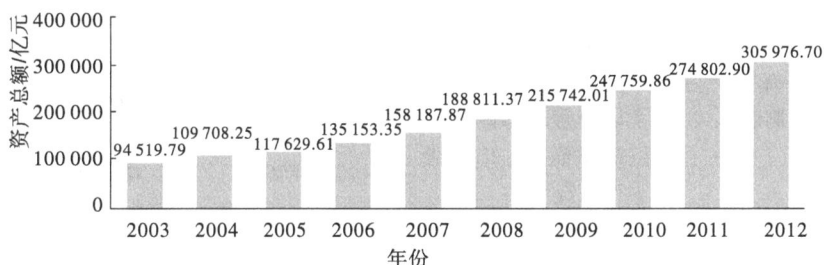

图 1-2　2003—2012 年国有及国有控股工业企业资产总额

数据来源：前瞻数据库（https：//d. qianzhan. com）。

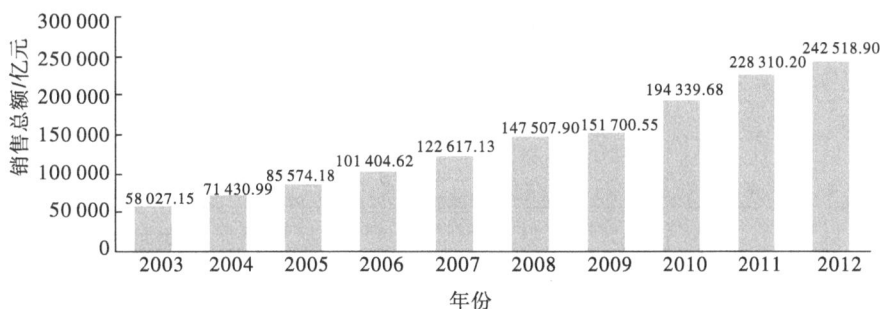

图 1-3　2003—2012 年国有及国有控股工业企业销售总额

数据来源：前瞻数据库（https：//d. qianzhan. com）。

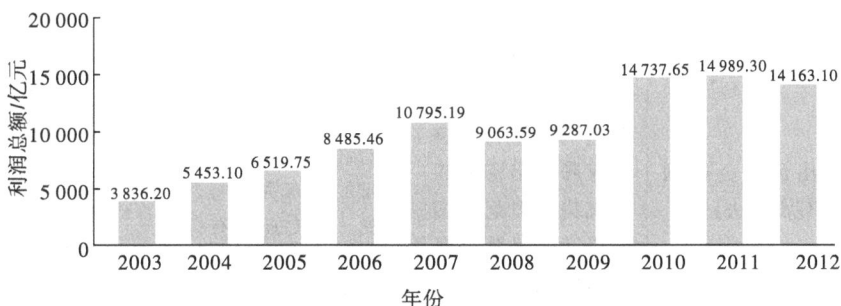

图 1-4　2003—2012 年国有及国有控股工业企业利润总额

数据来源：前瞻数据库（https：//d. qianzhan. com）。

表 1-5 2003—2008 年国有企业改革措施的成效与不足

年份	改革措施	措施含义	改革成效	改革不足
2003	国有资产管理体制改革	在法律框架和资产范围两个方向上开展工作：一是构建国资管理和改革的法律框架；二是清产核资	初步解决了政企不分、政资不分、多头管理、出资人不明确不到位、责任不落实等体制性问题	"管人管事管资产"的体制下，国资委以行政化管理方式，由上至下直接管理，"听见号角的人"在作出市场判断后，需要层层上报，企业市场反应效率下降
2005	股权分置改革	积极推进国企改制上市的工作，尤其是以央企为重点，努力实现央企主营业务整体上市	改变国有股"一股独大"的状况，利于在公司治理中形成一定的制衡关系。利于完善资本市场定价机制，强化对上市公司的市场约束，充分发挥资本市场的功能和作用	信息披露等配套机制不完善
2005	董事会试点改革	集中建立外部董事制度，逐步提高外部董事在董事会的比例，达到外部董事占多数的目的	改变了决策一个人说了算的局面，董事会对经营层的考核出现了个性化的趋势	董事会与国资委派出的监事会之间的衔接、配合工作制度尚未建立；部分董事会职责不清，外部董事专业水平参差不齐
2008	出台《企业国有资产法》	以国家法律形式明确了国有资产监督管理机构作为政府授权履行出资人职责机构，规范了国有资产监督管理机构与所监管企业之间的出资关系	基本形成以《企业国有资产法》为龙头，以《企业国有资产监督管理暂行条例》为基础的国有资产监管框架，为实现国有资产管理制度创新、推动国有企业改革发展提供了制度保障	《企业国有资产法》与《公司法》衔接不足，诸多规定常常扩张并进而替代了《公司法》的相关规则

资料来源：根据公开资料整理。

二、新时代以来国企改革脉络分析

自 2012 年以来，中国国有企业紧随中国经济社会步入新发展阶段。在这一阶段，中国共产党立足于以人民为中心的发展思想，提出了创新、协调、绿色、开放、共享的新发展理念，以习近平同志为核心的党中央高举改革开放旗帜，在现有改革基础上，以新发展理念为指导，引领全面深化改革，构建新发展格局。2013 年 11 月召开的党的十八届三中全会对全面深化改革作出了系统部署，开创了我国改革开放的崭新局面，即前期重点在夯基垒台、立柱架梁，中期重点在全面推进、积厚成势，后期则需要围绕完整、准确、全面贯彻新发展理念，加强系统集成、精准施策。在统筹中华民族伟大复兴战略全局和世界百年未有之大变局的背景下，习近平总书记对深化国有企业改革作出了一系列重要指示批示，为国有企业改革的深入推进提供了强大的思想武器和科学行动指南。

针对国有企业长期存在的功能不清晰、定位不明确、发展同质化、考核评价不科学等问题，2013 年 11 月，党的十八届三中全会通过《关于全面深化改革若干重大问题的决定》，为深化国企改革，改善国企治理结构提出了新方向。新发展理念是系统性的观念，注重改革的整体协调是新发展阶段国有企业改革的基本要求，为确保改革的体系性，2015 年 8 月，中共中央、国务院印发《关于深化国有企业改革的指导意见》，对新发展阶段国有企业如何全面深化改革作出了明确指引，并且将其作为纲领性文件，开启了"1+N"国有企业政策体系建设（见表 1-6）。在国有企业规范治理、国有企业董事会建设、国有企业加强党的领导、国有企业优化监督管理等多方面出台了多部政策文件。

表 1-6 国企改革"1+N"重点政策文件

顶层架构：2015 年《关于深化国有企业改革的指导意见》	
加强党的领导	2015 年《关于在深化国有企业改革中坚持党的领导加强党的建设的若干意见》
	2021 年《关于中央企业在完善公司治理中加强党的领导的意见》
分类推进改革	2015 年《关于国有企业功能界定与分类的指导意见》
	2016 年《关于完善中央企业功能分类考核的实施方案》

（续上表）

完善现代企业制度	2017 年《关于进一步完善国有企业法人治理结构的指导意见》
	2018 年《关于改革国有企业工资决定机制的意见》
	2018 年《上市公司国有股权监督管理办法》
	2018 年《中央企业工资总额管理办法》
	2019 年《中央企业负责人经营业绩考核办法》
	2019 年《关于印发改革国有资本授权经营体制方案的通知》
	2019 年《关于印发〈国务院国资委授权放权清单（2019 年版）〉的通知》
	2020 年《"双百企业"推行经理层成员任期制和契约化管理操作指引》
	2020 年《"双百企业"推行职业经理人制度操作指引》
	2020 年《关于开展对标世界一流管理提升行动的通知》
发展混合所有制经济	2015 年《关于国有企业发展混合所有制经济的意见》
	2015 年《关于鼓励和规范国有企业投资项目引入非国有资本的指导意见》
	2016 年《关于国有控股混合所有制企业开展员工持股试点的意见》
	2016 年《关于建立国有企业违规经营投资责任追究制度的指导意见》
	2019 年《中央企业混合所有制改革操作指引》
强化国资监管	2015 年《关于改革和完善国有资产管理体制的若干意见》
	2015 年《关于加强和改进企业国有资产监督防止国有资产流失的意见》
完善国资管理体制	2016 年《企业国有资产交易监督管理办法》
	2016 年《推动中央企业结构调整与重组的指导意见》
	2017 年《关于转发国务院国资委以管资本为主推进职能转变方案的通知》
	2018 年《关于推进国有资本投资、运营公司改革试点的实施意见》
其他	2017 年《关于进一步做好剥离国有企业办社会职能和解决历史遗留问题工作的通知》

资料来源：根据公开资料整理。

2016 年 10 月 10 日，党中央召开全国国有企业党的建设工作会议，习近平总书记出席会议并作重要讲话，科学回答了还要不要国有企业，国有企业要不要加强党的建设，怎样加强党的建设等重大理论和实践问题，深刻阐明了为什么要做强做优做大国有企业，怎样做强做优做大国有企业这个重大时代命题，并强调要坚持两个"一以贯之"①。

---

① 两个"一以贯之"，是指坚持党对国有企业的领导是重大政治原则，必须一以贯之；建立现代企业制度是国有企业改革的方向，也必须一以贯之。

2018 年，为更好推进全面深化改革，在改革重点领域和关键环节率先取得突破，打造一批治理结构科学完善、经营机制灵活高效、党的领导坚强有力、创新能力和市场竞争力显著提升的国企改革尖兵，充分发挥示范突破带动作用，国务院国有企业改革领导小组组织开展了"双百行动"。截至 2019 年"双百企业"全员劳动生产率达到 85.3 万元/人，大幅超出中央企业整体平均水平；人工成本利润率整体平均水平达到 100.5%，近三年平均年增长率达到 5%；2019 年营业收入、净资产增长率分别达到 9.3%、11.4%，利润总额持续正向增长，以改革创新带动企业高质量发展。①

2020 年，为贯彻落实新发展理念，加快构建新发展格局，形成更加成熟更加定型的中国特色现代企业制度②，建设更加科学的国资监管体制，增强国有经济竞争力、创新力、控制力、影响力、抗风险能力，国资委发布了《国企改革三年行动方案（2020—2022 年）》以落实国有企业改革"1+N"政策体系和顶层设计的具体施工图。"国企改革三年行动"着力于建设和完善中国特色现代企业制度，在公司治理中推动加强党的领导组织化、制度化、具体化，加快形成权责法定、权责透明、协调运转、有效制衡的治理机制。截至 2023 年 1 月，"国企改革三年行动"已推动国企改革在重点领域和关键环节上取得突破性进展，三年行动方案确定的重要改革任务高质量全面完成。《国企改革三年行动的经验总结与未来展望》提出，要乘势而上实施新一轮国企改革深化提升行动，围绕打造现代新国企深化改革，加快完善中国特色国有企业现代公司治理。

2022 年，二十大报告对国资国企改革提出四个方面的要求：提升企业核心竞争力、完善中国特色现代企业制度、建设世界一流企业和全面加强国有企业党的领导。这四项要求整体上延续了十九大的改革主线，但也有新特点：一是凸显了对国有企业"组织形态"的关注，将十九大报告中"推动国有资本做强做优做大"的表述调整为"推动国有资本和国有企业做强做优做大"；二是赋予"企业核心竞争力"新内涵，包括追求市场竞争力、保障产业链供应链安全、建设现代产业体系、完成国家战略任务等；三是扩大了中国特色现代企业制度和建设世界一流企业对象范围，包括将民营企业纳入改革范畴。（见表 1-7，表 1-8）

---

① 中国国企改革"双百行动"取得重大进展［EB/OL］．（2020-12-09）．https：//baijiahao. baidu. com/s? id=1685596843829873646&wfr=spider&for=pc.

② 需要注意的是，现阶段我国提出要建设适用于国有企业和私营企业的中国特色现代企业制度，关于中国特色现代企业制度与中国特色现代国有企业制度的关系，本书认为中国特色现代国有企业制度是中国特色现代企业制度的代表和制度建设的实践范式，而中国特色现代企业制度是中国特色现代国有企业制度的延伸和发展。但本书重在讨论中国特色现代国有企业制度建设问题，为建立中国特色现代企业制度的范式提供建设思路，故采用中国特色现代国有企业制度的表述，后文不再赘述。

表1-7 党的十九大、二十大报告中关于"国有企业改革"的表述对比

主题词		相关提法		变化内涵
		十九大	二十大	
提升企业核心竞争力	位置	五、贯彻新发展理念，建设现代化经济体系（五）加快完善社会主义市场经济体系	四、加快构建新发展格局，着力推动高质量发展 （一）构建高水平社会主义市场经济体制	党的二十大报告将十九大报告中"推动国有资本做强做优做大"增加了"和国有企业"五字，相对于国有资本的"物质形态"，更加凸显了对国有企业"组织形态"的关注。二十大赋予"企业核心竞争力"新内涵，不仅追求市场竞争力，还应保障产业链供应链安全、建设现代产业体系、完成国家战略任务等
	表述	加快国有经济布局优化、结构调整、战略性重组，促进国有资产保值增值，推动国有资本做强做优做大，有效防止国有资产流失	深化国资国企改革，加快国有经济布局优化和结构调整，推动国有资本和国有企业做强做优做大，提升企业核心竞争力	
中国特色现代企业制度	位置	《国企改革三年行动方案（2020—2022年）》二、完善中国特色现代企业制度	四、加快构建新发展格局，着力推动高质量发展 （一）构建高水平社会主义市场经济体制	对比十九大报告，二十大将"完善中国特色现代企业制度，弘扬企业家精神，加快建设世界一流企业"的相关表述从国有企业部分更改到民营企业相关部署之后。这一变化意味着国有企业在加快完善中国特色现代企业制度、建设世界一流企业的同时，国家将扶持一批头部民营企业对标世界一流企业，对民营企业中国特色企业制度的内涵做深入研究
	表述	把加强党的领导和完善公司治理统一起来，加快建立各司其职、各负其责、协调运转、有效制衡的公司治理机制	优化民营企业发展环境，依法保护民营企业产权和企业家权益，促进民营经济发展壮大。完善中国特色现代企业制度，弘扬企业家精神，加快建设世界一流企业	

（续上表）

主题词		相关提法		变化内涵
		十九大	二十大	
世界一流企业	位置	五、贯彻新发展理念，建设现代化经济体系 （五）加快完善社会主义市场经济体系	四、加快构建新发展格局，着力推动高质量发展 （一）构建高水平社会主义市场经济体制	对比十九大报告，二十大将"完善中国特色现代企业制度，弘扬企业家精神，加快建设世界一流企业"的相关表述从国有企业部分更改到民营企业相关部署之后。这一变化意味着国有企业在加快完善中国特色现代企业制度、建设世界一流企业的同时，国家将扶持一批头部民营企业对标世界一流企业，对民营企业中国特色企业制度的内涵做深入研究
	表述	要完善各类国有资产管理体制……有效防止国有资产流失。深化国有企业改革，发展混合所有制经济，培育具有全球竞争力的世界一流企业	优化民营企业发展环境，依法保护民营企业产权和企业家权益，促进民营经济发展壮大。完善中国特色现代企业制度，弘扬企业家精神，加快建设世界一流企业	

资料来源：根据公开资料整理。

表 1-8　十八大以来国有企业改革进展

年份	主要措施
2012	十八大报告：深化国有企业改革，完善各类国有资产管理体制
2013	中共中央发布《关于全面深化改革若干重大问题的决定》，为深化国企改革、改善国企治理结构提出新方向
2013	上海发布《关于进一步深化上海国资改革促进企业发展的意见》，标志着地方国企改革拉开序幕
2014	国资委开展"四项改革试点"——改组国有资本投资公司试点；发展混合所有制经济试点；董事会行使高级管理人员选聘、业绩考核和薪酬管理职权试点；派驻纪检组试点。标志着央企层面的改革试点工作正式开展

（续上表）

年份	主要措施
2015	中共中央、国务院印发《关于深化国有企业改革的指导意见》，并将其作为纲领性文件，开启了"1+N"国有企业政策体系建设
	绝大多数省份均已发布地方国企改革指导意见，不少地方国企已先行先试
2016	国家发改委公布首批试点混合所有制改革央企集团名单
	国有企业"1+N"体系相关文件已经基本发布完毕。据不完全统计，截至2016年底，A股和港股上市公司中，有接近七成国企已经或计划实施国企改革
2017	发改委开展第二批混合所有制改革企业试点工作
	十九大报告：强调深化国有企业改革，发展混合所有制经济
	国资委旗下的央企集团已经整合至98家
2018	国改小组计划实施"双百行动"
	中央经济工作会议提出改组组建一批"国有资本投资运营公司"
2019	区域性综合改革试验启动，选定上海、深圳和沈阳率先开始改革
	国资划转社保取得阶段性成果
2020	提出"科改示范行动"，选取了200余户科技型企业开展深化市场化改革，提升自主创新能力
	央企股权激励工作指引文件发布
	《国企改革三年行动方案（2020—2022年）》通过，国企改革进入新阶段
2021	"十四五"规划：加快国有经济布局优化和结构调整；健全以管资本为主的国有资产监管体制
2021	国资委称将稳步推进钢铁、输配电装备等行业的中央企业重组整合，并在相关领域积极培育，适时组建新的中央企业集团
	2021年底"国企改革三年行动"方案完成70%
2022	发布《关于加快建设世界一流企业的指导意见》，加快建设一批产品卓越、品牌卓著、创新领先、治理现代的世界一流企业
	二十大报告提出：深化国资国企改革，加快国有经济布局优化和结构调整，推动国有资本和国有企业做强做优做大，提升企业核心竞争力
	"国企改革三年行动"计划收官

资料来源：根据公开资料整理。

三、新时代国企改革成效总结

在习近平新时代中国特色社会主义思想的正确指引下，国有企业全面发力、多点突破，在深化改革中促进企业高质量发展，取得了巨大成就。

（一）国有企业始终是国民经济的"压舱石"

2003—2022年，中央企业资产总额从8.3万亿元增长到81万亿元，营业收入从4.5万亿元增长到39.6万亿元，利润总额从0.3万亿元增长到2.6万亿元。全员劳动生产率增长到每人76.3万元。2012—2021年，国有及国有控股工业企业资产总额从30.6万亿元增长到56.5万亿元（见图1-5）。2012—2022年，国有及国有控股工业企业利润总额从1.4万亿元增长到2.4万亿元，进入《财富》世界500强的国资监管系统企业从2012年的65家增加到2022年的99家。[1] 这99家国有企业分布在25个行业，其中，32家营业收入全球行业排名前三位，44家营业收入全球行业排名前五位，13家净利润全球行业排名前三位，24家净利润全球行业排名前五位。[2]（见图1-6，表1-9）

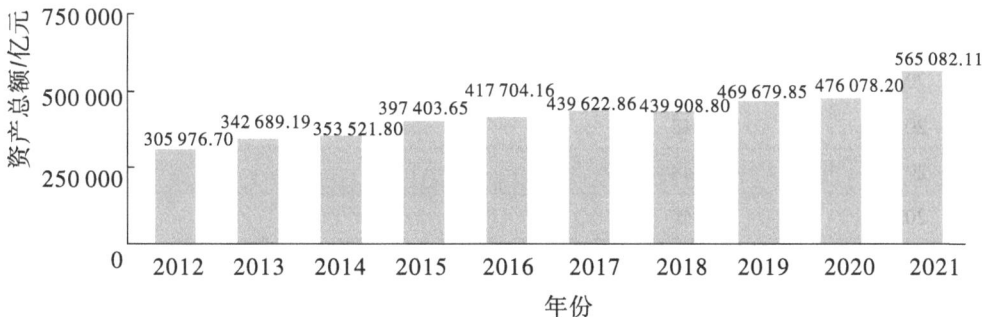

图1-5　2012—2021年国有及国有控股工业企业资产总额

数据来源：前瞻数据库（https：//d. qianzhan. com）。

① 闫永，郭大鹏，刘青山．中国式国资治理［J］．国资报告，2023（4）．

② 非凡十年·国企改革 ｜ 十年来国企资产增长2.6倍 已有96家国企进入世界500强［EB/OL］.（2022-10-12）．https：//baijiahao. baidu. com/s？id=1746470113663373958&wfr=spider&for=pc.

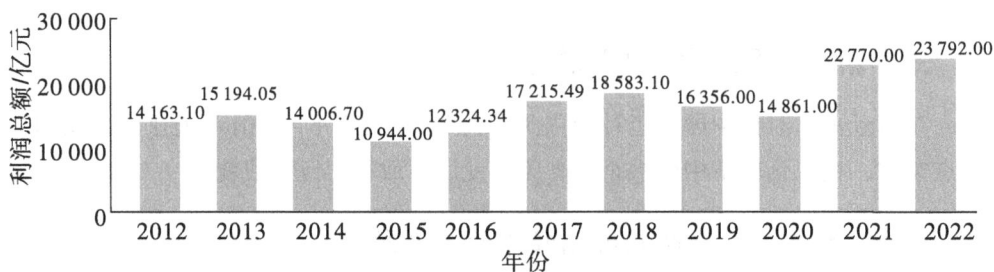

图 1-6 2012—2022 年国有及国有控股工业企业利润总额

数据来源：前瞻数据库（https：//d. qianzhan. com）。

表 1-9 2012—2022 年中国企业上榜《财富》世界 500 强统计　　　　单位：家

年份	入围中央企业数量	入围国有企业数量	入围中国企业数量
2012	43	65	79
2013	44	68	95
2014	47	87	100
2015	47	88	106
2016	50	83	110
2017	48	85	115
2018	48	83	120
2019	48	88	129
2020	48	92	133
2021	49	95	143
2022	47	99	145

数据来源：根据公开资料整理。

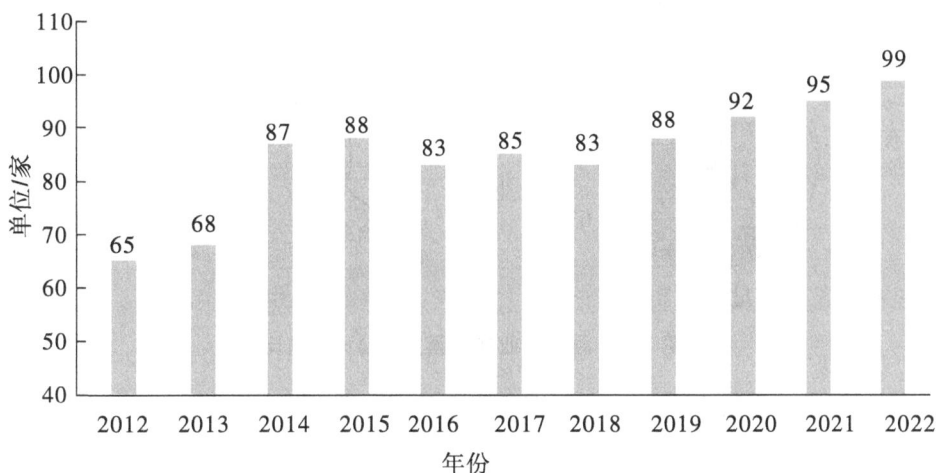

图 1-7 2012—2022 年国有企业上榜《财富》世界 500 强数量变化

数据来源：根据公开资料整理。

国有企业作为中国特色社会主义经济发展的"顶梁柱"，为国家经济稳定发展提供了必要的支撑，是中国经济独立和国家安全的重要保障。截至 2022 年底，在我国全市场 5 000 余家上市公司中，国有企业数量占比为 27%，但从市值规模上看，国有企业市值占比约 48%（见图 1-8）。在 2020—2023 年，国有企业积极搭建产供销合作机制，为产业链上下游中小企业提供帮助；在 2020 年上半年，中央企业就已经降低或减免电价、气价、路费、房租、资费等逾 450 亿元。[①] 三年间，在国民经济整体受创的背景下，国有企业稳定运转，盈利能力不断增强，实现营业收入及净利润的增长，可谓是国民经济的"压舱石"（见图 1-9）。

---

① 周建军. 国有企业彰显中国抗疫制度优势［EB/OL］.（2020-06-19）. https：//m. gmw. cn/baijia/2020-06/19/33925745. html.

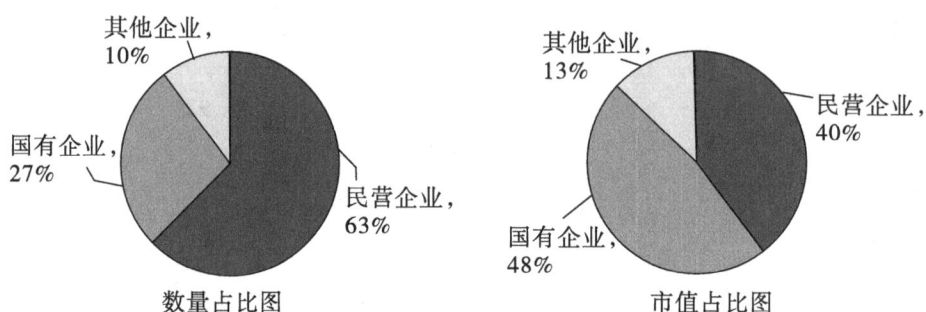

图1-8 国有企业在我国上市公司中占比

数据来源：Wind，浙商证券研究所，统计截至2022年12月2日。

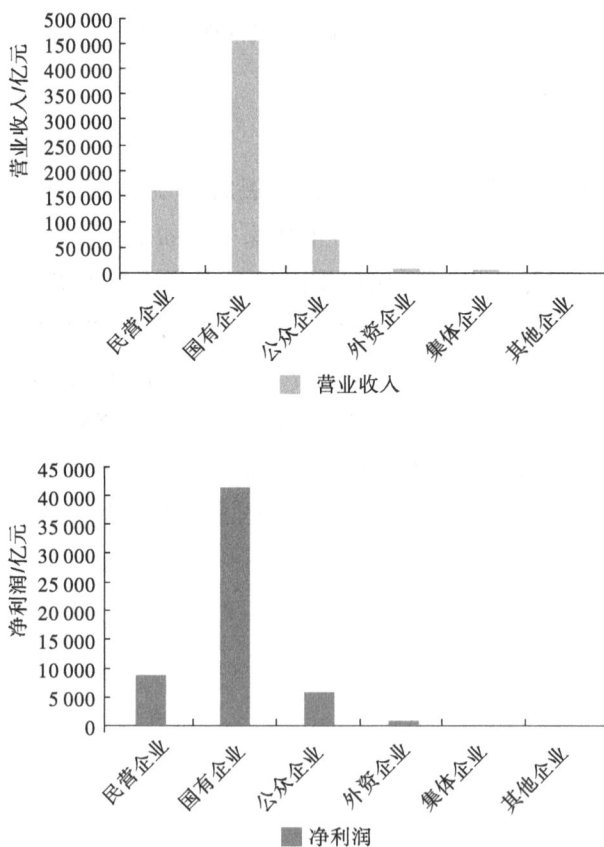

图1-9 国有企业在各类所有制经济中的占比统计

数据来源：Wind，浙商证券研究所，统计截至2022年12月2日。

（二）中国特色现代企业制度更加成熟定型

除了对整体经济社会作出了巨大贡献之外，国有企业还围绕着建设中国特色现代企业制度，为实现企业治理水平和治理能力现代化这一目标，在优化企业治理方面持续深化改革，取得了实质性的进展。中国特色现代企业制度"特"就特在将党的领导融入公司治理，而通过公司章程和公司规定将党的领导组织化、制度化、具体化是其中关键。至2022年10月，国有企业已经全面完成"党建入章"，绝大多数企业制定了党委（党组）前置研究讨论重大经营管理事项清单，基本实现了党的领导与公司治理有机统一、党内监督与企业内部监督有机统一、党建责任与经营责任有机统一。[①] 董事会是公司经营决策的核心机构，有效制衡是保障董事会高效科学行权履职和提升企业治理水平的关键所在。为此，国有企业开始了全面公司制改革，全国各层级3.8万户国有企业实现董事会应建尽建，外部董事占多数的比例达到99.9%，董事会职权分层分类落实，董事会运作逐步规范高效，更好发挥董事会定战略、作决策、防风险作用。中央企业子企业和地方国有企业建立董事会向经理层授权管理制度的户数占比均超过97%，普遍健全授权后的定期跟踪、评估调整机制，有效保障了经理层依法履行谋经营、抓落实、强管理职责。在完成国资委直接监管企业公司制改制的基础上，中央党政机关和事业单位管理的1.5万户、地方政府管理的15万户国有企业全部完成公司制改制，国有企业有限责任的法律基础进一步夯实[②]。

与此同时，三项制度改革取得了突破，围绕能上能下，全面推行了经理层成员任期制和契约化管理；围绕能进能出，加快实施了公开招聘、竞争上岗、末等调整和不胜任退出等市场化用工制度；围绕能增能减，推动了按业绩贡献决定薪酬的分配机制的完善。"国企改革三年行动"期间，开展任期制和契约化管理的中央企业和地方各级子企业比例从23%左右提升至99.6%以上，覆盖全国超8万户企业、22万人。[③]

（三）国有经济结构布局实现整体优化

国有企业围绕服务构建新发展格局、推动高质量发展，优化调整国有资本布局结构，一批重大战略性重组和专业化整合成功实施。十八大以来，49家中央

---

① 国企改革三年行动工作台账完成率超98%　企业实力活力持续增强［N/OL］. 人民日报，2022-10-11. http：//www.sasac.gov.cn/n2588025/n2588139/c26207001/content.html.

② 翁杰明. 国企改革三年行动推动国资国企领域发生深刻变革［N］. 学习时报，2023-02-10.

③ 翁杰明. 国企改革三年行动推动国资国企领域发生深刻变革［N］. 学习时报，2023-02-10.

企业完成了战略性重组，接收和新组建 13 家中央企业，国资委直管企业从 116 家降至 98 家（见图 1-10）。"国企改革三年行动"以来，国资委先后完成中国电科与中国普天、中化集团与中国化工、鞍钢与本钢等 4 组 7 家中央企业战略性重组，新组建和接收中国星网、中国稀土集团等 8 家中央企业，推动电力、检验检测、医疗等领域 30 余个中央企业专业化整合项目，全国省属国有企业 116 组 347 家实施重组，开展专业化整合 2 150 次。①

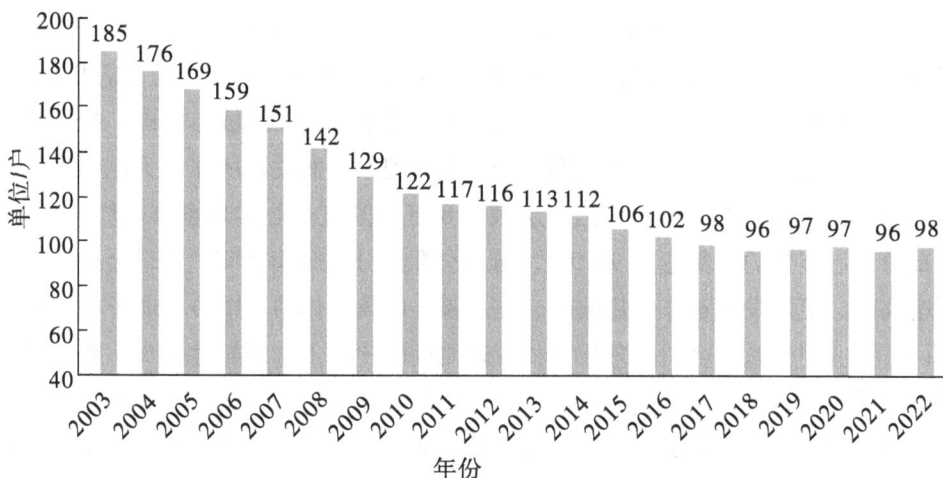

图 1-10　2003—2022 年国资委监管中央企业户数

数据来源：根据公开资料整理。

国有企业继续开展"瘦身健体"行动，"两非"（非主业、非优势）、"两资"（低效、无效资产）处置和特困企业治理全面完成，建立了压减长效机制，法人户数累计减少了 38.3%，管理层级全部压缩到四级（含）以内。以市场化方式盘活存量资产 3 066.5 亿元，增值 234.1 亿元，中央企业从事主业的户数占比达到 93%。全面剥离企业办社会职能，国家资产监管系统对 2 万多个各类公共服务机构和 1 500 万户职工家属区的"三供一业"基本完成了分离移交，2 027 万退休人员基本实现了社会化管理，完成比例达 99.6%，有效解决了长期以来政企不分、社企合一的问题。

国有企业在关系国家安全和国民经济命脉的主要行业和关键领域的作用日益凸显。习近平总书记明确指出，"国有企业特别是中央管理企业，在关系国家安

①　翁杰明. 国企改革三年行动推动国资国企领域发生深刻变革［N］. 学习时报，2023-02-10.

全和国民经济命脉的主要行业和关键领域占据支配地位，是国民经济的重要支柱"。关系国家安全的领域包括国防、能源、交通、粮食、信息、生态等；关系国计民生和国民经济命脉的重要行业包括重大基础设施、重要资源以及公共服务等。从国有企业的市值统计结果来看，前十大行业主要分布在关键领域，包括金融（银行、非银）、食品饮料、公用事业、石油石化、交通运输、通信、煤炭、国防军工等基础性行业①（见图 1-11）。

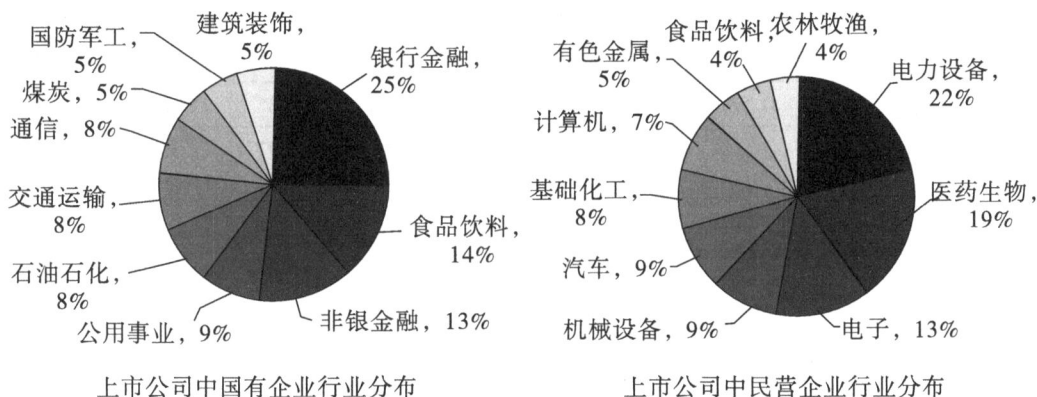

上市公司中国有企业行业分布　　　　上市公司中民营企业行业分布

图 1-11　上市公司中国有企业、民营企业行业分布

数据来源：Wind，浙商证券研究所，统计截至 2022 年 12 月 2 日。

表 1-10　2013—2021 年中央国有资本经营收入分行业统计　　　单位：亿元

	2021 年	2020 年	2019 年	2018 年	2017 年	2016 年	2015 年	2014 年	2013 年
烟草	531.66	468.90	417.96	405.38	386.42	372.93	477.25	412.35	295.68
电力	167.90	135.21	164.32	167.77	147.60	186.21	167.49	128.24	122.19
电信	160.81	151.24	174.10	155.13	136.71	134.16	138.51	119.02	110.02
石油石化	149.69	156.76	156.07	55.43	57.60	172.77	334.15	388.88	290.89
境外	89.27	77.88	75.46	69.67	60.85	88.96	48.32	41.45	25.06
建筑施工	77.11	73.80	73.34	74.31	68.85	66.69	61.92	54.07	29.33
贸易	52.20	34.48	38.99	33.50	25.01	25.65	20.85	28.63	26.46
煤炭	47.91	50.06	38.01	31.12	22.93	17.43	48.53	68.22	59.62
机械	45.06	43.62	46.93	53.89	50.55	56.09	63.05	51.69	29.52

---

①　浙商证券. 浙商大制造—安全护航高质量发展，大国重器启航：大制造央企系列专题报告—[R/OL]. (2022-12-05). https：//www.hangyan.co/reports/2986953350035014821.

（续上表）

	2021 年	2020 年	2019 年	2018 年	2017 年	2016 年	2015 年	2014 年	2013 年
钢铁	31.68	24.73	21.49	0.20	2.80	3.38	8.38	7.78	5.40
投资服务	28.97	21.12	26.54	17.84	13.63	14.39	12.44	10.38	7.14
运输	15.75	16.80	35.97	31.32	30.17	26.19	13.46	6.49	3.85
电子		17.26	2.74	1.52	2.94	1.33	2.58	2.03	1.34
医药				6.30	4.52	3.85	3.65	2.85	1.95
科研院所	2.60	3.30	2.53	2.69	2.46	2.44	4.07	3.43	1.84
对外合作	1.04	0.90	0.90	0.77	0.66	0.34	0.61	0.59	0.31
农林牧渔	0.91	0.58	0.49	0.82	1.48	0.78	0.85	0.07	0.17
建材	0.86		1.32	0.14	0.67	0.50	3.97	3.61	2.99
地质勘查	0.73	0.78	0.78	0.57	0.68	0.66	0.71	1.28	0.60

数据来源：前瞻数据库（https：//d. qianzhan. com）。

（四）国有企业进一步贯彻社会责任承担

国有企业坚持经济责任、政治责任和社会责任相统一，充分发挥了示范表率作用。新时代以来，国有企业立足贯彻新发展理念、构建新发展格局，在创新、协调、绿色、开放、共享等方面多点发力，推动实现高质量发展。

创新是引领发展的第一动力，新时代以来，中央企业建成了 700 多个国家级研发平台，7 个创新联合体，累计投入研发经费 6.2 万亿元，年均增速超过10%。2021 年底，拥有研发人员 107 万人，比 2012 年底增长 53%，拥有两院院士 241 名，约占全国院士总数的 1/7。为促进和引领社会数字化转型，70% 的中央企业建立了工业互联网平台，40% 的中央企业设立了人工智能技术研发机构，2021 年中央企业在新型基础设施的投资超过 4 000 亿元，在新兴产业投资超过1.2 万亿元，较 2017 年（不足 7 000 亿元）年均增长超过 20%。[①] 2021 年，中央企业获得国家技术发明奖、国家科技进步奖数量占同类奖项总数的 49%，在航天、能源等技术领域取得重大成果，在关键材料、核心元器件等技术领域弥补短板。

协调是持续健康发展的内在要求，国有企业在服务京津冀、长三角、粤港澳

---

① 2022 年 6 月 17 日中宣部举行的"中国这十年"系列主题新闻发布会上，国资委秘书长、新闻发言人彭华岗的发言。

等区域重大战略的同时，积极参与解决东西、南北发展差距问题，大力落实乡村振兴战略，为缩小区域和城乡差距提供有力支撑，国有企业承担了川藏、藏中、阿里电力联网工程等一批投资大、收益薄的基础设施建设，深入推进新一轮农网改造升级和村村通动力电工程，有效改善了落后地区人民群众的生产生活水平。① 2016年以来，国资委和中央企业累计派出挂职扶贫干部3.7万人，投入帮扶资金上千亿元，定点帮扶的248个国家扶贫开发工作重点县全部脱贫摘帽，为我国协调发展贡献力量。②

绿色是永续发展的必要条件和人民追求美好生活的重要体现。新时代，国有企业大力推进钢铁、有色、建材、石化等行业企业的节能降碳改造，电网企业开展绿电交易试点，电力企业积极参与碳减排市场机制建设，建材企业打造玻璃生产零排放示范线，引领行业绿色低碳转型，2021年中央企业万元产值综合年耗比2012年下降约33%。③ 同时，国有企业创新绿色金融实践，推进绿色低碳金融产品和服务开发，拓展绿色基金和保险等业务范围，探索碳排放权抵押贷款等绿色信贷业务，让绿色成为高质量发展的底色④。

开放是国家繁荣发展的必由之路，只有更高层次的开放才能真正构建以国内大循环为主体、国内国际双循环相互促进的新发展格局，新时代以来，国有企业深入推进高质量共建"一带一路"，中央企业海外资产近8万亿元，分布在190多个国家和地区，合作项目超过8000个。2022年，中国与"一带一路"沿线国家的贸易总额达2.1万亿美元，同比增长15.4%，这一成绩的取得与中央企业的巨大贡献密不可分。⑤ 同时，国资委致力于指导中央企业积极落实全球发展倡议和联合国可持续发展议程，《中央企业海外社会责任蓝皮书（2022）》显示，已有53%的中央企业根据自身所处行业、企业规模等因素开展了海外社会责任议题识别工作，48%的中央企业明确了涉及海外业务的下属企业的社会的责任执行机构。

共享是中国特色社会主义的本质要求，共同富裕关系到党的执政兴国，是社会主义优越性的体现。为促进共同富裕，新时代以来中央企业累计上缴税费18.2万亿元，累计上缴税费约占全国税收收入的1/7，上缴国有资本收益1.3万亿元，

① 国务院国资委研究中心. 中央企业高质量发展报告（2022）［J］. 国资报告，2023（1）：29-31.
② 2022年6月17日中宣部举行的"中国这十年"系列主题新闻发布会上，国资委秘书长、新闻发言人彭华岗的发言。
③ 国务院国资委研究中心. 中央企业高质量发展报告（2022）［J］. 国资报告，2023（1）：29-31.
④ 孟圆. 国企社会责任工作观察［J］. 国资报告，2023（3）：48-51.
⑤ 孟圆. 国企社会责任工作观察［J］. 国资报告，2023（3）：48-51.

向社保基金划转国有资本 1.2 万亿元。①

整体上，经过十余年的全面深化改革，国有企业规模实力稳步提升，企业活力效率切实提升，监管效能不断增强，其高质量发展支撑着国有资本的高质量发展，引领着国家经济的高质量发展。

第二节　新时代国有企业治理

实现国有企业治理水平和治理能力现代化，是推进国企高质量发展的有效路径。新时代以来，国有企业遵循公司治理的基础理论，以问题为导向，全面提升国有企业治理水平和治理能力。

一、企业治理缘起与主流模式

公司治理伴随着企业制度的产生而产生，并且随着企业制度的发展，所有权与控制权相分离带来的治理问题日益凸显。进入以公司制为主要代表的现代企业制度阶段，股份自由流通使得公司股权结构呈现分散化的特点。股权分散化使得代理问题凸显。股权的流通使得投资者不再直接参与公司经营，出现了所有权和控制权分离的情况。1930 年，Berle 和 Means 对美国最大的 200 家非金融工业公司的结构进行实证研究，结果表明这些企业多数由职业经理人控制，所有权名存实亡。分散化的股权使股东人数众多，难以在集体行动上达成一致，导致管理层滥用自由裁量权，从而产生了管理层通过机会主义行为损害、掠夺公司利益的现象，倒逼股东不得不考虑对管理层的监督问题。②

早期新古典经济学对企业的定义，通常认为企业是指为实现利润最大化而形成的投入和产出之间的技术关系。对企业投入生产要素可以产生一定的产出，投入越多，产出的可能性就越大。为了谋取更多的利润，企业会努力提高生产效率。泰勒制可以说是新古典经济学公司治理理论的基础，其重要贡献是建立了一种将工人贡献与工资紧密结合的管理机制。为了提高工人的效率，泰勒通过制度

---

① 2022 年 6 月 17 日中宣部举行的"中国这十年"系列主题新闻发布会上，国资委副主任翁杰明的发言。

② BERLE A，MEANS G. The modern corporation and private property ［M］. New York：Commerce Clearing House，1932.

设计将工人的效率与工资紧密联系在一起。① 此种观点主要回答企业是如何实现效率的，但并没有说明为什么要用企业的组织形式来进行生产，以及如何实现企业生产等企业的本质问题。这种机械压迫工人的方式只能使企业处于产业链底部。然而，如何衡量具有技术创新能力的工人和具有管理技能的职业经理人的贡献，并给予他们相应的报酬，以促进他们劳动效率的提高，是泰勒主义无法解决的问题。

　　为了更好地解释以上问题，有学者提出了契约理论。企业的契约观点认为企业是一系列契约的集合②。契约理论认为企业的出现能够节约交易成本，在不存在企业的情况下，个体之间为了交易必须一一签订合同，付出大量时间、精力等成本以寻找交易伙伴、谈判交易条件、签订合同及执行合同等。企业主要由长期的不完备的契约联结而成。长期表现在企业内部的人员签订契约往往是长期的，这种长期合约往往要依靠信用维系。同时因为长期条件难以对所有情况详尽预测和规定，企业的契约往往是不完备的契约。企业的契约不完备使得其难以对参与契约的所有成员都赋予固定的收入，因此产生了剩余索取权，即剩余索取权人对企业的剩余利益享有分享权。同时，未来世界是不确定的，当实际状态出现时，必须有人决定如何填补契约中存在的"漏洞"（包括解除对某些参与人的合同），因而产生了剩余控制权③，即当出现企业的契约中未注明的情况时，谁有权作出企业的决策。而公司治理则聚焦于如何通过制度和机制的设计，实现剩余索取权和剩余控制权的最优安排。

　　随着公司逐步成为市场经济运行的重要主体，学者对于公司治理的研究逐渐丰富，对于公司治理的理解也出现了经营者激励说、制度安排说、决策机制说、公司内部权力机构相互制衡说、企业所有权与公司治理结构等同说、保证决策科学化说等多种理解。④ 以上学说、理论表明公司治理是一个多角度、多层次的概

---

　　① 具体做法是：首先，通过反复试验规定工人在生产活动中各个动作的统一标准，包括在动作上的严格规范和时间上的精确计算，并以此来要求工人在这一限定时间内完成规定动作；其次，根据工人工作的完成情况实行差别工资制，而不同的完成情况则使用不同工资率，达到标准者奖，未达到标准者罚。通过标准化的管理以及将工人效率同工资紧密联系的工资制度，泰勒制使得公司的运行效率得到了极大的提升。详见陈晓华. 从党建视角探索新时代国企高质量发展的实现路径 [J]. 理论探索，2019（3）：21-27.

　　② COASE R H. The nature of the firm [J]. Economica, 1937 (4): 368-405; ALCHIAN A, DEMSETZ H. Production, information cost, and economic organization [J]. American economic review, 1972, 62: 777-795; MECKLING W, JENSEN M. Theory of the firm: managerial behavior, agency costs and ownership structure [J]. Journal of financial economics, 1976, 3 (4): 305-360.

　　③ GROSSMAN S J, HART O D. The costs and the benefits of ownership: a theory of vertical and lateral integration [J]. Journal of political economy, 1986, 94 (4): 691-719.

　　④ 李维安. 公司治理学 [M]. 4版. 北京：高等教育出版社，2020：9-12.

念，但其落点无疑是通过制度和机制的设计实现公司的目标。正如经济合作与发展组织（OECD）的公司治理原则所指出的：公司治理应明确规定公司的各个参与者，诸如董事会、经理层、股东和其他利益相关者的责任和权力分布，并清楚地说明决策公司事务时应遵循的规则和程序，用以设置公司目标以及提供实现公司目标和监控经营的手段。[①] 而从表现方面来看，公司治理可以分为内部治理和外部治理。内部治理主要是公司权力的分配和制衡，涉及股权结构、董事会以及经理激励等机制。外部治理主要是从外部利益相关者的角度出发，对公司的决策和经营施加影响，迫使公司选择良好的治理结构安排，外部机制涉及资本市场、产品市场、劳动力市场、法律制度、声誉和社会舆论等方面。外部治理和内部治理的结合更能体现公司是组织体和社会主体的有机结合，因此，21 世纪以来，诸多学者接受了这一说法，从外部治理和内部治理的角度讨论公司治理。[②]

制度的演化是以文化传统和国人信念为基础的，文化传统和信念内在地规范社会成员的思想和行为，公司治理作为一种制度安排，其演进与公司治理主客体所处的文化环境和秉持的信念息息相关。在不同的文化环境中，目前被人们所认可的公司治理模式大体形成了三种类型，即亚洲的家族治理模式、日本和德国的内部治理模式以及英、美的外部治理模式。

（1）家族治理模式。在东南亚国家及我国台湾和香港地区等地，许多大型公众公司都是由家族控制的，表现为家族占有公司的相当股份并控制董事会，家族成为公司治理系统中的主要影响力量。在这种治理模式下，主要股东的意志能得到直接体现，这种模式也可称为股东决定直接主导型模式，但其缺点是很明显的，即企业在发展过程中需要的大量资金仅依靠家族难以得到满足，而在保持家族控制的情况下，资金必然大量来自借款，从而导致企业受债务市场的影响很大，始于 1997 年的东南亚金融危机也反映出家族治理模式的弊病。

（2）内部治理模式。在日本和德国，虽有发达的股票市场，但企业从中筹资的数量有限，企业的负债率较高，股权相对集中且主要由企业法人股东持有（企业间交叉持股现象普遍），银行也是企业的股东。在这些企业里，银行、供应商、客户和职工都积极通过公司的董事会、监事会等参与公司治理事务，发挥监督作用。企业与企业之间、企业与银行之间形成的长期稳定的资本关系和贸易关系所构成的能够对经营者实行监控和制约的一种内在机制被称为内部治理模

① 于东智. 公司治理 [M]. 北京：北京大学出版社，2005：4-7.

② DENIS D K, MCCONELL J J. International corporate governance [J]. Journal of financial and quantitative analysis, 2023, 38（1）：1-36; GILLAN S. Recent developments in corporate governance: an overview [J]. Journal of corporate finance, 2006, 12: 381-402.

式。日本公司的治理模式体现为经营阶层主导型模式，经营者的决策独立性很强，很少直接受股东的影响。德国公司的治理模式则更体现出一种共同决定主导型模式，在公司运行中，股东、经理阶层、职工共同决定公司重大政策、目标和战略等。

（3）外部治理模式。英、美等国企业的特点是股份相当分散，个别股东发挥的作用相当有限，银行不能持有公司股份，也不允许代理小股东行使股东权，机构投资者虽然在一些公司占有较大股份，但由于其持股的投机性和短期性，一般没有积极参与公司内部监控的动机，公众公司控制权就掌握在管理者手中。在这样的情况下，外部监控机制发挥着主要的监控作用，资本市场和经理市场自然相当发达。这种治理模式被称为外部治理模式，也被称为外部人系统。在英美公司治理模式中，经理层有较大的自由和独立性，但受股票市场的压力，股东的意志能够得到较多的体现。这种模式也被称为股东决定相对主导型模式。

从公司治理的结构来看，以英、美为代表的外部治理模式中设股东大会、董事会、经理层，而不设监事会，董事会未有决策和监督的双重职能，其监督职能主要由独立的非执行董事或外部董事来承担。日本和德国为代表的内部治理模式中既有董事会，又有监事会，董事会承担执行职能，监事会进行监督。我国的公司治理模式兼具双方的优势，总体来看我国的公司治理模式主要沿袭类似于英、美的治理结构，即董事会在治理中占据主要地位，其既需要执行各项职能，又需要起到监督作用。然而因为公司治理历程较短，使得我国公司的股权结构不合理，公司治理环境如相关法律和法规不完善，监督机制和相应的市场机制不够成熟。而国有企业则因自身特别的属性，治理问题更加错综复杂。[①]

二、国有企业治理问题

国有企业治理是基于国有企业特殊属性和特殊体制结构所产生的特殊治理问题，为了实现国有企业的多元化目标，强化国家政策对国有企业的定位所形成的有关国有企业的理论、制度和实践的总和。随着国有企业制度现代化工作的完成，毋庸置疑，国有企业已然成为现代意义上的公司，国有企业治理问题是依据公司治理基础理论所得出的。但国有企业在治理问题上较一般企业存在其特殊性。

---

① 李维安. 公司治理学［M］. 4 版. 北京：高等教育出版社，2020：9—12.

（一）国有企业存在目标多元化问题

由于政府的目标是社会利益最大化，国有企业往往会放弃利润最大化目标，如雇用过多的劳动力以实现充分就业。而作为终极控制人，政府的这一目标必然会影响到其所控制的国有企业的目标，国有企业既追求盈利这一经济目标，又追求政治、社会、文化和收入分配等非经济目标，如稳定就业、保障公共产品与服务供给、促进区域协调发展等，这就会有悖于公司价值最大化。[①] 从现有的文献看，大多数研究认为国有股会对公司治理产生负面的影响。例如，杜莹和刘立国从股权结构的质、量两方面对中国上市公司的股权结构和公司治理效率进行了实证分析，发现国有股比例与公司绩效显著负相关。[②] 平新乔、范瑛和郝朝艳认为，在现存的国有企业体制下，代理成本使企业效率只达到了 30%～40%。[③] 李寿喜发现国有企业的代理成本明显高于私人产权企业。[④] 中山大学管理学院课题组通过对珠三角非上市企业进行研究，发现私有产权控股的非上市公司治理结构明显好于国有产权控股的非上市公司。[⑤]

王宏淼认为国有企业经营存在"诺思悖论"。在社会福利目标最大化的引领下，国有企业不可避免地要承担政府行政任务，在政府约束下保障经济增长、社会稳定等目标的实现，例如承担长期无回报的产业政策项目，产品定价依据政府指导不能过高，就业岗位适应社会稳定需求形成冗员。尽管该等政治任务对社会有好的一面，但一定程度上也削弱了国有企业的效率和市场竞争力。同时，为了弥补服务于公共目标造成的亏损，不少国有企业会利用国家优势，通过提升行业进入壁垒来获取垄断租金。垄断租金最大化的驱使会加深市场竞争不充分和不公正，从而损害消费者福利，降低国家整体经济效率。[⑥]

实践表明，只有公平竞争的市场才能让生产要素发挥其真正的价值，实现资源的有效配置。正如习近平总书记在二十大报告中所强调的："深化国资国企改革，加快国有经济布局优化和结构调整，推动国有资本和国有企业做强做优做大，提升企业核心竞争力。优化民营企业发展环境，依法保护民营企业产权和企

① 王宏淼. 中国国企改革过程中公司治理特征、挑战与对策 [J]. 经济纵横，2022（6）：52-60.

② 杜莹，刘立国. 股权结构与公司治理效率：中国上市公司的实证分析 [J]. 管理世界，2002（11）：124-133.

③ 平新乔，范瑛，郝朝艳. 中国国有企业代理成本的实证分析 [J]. 经济研究，2003（11）：42-53.

④ 李寿喜. 产权、代理成本和代理效率 [J]. 经济研究，2007，42（1）：102-113.

⑤ 辛宇，徐莉萍，蔡祥. 控股股东性质与公司治理结构安排：来自珠江三角洲地区非上市公司的经验证据 [J]. 管理世界，2008（6）：118，126，167.

⑥ 王宏淼. 中国国企改革过程中公司治理特征、挑战与对策 [J]. 经济纵横，2022（6）：52-60.

业家权益，促进民营经济发展壮大。完善产权保护、市场准入、公平竞争、社会信用等市场经济基础制度，优化营商环境。"经济合作组织（ECO）等国际组织在广泛国际比较的基础上发布了一系列研究报告和指引，提出了国有企业公司治理的一般性原则，这些原则得到了世界各国的广泛认可和应用。这些原则包括：国家应通过一个集中化的所有权实体或有效的协调主体来行使其所有权职能；国家所有权与政府监管职能严格分开；维护国有企业与私营企业之间的公平竞争环境，强调"竞争中性"原则；公平对待股东和其他投资者；处理好利益相关者关系和负责任的业务；董事会专业化；有效信息披露和透明度，等等。[①] 其中就着重强调政企分开、竞争中立等问题。为解决这一问题，有学者曾提出要剥离国有企业政治性任务，相关内容将在后文进一步讨论。

（二）国有企业存在多重代理问题

基于代理问题所产生的内部人控制以及大股东利益侵占问题，是公司治理要解决的核心问题。就国有企业而言，所有者缺位和目标多元化导致国有企业存在多重代理问题。首先，国有企业多目标间存在的矛盾与冲突会引起股东与企业追求利益最大化的冲突问题，产生国家股东和企业间的代理问题；其次，营利性目标与非营利性目标共存使得人们难以综合评价国有企业经理人的努力程度和产出效果，加大了国有企业所有者与经理人之间的信息不对称程度，使得国有企业经理人有能力通过隐藏信息或行动来谋取个人私利，导致产生国有企业经理人与国家大股东之间的代理问题；最后，政治目标的存在使得国有企业经理人具有"经济人"和"政治人"的双重身份，使得其为了政治晋升去满足国有企业大股东的利益诉求，可能会损害中小股东利益，即导致产生国有企业经理人与中小股东之间的代理问题。

在以上这些代理问题当中，国有企业的"内部人控制"问题尤为突出。伴随着经济体制改革进程，国有企业在生产经营和要素分配方面的自主权逐步扩大，并于现代企业制度建立后获得了充分的经营管理决策权。由于经理人实际上控制着公司，加上国有企业长期以来的软约束、监督乏力等问题，国有企业的内部人控制现象则更为突出。现如今，随着公司治理制度的完善，国有企业逐渐形成了"行政干预下的经营者控制型"企业治理结构，企业经营者受到了一定程度的约束和监督，但决策监督成本与内部人制约成效之间的矛盾仍然显著。

① 王宏淼. 中国国企改革过程中公司治理特征、挑战与对策 [J]. 经济纵横，2022（6）：52-60.

（三）国有企业管理层存在激励约束问题

国有企业激励层面的问题源于企业领导职务与政治晋升之间的牵连。以中央企业为例，企业行政级别包括正部级、副部级、正厅级，企业的负责人（党委书记、董事长或总经理）等比照正部级官员、副部级官员、正厅级官员进行管理。因此，作为"准官员"的国有企业领导人与同级别政府人员相比，不仅享有相似的政治待遇，也拥有类似的政治晋升空间。① 因此，不少企业负责人通过提高企业经营业绩来获取政治晋升，这样的情景一方面有利于企业领导人在政府机关中发挥掌握市场规律、技术背景和行业经验的优势；但另一方面，部分企业领导人可能将仕途升迁目标凌驾于企业目标之上，为尽快获得政治资本而积极追求短期利润，忽视企业基业的长青。② 尤其是当企业管理层为政府委派人员时，其对政治晋升的倾向性更为明显，甚至为了政治目标而实施损害公司利益的短视行为，如过度投资以支持短期绩效。

国有企业长期以来的软约束也会使得管理人员忽视企业本应当追求的市场经济价值。软约束描述的是政府不能承诺不去解救亏损的国有企业，这些解救措施包括财政补贴、贷款支持等。③ 国有企业中的软约束问题表现得尤为明显，由于国有企业大多和政府存在某种政治关系，当经营不当、投资失败时，政府还可能通过各种优惠措施（如税收减免、帮助企业获得银行贷款减免或展期等）来支持企业发展。由此，国有企业领导层可能依靠自身对企业的控制力进行过度投资，从过度投资经营行为中攫取个人私利。④ 更为严重的是，软约束环境中，企业的真实经营成本与风险被掩盖，部分低效的国有企业以较低成本挤占了大量生产要素，引发产能过剩、库存攀升、杠杆过高等一系列经济问题，这会延缓市场出清，弱化供给侧结构性改革的效果，对中国经济转型进程造成一定阻碍。⑤

（四）国有企业集团内部存在公司治理边界问题

在我国国有企业改革的过程中，为了更好地进行国有企业改革，一段时间内

---

① 杨瑞龙，王元，聂辉华．"准官员"的晋升机制：来自中国央企的证据 [J]．管理世界，2013（3）：23-33．

② 张维迎．国企治理的最大问题 [J]．董事会，2014（8）：102-103．

③ 林毅夫，李志赟．政策性负担、道德风险与预算软约束 [J]．经济研究，2004，39（2）：17-27．

④ 盛明泉，李昊．预算软约束、过度投资与股权再融资 [J]．中南财经政法大学学报，2010（4）：84-90，144．

⑤ 周学东，李宏瑾，李康，等．预算软约束、融资溢价与杠杆率：供给侧结构性改革的微观机理与经济效应研究 [J]．经济研究，2017，52（10）：53-66．

政府采用"抓大放小"的策略，通过并购重组等方式组成集团式国有企业进行管理。根据经济学理论，企业集团的出现主要是为了获得规模经济效益和专业化协同效应、提高品牌价值和控制经营风险等，从而提高市场竞争力。因此，通过集团公司运行的方式，集团内部成员企业之间具有长期稳定的交易关系，通过成员之间的沟通与合作，建立独特的集团内部治理安排，可以极大地节约市场交易费用，有效地缓解契约不完备问题，降低不确定性，减少缔约费用并降低履约风险，防止机会主义和逆向选择。但集团化运作则容易产生公司治理边界混乱不清晰的问题。公司治理边界是公司当事人在公司中专用性资产的维度和半径所形成的范围。钱婷和武常岐研究发现，政府通过将国有企业的具体经营控制权划转给企业集团，可以明晰产权，有效减轻内部人控制问题，却会加剧国有企业间股东的代理问题，产生母公司作为股东控制子公司的掏空行为。① 这间接导致集团内部公司边界不清晰，子公司丧失独立法人人格，同时这也是政企不分的另一种表现形式。

综上所述，国有企业作为特殊企业，其经营目标存在多元化的特点，这使得国有企业在经营效率上存在一定的不足，为了弥补这一不足，政府往往通过倾斜性政策予以"补贴"，而这进一步产生了国有企业对于市场环境的干扰问题，如何实现公平竞争就成为国家层面对于国有企业治理的目标之一。国有企业治理问题的特殊性也表现为相对于一般企业而言，国有企业内部治理结构在实践中产生的代理问题较为集中于"内部人控制"问题，严重的"内部人控制"影响了企业决策的科学性和效率性。而由于所有权问题，国有企业难以产生传统理论上由经理持股所带来的利益协同效应。此时，监督约束机制显得尤为重要，一旦监督约束机制失效，国有企业的经营就会陷入困境，如何通过公司治理优化激励约束机制是国有企业公司治理问题重点所在。与此同时，国有企业集团化改革使得大量国有企业进行集团化运作，集团内部法人人格混同问题严重，如何通过更为规范的治理方式保障公司治理边界，降低因人格否认带来的债务风险，是国有企业法人层面治理需要关注的问题。围绕国有企业治理的种种困境，有大量文献专门研究了国有企业代理问题、机会主义、垄断和特权、软预算约束、效率低下等问题，学者们就此提出了诸多国有企业公司治理理论，西方成熟市场经济国家在实践中也形成了所谓的英美"股东治理模式"和德日的"利益相关者治理模式"，

---

① 钱婷，武常岐. 国有企业集团公司治理与代理成本：来自国有上市公司的实证研究 [J]. 经济管理，2016，38（8）：55-67.

以及"目标型公司治理"和"干预型公司治理"等诸多形形色色的实践模式。①
除了学术上的争鸣与讨论，政府也在通过出台有关政策、立法进行国有企业改
革，对国有企业公司治理实践予以指引，以此帮助其克服上述问题，实现国有企
业的发展和经济的良性运行。

三、新时代国有企业治理举措与路径

为解决国有企业治理中的问题，我国自 1978 年开始进行国有企业改革，以
问题为导向对企业进行改革，1978—2012 年，我国通过放权让利、建立现代企
业制度、调整国企战略布局、改革资管体制等方式，优化国有企业内外部治理，
使得政府公共管理与国有企业经营初步分离，国有企业得到更加规范的管理，国
有资本更多集中于关系国民经济命脉的重要行业和关键领域，国有企业发展质量
和运行效率得到了大幅提升。

新时代以来，国内外环境的变化使得国有企业的经营治理需要进一步优化，
国有企业在新时代应该承担起"顶梁压舱"的职责，做强做优做大国有企业，
以自身高质量发展引领和推动经济高质量发展。为实现这一目的，新时代国有企
业从内外部治理出发，开启全面深化改革，提升企业核心竞争力。

（一）外部治理改革举措

就外部治理而言，针对长期以来政企关系不清影响公平竞争的问题，我国以
分类治理作为切入点，对企业功能进行界分。同时以管资本为主，完善国有资产
管理体制，改革国有资本授权经营体制，改组组建国有资本投资、运营公司，推
动国资监管机构职能转变，明确国资监管机构权责清单，改善国有股东与企业的
代理问题。

1. 分类治理

2013 年 11 月，党的十八届三中全会通过《关于全面深化改革若干重大问题
的决定》，提出准确界定不同国有企业功能。2015 年 8 月，中共中央、国务院印
发《关于深化国有企业改革的指导意见》，将国有企业分为商业类和公益类。商
业类国有企业按照市场化要求实行商业化运作，以增强国有经济活力，激发国有
资本功能，实现国有资产保值增值为主要目标，依法独立自主开展生产经营活
动，实现优胜劣汰、有序进退。2015 年 12 月，国资委、财政部、发改委联合发
布《关于国有企业功能界定与分类的指导意见》标志着国有企业进入分类治理

---

① 王宏淼. 中国国企改革过程中公司治理特征、挑战与对策 [J]. 经济纵横，2022 (6)：52-60.

的新时期，强调了企业功能界定与分类治理是新形势下深化国有企业改革的重要内容，也是因企施策推进改革的基本前提。2016 年 8 月，国资委、财政部联合印发《关于完善中央企业功能分类考核的实施方案》，根据国有资本的战略定位和发展目标，结合不同国有企业在经济社会发展中的作用现状和发展需要，将中央企业划分为商业一类企业、商业二类企业、公益类企业。2020 年 6 月，中央全面深化改革委员会审议通过了《国企改革三年行动方案（2020—2022 年）》，强调要分层分类推动改革，聚焦国有资本投资公司、运营公司所出资企业和商业一类子企业。2023 年 2 月，《求是》刊发习近平总书记《当前经济工作的几个重大问题》，再次强调深化国有企业改革应当坚持分类改革方向。[①]

2. 改革国有资本授权经营体制

党的十八届三中全会提出改革国有资本授权经营体制的任务，首次明确指出"组建若干国有资本运营公司，支持有条件的国有企业改组为国有资本投资公司"。2015 年 8 月，中共中央、国务院印发《关于深化国有企业改革的指导意见》，明确提出国有资产监管机构授权国有资本投资、运营公司对授权范围内的国有资本履行出资人职责。2018 年 7 月，国务院印发《关于推进国有资本投资、运营公司改革试点的实施意见》。2018 年底，11 家中央企业被纳入国有资本投资公司试点。2019 年 4 月，国务院印发《改革国有资本授权经营体制方案》，提出优化出资人代表机构履职方式，分类开展授权放权，加强企业行权能力建设，完善监督监管体系。截至 2022 年 6 月，中央层面，中国国新、中国诚通两家企业开展国有资本运营公司试点，国投、招商局集团等 19 家企业设立了国有资本投资公司，形成了 2+19 的局面；地方层面，全国有 36 个省级国资委改组组建了超过 150 家国有资本投资运营公司。

（二）内部治理改革举措

就内部治理而言，国有企业通过建立中国特色现代企业制度，完善法人治理结构和治理机制，推进混合所有制改革调整优化股权结构，引入积极股东完善治理，并且加强国有资产监管，建立协同高效的监管体系，实现放活和管好相统一。

1. 全面贯彻两个"一以贯之"

中国特色现代企业制度是全面贯彻两个"一以贯之"，充分发挥党委（党组）把方向、管大局、保落实领导作用，实现党的领导和公司治理有机统一、党

---

① 习近平. 当前经济工作的几个重大问题［J］. 求是，2023（4）：4-9.

内监督与企业内部监督有机统一、党建责任与经营责任有机统一的中国特色公司治理制度。2015 年 6 月，中共中央在《关于在深化国有企业改革中坚持党的领导加强党的建设的若干意见》（以下简称《若干意见》）中明确就深化国有企业改革中坚持党的领导、加强党的建设作出部署，强调把加强党的领导和完善公司治理统一起来，明确国有企业党组织在公司法人治理结构中的法定地位。该意见凸显了在国有企业改革中应当坚持党的建设同步谋划、党的组织及工作机构同步设置、党组织负责人及党务工作人员同步配备、党的工作同步开展，实现体制对接、机制对接、制度对接和工作对接（即"四同步""四对接"）。① 同年 8 月，中共中央、国务院印发的《关于深化国有企业改革的指导意见》对加强国有企业党的建设进一步作了规定。2016 年 10 月，党中央召开全国国有企业党的建设工作会议，习近平总书记发表重要讲话，指出"坚持党对国有企业的领导不动摇，发挥企业党组织的领导核心和政治核心作用，保证党和国家方针政策、重大部署在国有企业贯彻执行"，"坚持党对国有企业的领导是重大政治原则，必须一以贯之；建立现代企业制度是国有企业改革的方向，也必须一以贯之。中国特色现代企业制度，'特'就特在把党的领导融入公司治理各环节"。旗帜鲜明地提出两个"一以贯之"，在我国国有企业改革发展史上是首次。这一重要论述，是对现代企业公司治理的重大理论创新和实践创新，以这次重要会议为标志，国有企业坚持党的领导、加强党的建设进入一个新的阶段。2017 年 3 月，中央组织部、国资委党委印发《关于扎实推动国有企业党建工作要求写入公司章程的通知》，要求国有独资、全资和国有资本绝对控股企业带头将党建工作要求写入公司章程，为党组织有效开展工作、发挥作用提供制度保障。2017 年 10 月，党的十九大审议通过《中国共产党章程（修正案）》，将"国有企业党委（党组）发挥领导作用，把方向、管大局、保落实，依照规定讨论和决定企业重大事项"增写进党章第三十三条，将国有企业党委（党组）发挥领导作用以党的根本大法形式固定下来。截至 2018 年底，中央企业及所属全资、独资、绝对控股企业基本完成党建进章程，中央企业及具备条件的二级单位均落实党委（党组）书记、董事长"一肩挑"，全部把党委（党组）研究讨论作为企业决策重大事项前置程序。

2. 完善国有企业法人治理结构和治理机制

完善国有企业法人治理结构和治理机制，是落实两个"一以贯之"要求的

---

① 专家学者解读《若干意见》深化国企改革必须坚持党的领导［EB/OL］.（2015 - 09 - 22）. http：//theory. people. com. cn/n/2015/0922/0148980 - 27619893html.

重要方向，也是新一轮国有企业改革的重要任务。国有企业经过长期探索，初步建立了现代企业制度，但仍不完善，部分企业尚未形成有效的法人治理结构，权责不清、约束不够、缺乏制衡等问题仍然存在。党中央、国务院对完善国有企业法人治理结构作出了一系列部署，提出了明确要求。

一是进一步加强董事会建设。2015 年 8 月，中共中央、国务院印发《关于深化国有企业改革的指导意见》，提出健全公司法人治理结构，重点是推进董事会建设。2016 年 2 月，国务院国有企业改革领导小组将"落实董事会职权试点"列入国有企业"十项改革试点"，加以部署和推进。2016 年 12 月，习近平总书记主持召开中央全面深化改革领导小组第三十一次会议，审议通过《关于开展落实中央企业董事会职权试点工作的意见》，对推进这项改革试点提出了新的更高要求，强调开展落实中央企业董事会职权试点，要坚持党的领导，坚持依法治企，坚持权责对等，切实落实和维护董事会依法行使中长期发展决策权和经理层成员选聘权、业绩考核权、薪酬管理权以及职工工资分配管理权等，推动形成各司其职、各负其责、协调运转、有效制衡的公司治理机制。为了加强董事会和董事日常管理，2016 年国资委印发《中央企业董事会及董事评价暂行办法》，规定中央企业每年组织开展董事会和董事评价工作，严格监督约束和追责问责，对重大决策失误、重大资产损失负有直接责任的董事进行调整、解聘，还依法依规追究责任。2017 年 4 月，国务院办公厅印发《关于进一步完善国有企业法人治理结构的指导意见》，提出"到 2020 年，国有独资、全资公司全面建立外部董事占多数的董事会，国有控股企业实行外部董事派出制度"。

二是积极推进经理层成员契约化管理试点和职业经理人制度试点。2013 年11 月，《关于全面深化改革若干重大问题的决定》提出，要"建立职业经理人制度"。2015 年 8 月，《关于深化国有企业改革的指导意见》提出，"推行职业经理人制度，实行内部培养和外部引进相结合，畅通现有经营管理者与职业经理人身份转换通道，董事会按市场化方式选聘和管理职业经理人，合理增加市场化选聘比例"，强调"推行企业经理层成员任期制和契约化管理，明确责任、权利、义务，严格任期管理和目标考核"。

三是规范企业层级治理。在集团经营中尊重子公司独立性是企业运行的基本要求之一，也是现代化国有资本授权经营体制的基本要求之一。在 2019 年，国务院就发布《改革国有资本授权经营体制方案》，其中就提及加强企业行权能力建设，优化集团管控。2022 年，国务院国资委发布的《提高央企控股上市公司质量工作方案》当中，对上市公司独立性进行了强调和重申，进一步厘清了国有股东对上市公司的管理边界，切实维护了上市公司独立性。

3. 开展混合所有制和股权多元化改革

开展混合所有制和股权多元化改革，促进国有企业转换经营机制，放大国有资本功能，提高国有资本配置和运行效率，实现各种所有制资本取长补短、相互促进、共同发展。党的十八届三中全会明确提出允许混合所有制经济实行企业员工持股。在混合所有制企业规范开展员工持股改革，建立健全激励约束长效机制，充分调动员工积极性，激发企业活力。2015 年 8 月，中共中央、国务院印发《关于深化国有企业改革的指导意见》，对推进混合所有制改革进一步作出明确规定。同年 9 月，国务院印发《关于国有企业发展混合所有制经济的意见》，明确国有企业混合所有制改革的总体要求、具体任务、操作规则等内容，提出在电力、石油、天然气、铁路、民航、电信、军工等领域开展混合所有制改革试点，这是国家第一次明确在这些重要领域进行混合所有制改革。2016 年 8 月，国资委、财政部和证监会联合印发《关于国有控股混合所有制企业开展员工持股试点的意见》，对员工持股试点作出规范性规定，在促进企业引才聚才、创新创业、转换机制等方面作了积极探索。

4. 强化监督约束机制

党的十八大以来，中共中央开展了对中央企业的巡视工作，坚决落实中共中央部署，充分发挥巡视利剑作用和震慑、遏制、治本作用，对中央企业进行全面整改，坚决惩治腐败，严防国有资产流失，有力推动了中央企业的健康发展。2016 年，国资委出台 39 件加强监督的相关文件，进一步健全规划投资、改制重组、产权管理、财务评价、业绩考核、选人用人等规范国有资本运作的制度体系。2016 年，国资委内部机构调整，专门新设两个监督局，负责分类处置、督办和深入核查各相关单位、监事会及有关监督机构监督检查发现移交的问题线索，对共性问题组织开展专项核查，组织开展国有资产重大损失调查，构建发现、核查、处理问题的工作闭环。2018 年 7 月，国资委印发《中央企业违规经营投资责任追究实施办法（试行）》，详细规定了中央企业违规经营投资责任追究的有关范围、标准、处理方式、职责和程序等，为有效开展责任追究工作提供了基本依据。2018 年，国资委印发《关于组织建设中央企业"三重一大"决策和运行监管系统有关事项的通知》，通过信息化手段实现对中央企业"三重一大"事项决策的制度、规则、清单、程序和内容的在线监管，搭建中央企业信息公开平台，打造"阳光国有企业"。

可以说，党的十八大后，国有企业落实党中央对国有企业治理改革的部署，着手加强国有企业治理重点难点问题研究。党的二十大提出要深化国资国企改革，加快国有经济布局优化和结构调整，推动国有资本和国有企业做强做优做大，提升企业核心竞争力。国有企业通过落实党的十八大、十九大、二十大及历次全会精神，全面系统地规划国有企业治理改革，研究提出制定"1+N"政策体系，确立了国有企业治理框架，更规范、更科学地指引国有企业治理改革实践。

第二章

中国特色国有企业现代公司治理的实现路径

国有企业治理应当走中国式现代化道路，中国特色现代国有企业制度是中国式现代化治理在国有企业治理中的体现。中国特色现代国有企业制度"特"在将党的领导融入公司治理各环节，通过将党组织确立为法定治理主体，调整形成"党组织—董事会—监事会—经理层"的治理结构，更有利于实现国有企业双重目标。中国特色现代国有企业制度能够有效缓解国有企业政企关系不分、代理问题突出、激励约束不足等问题，具有其制度设立的必要性。想要发挥中国特色现代国有企业制度的治理效能，还需结合分类治理、混合所有制改革等措施，形成制度合力，同时需考虑将其融入集团运行过程中，构建出具备普遍适用性的制度框架。

第一节　中国特色国有企业现代公司治理的目标与原则

一、设立国有企业的初心

纵观世界实现现代化的过程，西方现代化主要由市场推动实现，苏联和东亚现代化加入政府这一因素，但它们都并未从根本上超越以资本为主导的发展逻辑以及以资本为核心的现代性原则，以此为基础的现代化，其生产发展伴随不断加深的贫富分化与阶级固化，畸形的生产关系限制了生产力的发展活力，弊端不断显现。① 中国式现代化则是在借鉴吸收前人的经验教训的基础上，将政党纳入进来，形成由政党、政府、市场共同推进实现现代化的格局，中国共产党以人民为

---

① 韩喜平，郝婧智. 人类文明形态变革与中国式现代化道路［J］. 当代世界与社会主义，2021（4）：49-56.

中心的价值追求正是破解资本逻辑下人与社会发展困境的最优解，而中国特色现代国有企业制度则是中国式现代化治理在国有企业治理中的体现。这种中国式现代化理论思维支撑中国发展壮大并持续助力推进中华民族伟大复兴，是中国为全人类实现现代化所提供的中国智慧、中国方案、中国力量，具有重大的理论与实践意义。

在《资本论》中，马克思揭示了生产社会化与生产资料的资本主义私人占有制度之间的内在矛盾。他指出，资本主义生产方式无法支撑其所孕育的生产力的发展，因此必然被新的生产方式——社会主义生产方式所取代。资本增值的冲动导致企业与社会利益之间必然存在冲突，如果得不到有效约束，市场经济就会通过企业对社会造成损害。生产资料私有制与社会化大生产之间的矛盾是资本主义无法避免的基本矛盾，也是资本主义社会频繁发生过剩危机的根本原因。只有消灭生产资料私有制，建立生产资料公有制的社会主义制度，才能彻底解决资本主义社会的基本矛盾，并在实现社会再生产的同时实现人民的共同富裕。在生产资料公有制的社会主义社会中，国有经济是国家在过渡阶段改造社会的最重要工具。列宁于 1917 年提出"国家资本主义"，并首先采取国家资本主义的办法向社会主义过渡和建设社会主义。"照所有经济著作解释，国家资本主义就是资本主义制度下由国家政权直接控制这些或那些资本主义企业的一种资本主义。"他认为无产阶级国家也可以采用国家资本主义，并运用马克思所分析的资本主义生产力发展所必须遵循的基本原则，在较短的历史时期内使俄国成功成为工业强国并取得辉煌胜利。

新中国成立后，由于生产力极度落后，工业化程度、经济发展水平相比于其他发达国家存有较大差距。要达到赶超西方国家的目的，就必须提高工业化与信息化水平。但着力解放和发展社会生产力，仅仅通过自由的、市场自发的发展方式在短期内根本难以实现掌握核心技术。1952 年底，党中央按照毛泽东主席的建议提出了党在过渡时期的总路线，即逐步实现国家的社会主义工业化，并逐步实现国家对农业、对手工业和对资本主义工商业的社会主义改造。1953 年，毛泽东专门召开有关国家资本主义的座谈会，指出："中国现在的资本主义经济，其绝大部分是在人民政府管理之下的，用各种形式和国营社会主义经济联系着的，并受工人监督的资本主义经济。这种资本主义经济已经不是普通的资本主义经济，而是一种特殊的资本主义经济，即新式的国家资本主义经济。"1956 年，毛泽东针对社会主义改造中出现的问题提出，"只要社会需要……可以开投资公司，还本付息。可以搞国营，也可以搞私营。可以消灭了资本主义，又搞资本主义"。但由于"左"倾思想的影响，盲目追求"一大二公"，市场作用被严重排斥。直至 1978 年中共十一届三中全会开启改革开放，针对两种"主义"的质疑，才被邓小平提出的判断标准逐渐消除，应该主要看是否有利于发展社会主义社会的生产力，是否有利于增强社会主义国家的综合国力，是否有利于提高人民的生活水平。国家资本主义对于国家社会主义建设的作用又得以重现，开办国有企业是为了解决我国的经济、社会、政治等层面的迫切问题。在经济层面上，可解放和发展生产力。在社会层面上，由于资本主义生产方式存在资本有机构成在不断提高的发展趋势，国有企业就需要肩负公共性的目标，保护劳动者权益，保障就业，促进共同富裕。在政治层面上，国家政权安全需要国有企业的防护，国有企业也必须在国防军工、能源、粮食等关系国民经济命脉的关键行业和领域占据主导地位。

马克思、恩格斯对未来社会的构想是基于发达资本主义国家革命同步成功的前提，但社会主义革命却是在经济文化滞后的俄国和中国实现了局部突破，因此社会主义建设需要有较长的过渡时期。列宁和毛泽东明确地意识到这一点，并运用国家资本主义的方法取得了一定成效，但又有探索中的不足。资本主义国家通过"国有化"使得社会主义国有经济的发展需要为全民服务，但在相当长一段时间内，国有企业只是政府的一个附属机构或者生产车间，没有自主经营权，一切运作按政府的计划进行，失去了发展的主导动力。马克思产权理论表明，资本的法律所有权和经济所有权要分离，通过两权分离，企业拥有自主经营权和独立的法人财产权，能够以企业的名义处分各项财产，使得国有企业得以获得活力。

中国作为发展中国家，单靠市场自发力量、单靠私营企业，短时间难以追赶发达国家，其国情决定中国必然要发展国有企业。我国开办国有企业既是坚持公有制主体地位的体现，也是实现国家投资"顶天立地"的战略布局，同时是贯彻新发展理念、全面深化改革的重要支撑。习近平总书记指出，"公有制主体地位不能动摇，国有经济主导作用不能动摇"。这两个"不能动摇"深刻表明了我国在经济发展中必须坚持公有制主体地位与国有经济主导作用。对于国有经济的主导作用，不能片面地理解为国有企业所占的数量多、比重大等，单纯的数量多、比重大并不必然使其成为国民经济的主体，重点应关注国有企业在国民经济发展中的竞争力、创新力、控制力、影响力、抗风险能力。"培育具有全球竞争力的世界一流企业"意味着要让国有企业在高铁、探月、深海勘探等高精尖领域"顶上去"，成就一批像辉瑞、微软、谷歌等具有国际竞争力的企业，在各行各业树立标杆，实现"顶天"职能。同时，通过国有企业兜底解决国有经济"立地"保障民生的问题，托起民营资本不愿进入的夕阳产业和进入后也提供不了好的产品和服务的领域，如基本医疗和基础教育。通过深化改革进一步提高国有企业的总体效益和效率，加强国有企业党建，通过"管资本"为主调整国有资产管理体制，贯彻国有企业混合所有制改革，达到优化国有经济布局、结构调整和战略性重组之目的。

二、中国特色国有企业现代公司治理目标

公司治理的目标，贯穿于对公司治理内涵的理解当中，也因对公司治理目标的不同理解，衍生出对公司治理内涵的不同看法。总体而言，公司治理目标可大致分为两种观点，一是将公司治理目标界定为如何实现公司利益最大化，二是将公司治理目标界定为如何有效保护利益相关者利益。

根据古典资本雇佣劳动理论，资本家通过出资购买设备、原材料，并雇用工人从事生产经营活动，旨在实现资本增值。因此，资本投入者也是企业的所有者，企业以股东的利益最大化为目标，这是股东利益至上理论的基本观点。从企业所有者是股东的角度出发，企业治理机构的设置和治理机制的安排旨在确保股东资产的保值、升值，提升股东的价值。在股东价值最大化理论下，公司治理以两权分离为基础，重点关注所有者（股东）和经营者（经理层）之间的委托代理关系。

利益相关者理论的基本论点是企业不仅要对股东负责，而且要对与企业有经济利益关系的相关者负责。公司是相互依存的社会体系中的一部分，公司不可能脱离其他个人和团体而存在，因而，公司应该对这些主体负有社会责任。[①] 布莱尔认为，企业的目的不能仅限于股东权益最大化，而应该同时考虑企业其他参与人（包括员工、经理、债权人、供应商、用户以及所在社区）的利益。股东利益最大化不等于财富创造的最大化，各利益相关者的利益最大化才是现代企业所追求的目标，它将机会公平和经济效益结合起来。

两种观点尽管存在其现实依据，但同时也受到了一定的批判。例如，有学者认为股东导向理论忽略了作为员工的人力资本在企业增值过程中发挥的作用，而且资本市场的发展弱化了股东和企业之间的利益纽带关系，并且经营环境的变化使得不仅是股东承担了剩余收益和风险，还涉及了更为广阔的社会层面。而利益相关者理论亦被质疑缺乏可操作性。多重目标等于没有目标，管理者作出决策时若需同时满足各方主体利益，并且这些利益之间可能还存在冲突，将难以制定出

---

① 李季. 企业社会表现与企业绩效关系研究 [D]. 上海：复旦大学，2008.

合理的决策，导致管理层无目标可循。

国有企业治理目标理论是根据以上公司治理目标理论所衍生出的对国有企业治理目标进行界定的观点理论，在我国，各界对国有企业的治理目标存在不同看法。单一经济目标论认为正是政策性负担才导致了国有企业的预算软约束问题，因此国有企业应该剥离政策性负担，追求单一经济目标。① 这一目标仅仅看到了国有企业作为微观市场主体应承担的职责，却忽略了国有企业在宏观调控过程中所发挥的作用。单一经济目标可能会在短时间内一定程度上提升企业的经营效率，但从长远视角看必然会对整体市场与社会协调发展、风险防控、公平分配等造成损害。因此，有学者认为国有企业所有决策行为必须坚持社会主义政治方向，维护广大人民利益，所以国有企业的目标不能简单地以股东价值最大化来概述，而是应该具有国家使命感，必须为人民谋福利，实现全民追求美好生活的目标，以此提出国有企业应当以政治目标为主兼顾经济目标，即双重目标论。②

本书认为，国有企业需兼顾政治与经济目标。政治性是国有企业的根本属性，国有企业应当旗帜鲜明才能更好地为国家发展、为人民幸福而服务。但政治目标与经济目标以何者为主则根据国有企业所处行业有所区分。我国近年来实行企业分类改革治理，分为商业类和公益类，商业类国有企业通过商业化运作，提高国有资本效益的同时，推动实现国有资产保值增值，经济目标大于政治目标；而公益类国有企业注重追求社会整体效益，以保障民生、服务社会、提供公共产品和服务为主，政治目标大于经济目标。综上，政治目标的实现贯穿国有企业治理的始终。

而政治目标的实现需要有专门的公司治理体制保障与落实。2016 年 10 月，习近平总书记在全国国有企业党的建设工作会议上提出，"坚持党对国有企业的领导是重大政治原则，必须一以贯之；建立现代企业制度是国有企业改革的方向，也必须一以贯之。中国特色现代国有企业制度，'特'就特在把党的领导融入公司治理各环节"③。党组织融入公司治理，成为法定治理主体，建立起实现企业目标定位的政治保障。

与此同时，将原来的"董事会—监事会—经理层"的治理结构调整为"党组织—董事会—监事会—经理层"，形成政治经济融合共进的治理格局，更有利于实现国有企业的目标定位。具体而言，一是党组织通过与上级党组织和政府的

① 林毅夫，李周．现代企业制度的内涵与国有企业改革方向［J］．经济研究，1997（3）：3-10.

② 金碚．国有企业的历史地位和改革方向［J］．中国工业经济，2001（2）：5-16.

③ 习近平强调：坚持党对国有企业的领导不动摇　开创国有企业党的建设新局面［EB/OL］．（2016-10-11）．http：//www.gov.cn/xinwen/2016-10/11/content_5117541.htm.

联系沟通，更好地接收党的意志和最新指示。二是党组织拥有"三重一大"事项的决定权与前置研究讨论权，对公司重大人、财、物的变动进行集体讨论研究决策，可以充分考量相关变动的政治正确性。三是党组织通过"双向进入、交叉任职"的方式融入董事会、经理层，更加切实地参与董事会、经理层治理活动过程当中，并在其中充当政治考量员的角色。四是党组织通过企业党建活动，将党的意志和政府指示传达至基层员工，使国有企业从上至下都能够保证其政治正确性。同时，党组织分享了一部分决策权和监督权，通过权力的行使提高企业治理水平，助力实现国有企业治理目标。

三、中国特色国有企业现代公司治理原则

公司治理是当前世界范围内的重要研究课题，制定公司治理原则（corporate governance principle）是完善公司治理机制的有效途径。所谓公司治理原则，就是公司治理活动所应遵循的基本准则、基本要求。有效的公司治理不仅需要来自法律制度的规范，还需要对公司有指导作用的管理实务原则，即公司治理原则。国有企业治理原则则是聚焦国有企业问题，通过原则的指引功能，帮助国有企业建立更加有效的公司治理体系。因此，国有企业治理原则需要考虑到国有企业的特殊性，进行有针对性的设计，试图凝练出实现国有企业有效治理的标准和指引。

中国特色现代企业治理原则是中国特色现代企业治理的基础框架，是中国特色现代企业制度的重要组成部分，其以实现国有企业治理目标为方向，对中国特色现代企业治理的理念进行凝练，从而可以更好地保障国有企业实现有效公司治理。中国特色现代企业治理原则是国有企业开展企业治理工作、建立完善自身治理体系的基本遵循。因此，其必须吸收国内外公司治理的优秀理念和实践经验，能够指导不同类型的国有企业开展企业治理工作、建立完善自身的治理体系，而且还要具有普遍适用性。

本书将中国特色国有企业现代公司治理原则总结为三点：一是坚持党的领导与公司治理相统一。中国特色国有企业现代公司治理最鲜明的特色就是将党的领导落实到公司治理当中，将党组织纳入公司治理结构，确立为公司法定治理主体，建立起新的制衡结构，创建公司治理的新均衡，更好地实现企业的政治性和经济性目标。二是坚持依法管控与激发活力相统一。新时代以来，以习近平同志为核心的党中央高度重视依法治理，习近平总书记指出，"人类社会发展的事实证明，依法治理是最可靠、最稳定的治理"，"法治是国家治理体系和治理能力

的重要依托"。依法治理可以使得社会生活变得可预期，社会成员能够平静、和谐、充满期待和信心地生活在社会秩序之中。企业也同样如此，只有以科学且稳定的制度作为指引，企业运行才能有序且高效。但依法管控并不意味着严管、死管，而是要做到依法管控与激发活力相统一，既要该管的管住管好，也要该放的放足放活，如何让经营主体在合法合规的前提下开展经营活动，是其中的重点所在。三是坚持企业共性与个性治理相统一。就企业而言，公司治理目标是统一的，其公司治理理论基础、治理结构、治理要素皆存在共通性，因此，企业治理存在共性，需要把握共性建立起普遍适用的企业治理体系。但就不同类型的企业而言，其所处的行业和环境是不一样的，其面临的突出问题亦有所区别，因此，需要依据企业类别的不同，对症下药，确立差异化治理框架。

公司治理原则是公司治理机制的领航舰，对于公司落实权责法定、权责透明、协调运转、有效制衡的治理机制起到基础性作用。鉴于此，下文将对中国特色国有企业现代公司治理的三大原则进行进一步解析，分析各大原则的内在机理，使各原则更加具备实践性和可操作性。

第二节 党的领导与公司治理相统一

2016年10月，习近平总书记在全国国有企业党的建设工作会议上提出，"坚持党对国有企业的领导是重大政治原则，必须一以贯之；建立现代企业制度是国有企业改革的方向，也必须一以贯之。中国特色现代国有企业制度，'特'就特在把党的领导融入公司治理各环节"。表明了中国特色现代企业制度的改革方向和本质特征，就是把企业党组织内嵌到公司治理结构当中，并对原有企业治理结构进行调整，在保障做强做优做大国有资本的同时，实现国有企业政治性及公共性职能。

一、在完善公司治理中加强党的领导

中国能够取得今天的辉煌成就，本质上在于中国共产党的领导。国有企业始终是壮大综合国力、促进社会稳定发展的中流砥柱，是中国特色社会主义的物质基础与政治基础。[1] 国有企业不仅肩负党的政治建设这一政治目标，作为国民经济稳定器，国有企业同时需要追求增加社会就业、保障改善民生、助力脱贫攻坚

---

① 黄良杰. 党委领导与国有企业治理：理论与实践 [J]. 财会通讯，2019（11）：57-63.

等目标①。要贯彻这种意志与使命，必须立足于国有企业自身的本质特性，构建
具有中国特色的国有企业治理体制机制。中国共产党以为人民服务为宗旨，满足
人民追求日益增长的美好生活需要为目标，有义务和能力代表全民对国有企业进
行管理和监督。

从党对于国有企业改革的顶层设计来看，历次党的全国代表大会和中央全
会，都对国有企业改革起到重要的指引作用。1978 年党的十一届三中全会要求
将全党的工作重心转移到经济建设上来；1984 年党的十二届三中全会通过的
《中共中央关于经济体制改革的决定》强调增强企业活力是中心环节，要扩大企
业自主权。这一阶段的国有企业改革正是遵循上述政策指引，以激发国有企业活
力、改善国有企业激励为核心进行改革。1993 年党的十四届三中全会通过的
《中共中央关于建立社会主义市场经济体制若干问题的决定》明确指出要建立产
权清晰、权责明确、政企分开、管理科学的现代企业制度；1997 年党的十五大
提出要"抓大放小"战略调整；2002 年党的十六大强调要发展混合所有制经济。
这一阶段的国有企业改革确实将重点转移到了现代企业制度的建立以及股份制改
革上，并取得了较好的成效；② 2003 年十六届三中全会提出建立健全国有资产管
理和监督体制；2007 年党的十七大开始关注创造公平的竞争环境。这一阶段从
资管体制到市场环境对国有企业进行了改革，使其更加能够适应时代的发展和市
场的需求。当前，我国正在依据党的十八大、十八届三中全会、十九大提出的以
"管资本"为主完善国有资产管理体制、积极发展混合所有制经济、完善国有企
业公司治理等方针进行改革。正是党的正确领导促进国有经济不断向更高质量发
展，推动公司治理体系向更高水平迈进。

改革开放以来，国有企业治理体制经历由经理（厂长）负责制度到现代企
业制度，再到特色国有企业制度的演进，企业党组织定位逐渐清晰。

1978 年到 1992 年，国有企业治理模式经历了党委领导下的厂长负责制或党
委领导下的职工代表大会（或职工大会）制、厂长负责制（党委发挥政治核心
作用）两个阶段。③ 1978 年党中央颁布的《工业三十条》规定党委是企业的领导
核心，厂长负责组织实施，接受党委领导和监督。直到 1987 年，党的十三大指出
由厂长（经理）负责，党委在企业管理中发挥政治核心作用。1988 年颁布的《中

---

① 姜付秀，王莹. 国有企业公司治理改革的逻辑：从国家治理到公司治理［J］. 经济理论与经济管理，2021，41（6）：4-21.

② 姜付秀，王莹. 国有企业公司治理改革的逻辑：从国家治理到公司治理［J］. 经济理论与经济管理，2021，41（6）：4-21.

③ 邵宁，秦永法，等. 大企业治理构架［M］. 南京：江苏人民出版社，2011：10-20.

华人民共和国全民所有制工业企业法》明确规定国有企业实行厂长（经理）负责制，党组织主要精力要放在加强党的建设上。这一阶段，随着放权让利的推行，党委逐步脱离企业具体生产经营活动，使其政治和社会职能在企业内部逐步虚化，厂长经理在国有企业内部的家长角色逐步强化，① 企业"一把手"管理体制形成。

鉴于上一阶段厂长负责制下党的领导弱化导致出现严重内部人控制的问题，国有企业开始逐步强化党的领导。1993 年党的十四届三中全会提出要建立现代企业制度，国有企业领导体制逐渐由厂长负责制向以股东会、董事会、监事会以及经理层为主的现代公司治理结构过渡。1997 年，中共中央在《关于进一步加强和改进国有企业党的建设工作的通知》② 中首次明确：党组织参与国有企业公司治理依靠"双向进入、交叉任职"领导体制。我国《公司法》规定依照党章开展党的活动，党的十六大、十七大以及十八大修订的《中国共产党章程》中始终明确国有企业中党的基层组织的定位是发挥政治核心作用，围绕企业生产经营开展工作；支持股东会、董事会、监事会和经理层依法行使职权；参与企业重大问题的决策。这一阶段，党组织的定位主要是发挥政治核心作用，尽管实际参与公司治理，却没有成为法定治理主体，也并未明确党组织在治理过程中的角色定位。

党的十八大以来，习近平总书记在全面总结我们党领导国有企业 80 多年实践探索、积极借鉴发达国家公司治理的有益经验基础上，提出"坚持党对国有企业的领导是重大政治原则，必须一以贯之"的论断。同时，其还指出坚持党的领导、加强党的建设，是国有企业的"根"和"魂"，是我国国有企业的独特优势。③ 2020 年中央全面深化改革委员会第十七次会议明确，中央企业党委（党组）是党的组织体系的重要组成部分，发挥着把方向、管大局、保落实的领导作用。2021 年发布的《关于中央企业在完善公司治理中加强党的领导的意见》明确："中央企业党委（党组）是党的组织体系重要组成部分，在公司治理结构中具有法定地位。"2023 年公布的《公司法》④ 第一百七十条规定，国家出资公司中中国共产党的组织，按照中国共产党章程的规定发挥领导作用，研究讨论公司重大经营管理事项，支持公司的组织机构依法行使职权。

自此，党组织在公司治理结构中的地位已然清晰，即国有企业法定的治理主

---

① 孙立平，王汉生，王思斌，等．改革以来中国社会结构的变迁［J］．中国社会科学，1994（2）：47-63．

② 学习贯彻《中共中央关于进一步加强和改进国有企业党的建设工作的通知》问答［J］．党建研究，1997（5）：31-33．

③ 坚持党对国有企业领导不动摇　开创国有企业党的建设新局面［N］．人民日报，2016-10-12（1）．

④ 本轮《公司法》修改共公布四份征求意见稿，新《公司法》最终于 2023 年 12 月 29 日审议通过，将于 2024 年 7 月 1 日起施行，本书主要以新《公司法》条文内容为基础进行讨论。

体已然由原来的股东会、董事会、监事会以及经理层增加至党组织、股东会、董事会、监事会以及经理层。尽管在之前的实践当中，党组织已经充当了公司治理主体的角色，但是这种角色并未得到法律的确认，这既导致党组织在公司治理中行权不规范，也导致党组织的行为并未得到法律的明确认可。例如在八一农场与金泥公司股东会决议案中，最高院再审裁定书中以党委会前置讨论程序未纳入公司章程为由否定前置讨论程序具有法律效力。① 而中国特色现代国有企业制度则确立了党组织的治理权，使其行为具有法律效力，以此来实现国有企业党的领导。党组织作为治理主体之一，参与国有企业经营决策，形成新的治理格局，是我国国有企业制度的鲜明特征。

中国特色现代国有企业制度通过将党组织融入公司治理、作为法定治理主体，强调国有企业党组织要发挥领导作用。首先，党组织参与治理解决了国有企业所有者主体虚置的问题，通过各级政府及国有资产监督管理机构对国有企业党委成员的考核，使得国有企业的治理目标更多地体现出人民意志，同时也加强了国有企业本该具备的经济效益动机。柳学信等通过实证研究发现，党组织能够通过前置讨论的形式在经济决策之前进行政治把关，通过行使否决权阻止一部分政治上存在问题的议案进入董事会决策流程，提高了决策效率，因而通过党组织和董事会的不同决策规则减少在董事会决策过程中的异议，达成政治与经济目标的有机统一。② 其次，双向进入程度越高，越能削弱国有企业的内部人控制问题，在从严治党的背景下，董事、监事和高管团队中的党委成员作为党的领导干部，必须坚持公私分明、崇廉拒腐，并通过监督机制提升公司治理水平与创造经济效益的能力。付永刚等通过实证研究表明国有企业双向进入可以通过提高公司治理水平，改善企业绩效。③ 但值得注意的是，许多研究表明交叉任职并不能直接提升企业绩效，在党的十五届四中全会所提出的国有独资和控股公司的党委书记和董事长可以一人兼任背景下，容易出现高度集权的"一人"治理格局，不利于公司的民主决策和形成科学的公司治理结构。④ 因此，仍有必要考虑优化交叉任职的方式，例如由公司董事长、监事会主席或总经理担任党委副书记或者由党委书记担任公司副董事长等。同时，推进高管层市场化选任，如引入独立于政府的

① 详可见（2021）最高法民申 3524 号。

② 柳学信，孔晓旭，王凯 . 国有企业党组织治理与董事会异议：基于上市公司董事会决议投票的证据［J］. 管理世界，2020，36（5）：116-133，13.

③ 付永刚，刘启 . 党组织参与对公司治理水平及企业绩效的影响研究：基于国有企业三层委托代理关系视角［J］. 科技与管理，2020，22（2）：43-50.

④ 付永刚，刘启 . 党组织参与对公司治理水平及企业绩效的影响研究：基于国有企业三层委托代理关系视角［J］. 科技与管理，2020，22（2）：43-50；马连福，王元芳，沈小秀 . 中国国有企业党组织治理效应研究：基于"内部人控制"的视角［J］. 中国工业经济，2012（8）：82-95.

独立董事以及从经理人市场选拔职业经理人，以此优化高管层的布局。最后，党委成员能够推动统一战线工作纳入国有企业的公司治理体系之中，通过领导工会、共青团等群团组织，使党的统一战线优势得以充分发挥，进而调动中基层员工的工作积极性，并能够协调关系、化解矛盾、争取人心、凝聚力量。党组织能够引领塑造家国一体的企业共同体思想，通过精神激励的方式，提高企业全体人员的积极性和使命感，有利于提高职工工作效率的同时，助推企业积极履行社会责任。柳学信等通过研究发现，无论是国有企业还是民营企业，企业党组织治理对国有企业 ESG（环境、社会责任和公司治理）表现都存在正向影响,[①] 充分表明了党组织提升企业责任感的能力。

党组织在国有企业的地位变化详见表 2-1。

表 2-1　党组织在国有企业的地位变化

时间	相关文件/会议	内容
1956 年	八大	在企业中，应当建立以党为核心的集体领导和个人负责相结合的领导制度。明确党组织在企业中发挥领导和监督作用
1978 年	中国工会第九次全国代表大会	企业要实行党委领导下的厂长或经理负责制，要建立强有力的生产指挥系统
	《中共中央关于加快工业发展若干问题的决定》	企业的一切重大问题，都必须经党委集体讨论决定
1982 年	《国营工厂厂长工作暂行条例》	工厂实行党委领导下的厂长负责制
	《中国共产党工业企业基层组织工作暂行条例》	对企业生产行政领导要抓重大问题，不要直接指挥生产和包揽行政事务
1986 年	《中国共产党全民所有制工业企业基层组织工作条例》	企业中党的基层委员会对企业实行思想政治领导，对厂长的决策，党委有不同意见，应当及时提出，必要时应当报告上级主管机关或上级党组织

① 柳学信，李胡扬，孔晓旭. 党组织治理对企业 ESG 表现的影响研究［J］. 财经论丛，2022（1）：100-112.

（续上表）

时间	相关文件/会议	内容
1988 年	《中华人民共和国全民所有制工业企业法》	中国共产党在企业中的基层组织，对党和国家的方针、政策在本企业的贯彻执行实行保证监督
1989 年	《中共中央关于加强党的建设的通知》	明确了党在企业的基层组织处于政治核心地位，其主要任务是搞好党的思想、组织、作风建设，领导企业的思想政治工作和精神文明建设
1991 年	《中华人民共和国国民经济和社会发展十年规划和第八个五年计划纲要》	深化企业领导体制和经营机制改革，进一步发挥党组织的政治核心作用，坚持和完善厂长负责制，全心全意依靠工人阶级办好企业
1992 年	《全民所有制工业企业转换经营机制条例》	自此，形成厂长是行政中心，党委是政治核心的格局
1999 年	《中共中央关于国有企业改革和发展若干重大问题的决定》	提出坚持党的领导，发挥国有企业党组织的政治核心作用是一个重大原则，任何时候都不能动摇，并明确了企业党组织发挥政治核心作用的主要体现形式
2004 年	《中央组织部、国务院国资委党委关于加强和改进中央企业党建工作的意见》	对"双向进入、交叉任职"作了阐述，明确国有企业要充分发挥党组织政治核心作用
	十六届四中全会	国有企业党组织要适应建立现代企业制度的要求，完善工作机制，充分发挥政治核心作用
2009 年	十七届四中全会	进一步明确了国有企业党组织发挥政治核心作用的着力点、目标任务和实现途径，提出国有企业党组织要把建设高素质队伍和增强国有经济活力、控制力、影响力贯穿国有企业党组织活动始终
	全国国有企业党的建设工作会议	对党组织在现代企业制度下充分发挥政治核心作用作了进一步阐述，强调要建立中国特色现代企业制度，明确党委在公司法人治理结构中的职责权限

（续上表）

时间	相关文件/会议	内容
2012 年	《中国共产党章程（修正案）》	国有企业党的基层组织的定位是发挥政治核心作用
2015 年	《关于深化国有企业改革的指导意见》	进一步提出"明确国有企业党组织在公司法人治理结构中的法定地位"
		提出"要切实落实和维护董事会依法行使重大决策、选人用人、薪酬分配等权利"
	《关于在深化国有企业改革中坚持党的领导加强党的建设的若干意见》	强调把加强党的领导和完善公司治理统一起来，明确国有企业党组织在公司法人治理结构中的法定地位
	党中央就深化国有企业改革中坚持党的领导、加强党的建设作出部署	强调在国有企业改革中坚持党的建设同步谋划、党的组织及工作机构同步设置、党组织负责人及党务工作人员同步配备、党的工作同步开展，实现体制对接、机制对接、制度对接和工作对接（即"四同步""四对接"）
2016 年	习近平总书记在全国国有企业党的建设工作会议上的讲话	提出两个"一以贯之"：坚持党对国有企业的领导是重大政治原则，必须一以贯之；建立现代企业制度是国有企业改革的方向，也必须一以贯之
		指出"坚持党对国有企业的领导不动摇，发挥企业党组织的领导核心和政治核心作用，保证党和国家方针政策、重大部署在国有企业贯彻执行；坚持服务生产经营不偏离"
2017 年	《中国共产党章程（修正案）》	将"国有企业党委（党组）发挥领导作用，把方向、管大局、保落实，依照规定讨论和决定企业重大事项"增写进党章第三十三条，将国有企业党委（党组）发挥领导作用以党的根本大法形式固定下来
	《关于扎实推动国有企业党建工作要求写入公司章程的通知》	国有独资、全资和国有资本绝对控股企业要带头落实中央部署，带头将党建工作要求写入公司章程，为党组织有效开展工作、发挥作用提供制度保障

（续上表）

时间	相关文件/会议	内容
2020 年	中央全面深化改革委员会第十七次会议	中央企业党委（党组）是党的组织体系的重要组成部分，明确党委（党组）在决策、执行、监督各环节的权责和工作方式，正确处理党委（党组）和董事会、经理层等治理主体的关系
2021 年	《关于中央企业在完善公司治理中加强党的领导的意见》	中央企业党委（党组）是党的组织体系重要组成部分，在公司治理结构中具有法定地位
2022 年	二十大	坚持和加强党中央集中统一领导，健全总揽全局、协调各方的党的领导制度体系，完善党中央重大决策部署落实机制，确保全党在政治立场、政治方向、政治原则、政治道路上同党中央保持高度一致，确保党的团结统一

资料来源：根据相关会议文件整理。

二、调整公司治理权力分配

公司治理内容之一即是通过制度设计，形成公司治理主体（包括股东会、董事会、监事会等）之间的博弈均衡安排及其博弈均衡路径。就国有企业而言，中国特色现代企业制度与传统公司治理结构有所不同，党组织成为重要的治理主体之一，参与到企业权力的分配之中，推动企业生成新的均衡安排。党组织作为法定主体嵌入公司治理结构之后，改变了原有的公司治理格局，引起公司治理结构的调整。公司治理涉及公司控制权和剩余索取权的分配，剩余索取权主要关系到激励问题，控制权的分配则关系到公司主体间的制衡问题，只有合理分配控制权，才能真正在博弈过程中实现主体间的制衡状态。此处主要讨论中国特色现代企业制度的控制权分配问题。国有企业与私营企业在控制权的表现形态上存在一定的差异，其控制权包括政治权、决策权、经营权和监督权。

（1）政治权。政治权主要指向国有企业的政治功能和社会功能。二十大报告在阐明"增强党组织政治功能和组织功能"时，强调"推进国有企业、金融企业在完善公司治理中加强党的领导"，两个"一以贯之"亦强调"坚持党对国有企业的领导是重大政治原则"，因此，在国有企业公司治理中应当坚持政治原则，保障政治功能的实现。当政治功能落实至企业治理中时，即体现为政治权，具体而言，国有企业需要服从国家经济建设和社会发展的大局，为政府的宏观政治经济政策服务，例如作为反经济周期调节器、遏制某类产品或服务的高通货膨胀以稳定物价等。① 尽管政府可以通过制定政策等方式实现这一目的，但由于市场瞬息变幻，很多经济波动都是快速产生的，难以通过立法的形式在短时间内实现控制和灵活调整，若通过企业党组织传达和落实国家的指令，可以更快地应对市场的反应。党组织也能够帮助企业贯彻政府制定的方针政策，实现国有企业的功能定位。② 因此，党组织拥有国有企业的政治权。《中国共产党国有企业基层组织工作条例（试行）》指出"国有企业党委（党组）发挥领导作用，把方向、管大局、保落实"，所谓把方向就是要把握企业经营决策的政治方向，管大局则是统筹协调国家战略布局和企业整体发展，保落实则主要是在企业中落实党发布的政策方针指示。

（2）决策权和经营权。决策权和经营权是企业日常经济运行过程中的重要权力，两者联系紧密，决策权涉及公司战略，如经营策略、财务策略等的最终决定权，而经营权则是依据有关决策实施经营活动的权力。2010 年 7 月 15 日中共中央、国务院颁布的《关于进一步推进国有企业贯彻落实"三重一大"决策制度的意见》（以下简称《意见》）指出"凡属重大决策、重要人事任免、重大项目安排和大额度资金运作事项必须由领导班子集体作出决定"。《意见》第十三条还指出，要加强党的政治核心与引领作用，在董事会和经理层对重大问题进行表决前，应实现与党组织沟通，听取党组织的意见，且进入董事会、未设董事会的经理班子的党组织成员，应当贯彻党组织的意见或决定。由此可见，国有企业党组织享有"三重一大"事项的决策权（通过集体决定或前置研究讨论）。

经营权一般属于经理层的权力。在国有企业转型过程当中，经理的诸多职责主要由董事长接替，并且以往国有企业的人事任免权多由政府掌握，这导致决策机构与执行机构人员重合。经营权实际被董事会所控制，表现出高度集权和"内部人控制"的治理特征，经理层并没有真正的权威，也没有获得权威带来的激励。鉴于这一情况，国有企业开始经理人的市场化招聘改革。③ 《关于深化国有企业改革的指导意见》明确指出要坚持党管干部原则与董事会依法产生、董事会依法选择经营管理者、经营管理者依法行使用人权相结合，推行职业经理人制

---

① 高培勇，樊丽明，洪银兴，等．深入学习贯彻习近平总书记重要讲话精神 加快构建中国特色经济学体系［J］．管理世界，2022，38（6）：1-56．

② 龚浩川．论国有企业的人民性目标及其治理机制［J］．当代法学，2023，37（3）：117-128；蒋大兴．走向"政治性公司法"：党组织如何参与公司治理［J］．中南大学学报（社会科学版），2017，23（3）：27-33．

③ 2014 年国资国企改革大事记［N/OL］．（2015-01-06）［2022-10-20］．http：//www.cppcc.people.com.cn/n/2015/0106/c34948-26330411.html．

度，实行内部培养和外部引进相结合，合理增加市场化选聘比例。市场化选聘淡化了经理层的政治色彩，更加注重经理人的经营能力，并使得经理层能够实质掌握经营权。

（3）监督权。在我国《公司法》架构下，监督权主要由股东会授权监事会行使。这种治理结构部分借鉴了德国治理模式，但与德国有所不同的是，德国的监事会履行的是董事会职责，董事会（即管理委员会）履行的是高管团队的职责，二者之间是垂直关系，即监事会是在董事会之上的，我国监事会则与董事会是水平关系。从实际来看，监事会并未在公司治理过程中起到应有的作用，一来是由于监事的薪酬以及监事会的有关开支均由公司承担，这层利益关系使得监事（会）不得不听从董事长或董事会的安排；二来是监事会大部分成员都是兼职，监事会主席（成员）的地位和权威较董事长等都相差甚远，这样不科学的结构使得监事会的监督难以做到公正客观和有力有效。与此同时，我国在董事会层面又借鉴美国的独立董事（外部董事）制度，党组织在国有企业当中承担着纪律监察的职能，监事会监督职能被"挤占"。因此，在《公司法（2003）》当中，规定了公司二元治理结构，即公司可选择设置监事会，亦可选择设置审计委员会并由审计委员会行使监事会职权，不设立监事。此种情形下，监督权可能让位于党组织和董事会，党组织监督公司决策的政治正确性，以及（与纪检监察机关相配合）对领导干部进行纪律监督；董事会则是通过独立董事（外部董事）制度，对于公司决策在经营上的合理性进行监督，以保证公司决策能够为公司带来经济效益。

第三节　依法管控与激发活力相统一

依法管控是推动企业降低交易成本的有效手段，通过建立更加完善的企业规章制度，弥补不完全契约下带来的控制权行使不稳定问题，减少经理人因信息偏在问题而实施的机会主义和败德行为。但国有企业治理历史经验告诉我们，好的治理不应以消灭企业活力为前提，而应做到依法管控与激发活力相统一，让经营者拥有实际经营权，并且能够有动力运用好自身经营权，才能更好推动企业在市场上生存和发展。因此，激发活力需要在保障企业经营自主的同时，实施有效的激励措施。

一、实现控制权行使的透明与稳定

前文提及，中国特色现代企业治理是中国式现代化治理的组成部分。中国式现代化治理讲究依法治理，建设社会主义法治国家是中国式现代化治理的内在要求之一，而作为其组成部分，中国特色现代企业治理自然应当坚持依法治理，通过依法管控的方式实现对企业的治理。依法管控同时能够减少企业内部交易成本，克服契约的不完备性所带来的信息偏在等问题。

交易成本理论（Transaction Cost Theory，TCT）是由 1991 年诺贝尔经济学奖获得者 Coase 在 1937 年发表的《企业的性质》（The Nature of the Firm）一文中首次提出，而后成为新制度经济学最基本的概念之一。该理论认为，市场最初是指商品交换的场所，即买卖双方进行商品交换的地点，这种概念今天在某些场合仍在使用。随着经济的发展，市场的概念已经扩展为以交换过程为纽带的现代经济体系中各种经济的总和。在市场中进行交易需要对商品品种、质量和价格进行了解，并进行价格等内容的谈判，还要对交货、运输、检验、结算等行为付出许多劳动。市场的这些交易活动需要人们付出精力和时间，并支付相应的费用和开支，因此市场交易活动存在交易成本（transaction cost）。随着商品经济的发展，市场规模不断扩大，生产者在了解有关价格信息、质量高低、供货方信誉、交货速度等方面的信息费用显著增多。企业可以将这类生产中间产品的生产活动纳入企业的内部分工之中，从而通过企业内部的间接定价节约定价成本，实现效率。企业用内部管理的方式组织各种生产要素，而不必再到企业外部市场去购买生产要素。它用组织费用代替了定价成本，从而实现了效率。因此，企业替代了市场。在商品经济发展的初期，由于社会生产力水平低下，商品规模小，市场狭小，定价成本少得几乎可以忽略。但随着商品经济的不断发展，市场规模不断扩大，企业内部分工也越来越复杂。这就需要企业对生产要素进行更加精细化的管理，以最小化交易成本并提高效率。

但同时，通过企业组织协调并不一定会减少或替代市场交易，因为在企业内部组织协调生产也存在"内部交易成本"——组织费用，当企业规模达到一定程度后，组织费用和管理中可能出现的失误都可能导致企业内部组织的交易成本大于企业外部——市场的交易成本。而在现实中，由于人的有限理性，以及预见、缔约和执行契约的三类交易费用，导致当事人只能缔结一个无法包括所有可能情况的不完全契约。企业则是建立在这种不完全契约基础之上。就国有企业而言，国家通过不完全契约将国有企业（大部分）控制权委托给经理人，而同时为了保证企业独立自主经营，国家难以直接参与企业经营活动，加之软约束等问题，事后监督成本高、效率低，导致经理人拥权自固、擅作威福，产生严重的内部人控制问题。此种情形下，企业需要通过建立有效的事前控权机制对经理人权力进行有效监控。事前控权机制能够大幅降低企业内部交易成本，通过确立更加明确的经理人权力清单制度，辅以事后监督机制，可以使组织运行更加井然有序。

因此，依法管控能够有效实现控制权行使的透明与稳定。一方面，企业通过建立和完善企业规章制度，配合外部法律制度，对企业各治理主体乃至各职工的权限进行明确，增加权力的透明度；让企业全体人员依据制度办事，使得企业运行更加井然有序，大幅度降低企业内部交易成本。另一方面，企业通过建立权力清单制度，有效减少企业权力的不稳定性，作为不完全契约的补充，更好实现国有企业事前控权，减少因权力的不稳定而带来的代理问题，是行之有力的国有企业约束机制。

二、保障经营独立与贯彻有效激励

尊重企业独立自主经营权是建立有效市场的关键，从各国对于国有企业的管理来看，各国倾向于贯彻这一理念。例如美国国家所有制企业基本类似于私营企业，实行董事会领导体制，但董事由总统直接任命。每一个国家所有制企业的成立，该企业的设立目的、董事会组成、经营范围及经营方式的具体细节都会有国会通过的单行法律为监管依据。[①] 英国则于 20 世纪 70 年代成立了一家国家独资的控股公司——英国国家企业局，作为监督和管理国有股权的专职机构。[②] 新加坡则成立淡马锡公司，负责新加坡国有资本的投资与运营。[③] 但政企分开不应理解为撇清政府与国有企业的关系，从世界各国国有企业的运行来看，新加坡的淡马锡模式一直被认为是国有企业运行模式的典范，但淡马锡公司仍然会通过行使股东权利来影响被投资公司（淡联公司）的发展战略，而英国、欧盟等所设立

---

① 张炜，逄锦彩．国外国有资产监管体制比较研究［J］．税务与经济，2013（3）：18-22.
② 1981 年，国家企业局与英国研究开发公司合并为英国技术集团，不仅对由国有控股公司投资的子公司及与其关联企业进行产权监管，同时具有技术开发与推广之职．张炜，逄锦彩．国外国有资产监管体制比较研究［J］．税务与经济，2013（3）：18-22.
③ 王勇，邓峰，金鹏剑．混改下一步：新时代混合所有制改革的新思路［M］．北京：清华大学出版社，2018：57.

的黄金股①也同样有着干预被持股企业公司决策的权力。国有企业存在着政治性的目标定位，同时政府作为国有企业的出资人，本来就有作为股东的权利。据此，政企分开的科学内涵应当是尊重企业作为市场主体的独立性，杜绝不当的行政干预，避免出现公司治理的行政化，而这需要则建立一套行之有效且符合中国实际的资管体制来实现这一目的。

在改革开放之前，国有企业因政企不分沦为政府附属物，丧失经营独立性。但随着改革开放的进行，政府逐步放权于企业，1993 年党的十四届三中全会通过的《中共中央关于建立社会主义市场经济体制若干问题的决定》明确指出要建立产权清晰、权责明确、政企分开、管理科学的现代企业制度。为塑造国有企业独立地位，1994 年国有企业改革试图将国资委构建为一个独立于政府经济规制和产业政策、单独行使股东权利的机构，但实践逐渐偏离了最初的构想。②2002 年，我国将原本隶属财政部的国有资产管理局改组为直属于国务院的国有资产管理委员会，本意将国资委作为出资人代表，仅行使股东权利而不享有行政权或规制权，《公司法（2023）》规定了国资委有章程批准权、重大事项审核权、董事选任权等权利。这一做法是对淡马锡"政府—国资运作平台—企业"三层架构的国有资本管理运营模式的借鉴，③但由于体量和体制多方面的差异，最终却呈现出南橘北枳的效果。2013 年十八届三中全会通过的《中共中央关于全面深化改革若干重大问题的决定》（以下简称《决定》）当中，明确要完善国有资产管理体制，提出要从原来的"管企业、管资产"转向为"管资本"，让国有资产管理机构逐步从企业日常经营活动中退出，由管实物形态的国有企业向管价值形态的国有资本转变，使得企业自主作出市场决策，成为独立经营主体。

而考虑到国有企业的政治目标，企业有关决策需进行政治上的考量，由国资委等政府部门承担这一任务，既会存在政企关系紊乱的问题，也加大了代理的成本。中国特色现代国有企业制度下的内部治理格局则能够很好地解决这一问题。首先，由党组织行使政治权等权力对国有企业的决策进行研究讨论，将考量过程放在企业内部进行，尊重了国有企业的独立性。其次，党组织作为国有企业内部

---

① 黄金股，也称"可赎回的变异的优先股"，是国有企业私有化改革过程中创造出的一种特殊类型的股票，这种股票不同于普通股和优先股，它不代表任何财产权利，没有盈余分配权，但是黄金股的股东——政府有着对公司某些重大经营决策的"一票否决权"。目前，英国、法国、西班牙、意大利、匈牙利、波兰、德国等都存在黄金股的有关规定。

② 王勇，邓峰，金鹏剑．混改下一步：新时代混合所有制改革的新思路［M］．北京：清华大学出版社，2018：41．

③ 陈岩鹏．国资委力推淡马锡模式：国网等 16 家央企纳董事会试点［EB/OL］．（2015-01-26）［2022-10-21］．http：//www.byqsc.net/news/show-3901.html．

治理结构，相对于国资委等政府部门更具备信息优势，能够作出更加科学的研判。通过配套改革国有资产管理体制与企业内部治理结构，可以科学界定国有资本所有权和经营权的边界，调整国有资产监管机构的权责事项，真正落实企业的法人财产权和经营自主权。（见图2-1）

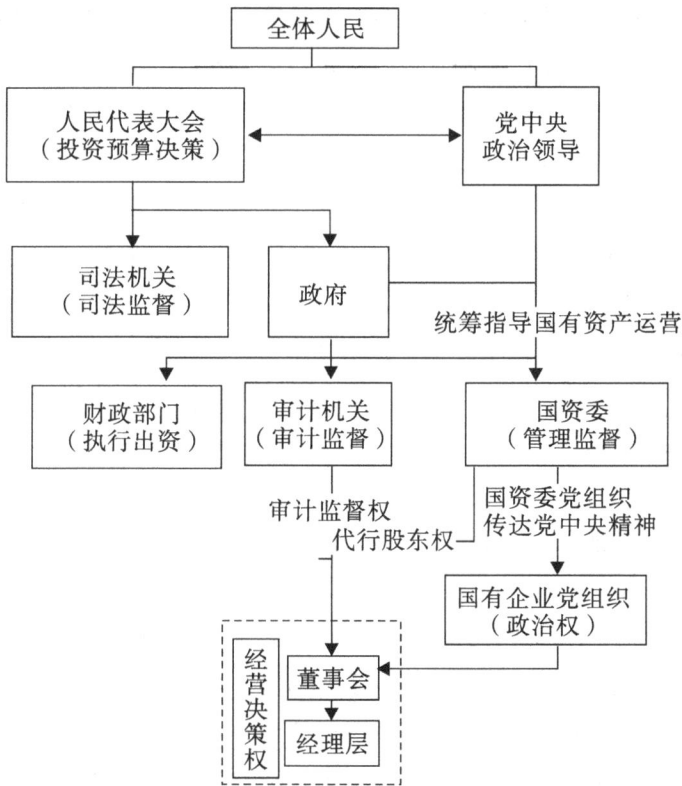

图2-1　中国特色国有资本经营管理体制

　　公司治理制度的核心内容之一就是高层管理者的激励机制是搞活公司、保证所有者权益的重要机制。[1] 激励机制着力解决委托人与代理人间的动力问题，就国有企业而言，激励方式包括薪酬激励与政治激励。

　　国有企业薪酬激励问题一直备受讨论，合理的薪酬契约被认为是协调委托代理关系的有效工具，[2] 最优契约理论指出，提高薪酬与公司业绩间的敏感性，可

---

① 李维安. 公司治理学［M］.4版. 北京：高等教育出版社，2020：142.

② HOLMSTROM B. Moral hazard and observability［J］. Bell journal of economics，1979，10（1）：74-91.

使高管层与股东间的目标趋于一致，进而激励高管采取有利于股东价值最大化的行为和决策①。国有企业由于无法进行股权激励，曾一度被指无法实现真正的最优契约，但随着 2006 年中国证监会颁布了《上市公司股权激励管理办法》，鼓励国有企业设计合适的激励机制激励其经理，同年国资委发布了《国有控股上市公司（境内）实施股权激励试行办法》之后，国有企业才逐渐出现股权激励制度；并且随着股权激励的方式多元化，现金方式股份支付也同样能够实现高管薪酬与公司业绩相挂钩，设计足以激励管理层的薪酬支付方式已不是问题。但目前的研究表明，中央企业高管人员的经济激励仍然是不足的。② 其中的重要原因是我国对于国有企业高管薪酬存在严格限制，既存在社会收入公平问题，又由于国有企业高管往往存在政治身份，需要保持廉洁性。近年来随着限薪呼声愈高，中共中央政治局 2014 年出台的《中央管理企业负责人薪酬制度改革方案》对国有企业高管畸高收入和公务消费等进行限制，2015 年国务院出台的《关于改革和完善国有资产管理体制的若干意见》当中也明确指出，要严格规范国有企业管理人员的薪酬分配。经济激励不足容易导致高管人员寻求其他方式的激励来弥补经济激励的缺失，造成贪污腐败行为，同时也会造成经理人逆向选择问题，优秀的经理人由于工资过低而放弃进入国有企业的机会或者由于得不到应有的激励而离职跳槽。

除了对薪酬激励问题进行讨论以外，政治激励也是学者热衷讨论的国有企业高管激励话题。研究表明，政治激励对于国有企业的高管是有效的，并且可以作为经济激励不足的一种替代方式。③ 但同时，政治激励往往会导致经理人的短视问题，由于经理任期结束后往往会回到政府部门，经营企业不过是走入仕途的阶梯，经理人往往并不关注公司的长远发展，甚至为了粉饰短期业绩而损害企业的长期利益。如何设计合理的激励机制，平衡经济激励和政治激励之间的关系，一直是国有企业苦苦探索的难题。

中国特色现代国有企业制度能够有效平衡经济激励和政治激励之间的关系。党组织作为法定主体能够在一定程度上将政治职责与经营职责相分离，针对不同成员的偏好设计不同的激励方式。前文已提及，在党组织承担政治职责的前提下，应当适当从市场上选择擅长经营的职业经理人参与公司经营，因为职业经理

① JENSEN M C, MURPHY K J. Performance pay and top management incentives [J]. Journal of political economy, 1990, 98 (2): 225-263.

② 王勇，邓峰，金鹏剑. 混改下一步：新时代混合所有制改革的新思路 [M]. 北京：清华大学出版社，2018：180.

③ 王勇，邓峰，金鹏剑. 混改下一步：新时代混合所有制改革的新思路 [M]. 北京：清华大学出版社，2018：188.

人主要看重经济激励，带有政治身份的经理人则看重政治激励，这给予国有企业经理层中的职业经理人与非职业经理人的薪酬进行差异化的空间，职业经理人应尽可能进行市场化定价，非职业经理人则通过经济激励与政治激励相结合的方式进行激励。党组织能够有效创造对经理人的长期激励，美国社会心理学家马斯洛曾提出过著名的"需求层次理论"，即人类的需求可以分为生理需求、安全需求、社交需求、尊重需求和自我实现需求五个等级，逐级递进，人们会首先追求低层次的需求，在满足物质等基本需求之后，则会积极追求高层次的需求。[①] 党组织通过党建活动在国有企业塑造党的先进文化环境，通过理想信念培育产生更大动力的能动性主体，实现对个人的精神激励，这种高层次的长期激励会促使经理人认真履职。同时，党组织成为法定主体之后，党组织将以集体决策对企业事务进行研究表决，组织所形成的组织信念能够有效克服个人的非理性行为，并且组织信念不会因为人员变动而变动，能够有效克服短视问题。

第四节　企业共性与个性治理相统一

共性与个性的辩证法是矛盾问题的精髓，共性与个性是一切事物都具有的固有属性，任何事物都是共性和个性的统一。共性是指从不同的事物中抽象出来的共同属性，是体现事物普遍属性的范畴。在国有企业治理过程中，尤其是集团企业当中，抓住事物的共同属性，并随之建立起能够普遍适用的治理体系，能够有效实现对集团的整体性治理，使得集团齐整如一地开展经营活动。个性是指事物区别于他物的特殊性质。每个企业作为市场的独特主体，其面临的市场环境不一，管理人员不一，经营属性不一，自然有其特殊性，应当根据其特殊性分类治理，对不同企业施以差异化制度。

一、建立普遍适用的企业治理体系

公司治理结构是企业治理体系的重要组成部分，而治理体系演化出的企业治理要素（corporate governance elements）是治理体系发挥作用的途径所在。[②] 就国有企业而言，其企业治理存在共性，具体包括治理基础理论、治理结构以及治理要素等方面存在统一性，因此，国有企业具备建立普遍适用的企业治理体系的基础。

---

① 沈乐平，张咏莲. 公司治理学：第二版［M］. 大连：东北财经大学出版社，2015：177.
② 李维安，郝臣. 公司治理手册［M］. 北京：清华大学出版社，2015：43-53.

（1）公司治理理论。就中国国有企业而言，它们具备共同的治理理论基础，即中国式现代化理论，这种理论既有企业治理的一般理论，更有基于国情的中国特色理论。从企业治理理论的追溯来看，企业的组成是为了通过组织内稳定契约的订立来降低市场交易成本，而产权理论又为企业的激励约束提供了理论依据，通过控制权和剩余索取权的分配来构建科学合理的公司治理结构与激励相容机制。委托代理理论揭露了现代企业所有者和高层管理者之间的委托代理关系，并指出这种代理契约在签订履行过程中存在因信息不对称导致的经理人机会主义风险，包括契约签订前的"逆向选择"和契约签订后的"道德风险"。而中国特色现代企业制度具有中国式现代化治理的理论基础，通过坚持中国共产党领导，贯彻中国特色社会主义制度，推动实现高质量发展，其旗帜鲜明且与中国式现代化治理整体相衔接。

（2）公司治理结构。企业治理结构是实现企业治理的关键所在，在改革开放初期企业治理结构主要为党委会—职工代表大会—工会的治理结构，而随着对厂长（经理）逐步放权，这种治理结构难以实现对厂长（经理）的监督制衡。因此，1993年我国开始建设现代企业制度改革，推动企业进行体制改制，由原来的"老三会"改革为"新三会"（股东会—董事会—监事会）。而十八大之后，我国推动更加全面的公司制改革，要求国有企业全面建立现代企业治理结构（新三会）。2015年，《关于深化国有企业改革的指导意见》在要求国有企业完善现代企业制度的同时，强调坚持党对国有企业的领导。同年9月出台的《国务院关于改革和完善国有资产管理体制的若干意见》则直接指出把加强党的领导和完善公司治理统一起来，明确国有企业党组织在公司法人治理结构中的法定地位。紧接着2016年中共中央召开全国国有企业党的建设工作会议，习近平总书记提出两个"一以贯之"并表示建立中国特色现代企业制度。经过国有企业三年改革，我国基本完成国有企业公司治理改革，并努力探索完善中国特色现代企业制度。因此，国有企业具有统一的公司治理结构基础，并且存在一致的结构优化目标。

（3）公司治理要素。公司治理要素是指构成公司治理不可缺少的因素，包括规则、合规和问责。① 规则在技术层面上也可叫制度安排。对于企业而言，章程是企业的"宪法"，其在企业治理上发挥着至关重要的作用，充分发挥公司章程在公司治理中的基础作用是公司治理的基础内容之一。中国特色国有企业现代公司治理是依法治理，章程就是企业内部治理的"法"，因此章程设立非常重要，并且这种章程需要体现中国特色现代企业制度的精要，即必须"党建入

---

① 李维安，郝臣. 公司治理手册［M］. 北京：清华大学出版社，2015：43-53.

章"。2016 年，习近平总书记提出中国特色现代企业制度后，国资委党委及各央企党委（党组）着手推动党建进章程。2020 年，国资委财政部发布《国有企业公司章程制定管理办法》，为国有企业公司章程制定提供了方向指引和基本规范，并且明确指出要在章程中规定公司党组织的相关内容。2022 年，国有企业已全面完成党建入章。自此，就国有企业内部基础性治理规则而言，具有中国特色的章程已经建设完成，能够有效地指导建立起中国特色国有企业内部规则。就企业外部而言，中国特色现代企业制度存在体系化的规则指引，既包括《公司法》《企业国有资产法》等法律，也包括"1+N"的政策性文件，如整体改革治理的主体文件《关于深化国有企业改革的指导意见》，关于加强党的领导的《中国共产党国有企业基层组织工作条例（试行）》，关于董事会建设的《中央企业专职外部董事薪酬管理暂行办法》，关于国有企业领导人员廉洁问题的《国有企业领导人员廉洁从业若干规定》等。不难看出，中国特色现代企业制度具备基本的统一适用治理规则。

设立了规则，接下来就要合规。合规是指企业经营管理行为和员工履职行为符合国家法律法规、监管规定、行业准则和国际条约、规则，以及公司章程、相关规章制度等要求。合规体现在依法治理的守法环节，而科学有效的合规管理是助推企业成员守法的基础。为更好建立科学有效的合规管理体制机制，国资委在2022 年发布《中央企业合规管理办法》，对中国特色现代企业制度的合规管理框架进行了规定。文件指出中央企业合规管理工作的首要原则就是"坚持党的领导。充分发挥企业党委（党组）领导作用，落实全面依法治国战略部署有关要求，把党的领导贯穿合规管理全过程"，使得合规管理具有中国特色，也使得党组织的领导工作能更加顺利地开展。

如果违规，就需要进行问责。当企业成员违反规定损害公司整体利益时，就需要受到问责和惩罚。国有企业具有特殊的问责监督体制机制，既包括党组织、股东会、董事会、监事会在内的内部监督问责，还包括人大、纪检、国资委、法院等外部监督问责，问责机制除了传统的组织内部问责、审计监管等形式之外，还存在人大机构的投资预算决算监督问责、纪检机关的巡视监督问责。在党组织成为法定的治理主体之后，党组织将可以配合纪检机关实施政治层面的问责。同时，经理人市场化选拔使得部分经理人会承受经理人市场的压力，这是利用市场方式实现问责的有效手段。中国特色现代企业治理将以多元问责形式为基础，建立起法律管理、审计管理、巡视管理等政府部门结合市场机制，加之企业内部的问责监督，形成"大监督"体系。

综上所述，中国特色现代企业治理存在普遍适用的企业治理体系，这体现在企业治理指导理论、企业治理主体结构以及企业治理要素组成存在统一性，这种统一性能够帮助企业更快更便捷地建立其基础治理架构。并且，企业根据自身所存在的特性，设立差异化治理方式，以此构建中国特色现代企业治理框架。

二、确立因事制宜的差异化治理框架

我国国有企业体量庞大，几乎遍布所有行业，以上市公司为例，在 2012 年上市公司涉及的 18 个行业中，国有控股公司分布在其中的 17 个行业。① 在此现状下以往国有企业"大一统"的市场化道路难以适用于所有国有企业，只有根据企业的不同类型，找准其在市场中不同的角色和功能定位，分类进行治理，才能真正让公有制经济在市场中发挥应有的作用。从世界范围来看，对国有资产管理较好的国家或地区，一般都对国有企业实施分类管理。② 例如挪威政府将国有企业分为四类：①具有商业目标的国有企业；②具有商业目标和全国总部的企业；③具有商业目标和其他具体目标的企业；④具有产业政策目标的企业。挪威政府对四类国有企业制定不同的所有权政策目标。③ 澳大利亚政府公司存在双重管理体制，包括公司制政府企业（company GC）和法定政府公司（statutory GC）。前者是完全商业化的，它们被要求进入市场，参与市场竞争；后者则是难以在竞争性市场生存的，几乎没有商业化的政府企业，并且两种政府公司受到的规制和约束也存在差别。④ 美国政府依据经营领域不同将国有企业分为两种，一种是国家对国有企业实行绝对掌控，是企业的唯一经营者；另一种是国家对企业不是完全控制或操纵，仅以市场经济补充力量的身份对企业的重大经营决策施加影响。第一种情况主要存在于邮政服务、航天工业以及某些提供公共设施服务的领域，第二种多存在于医药卫生设施等行业。⑤ 日本国有企业按照经营方式的不同可以分为直营企业、特殊法人事业团体、第三部门和国有民营企业几种：第一种是直营企业，指由国家和地方公共团体直接负责经营的完全归国家所有的企业，主要包括铁路、邮电、造币、烟酒专卖、自来水、煤气等行业。第二种是特殊法人事业团体，指依照国家特殊法律设立的专由特殊法人经营的，多为从事政

① 高明华．论国有企业分类改革和分类治理［J］．行政管理改革，2013（12）：55-59．
② 罗新宇．国有企业分类与分类监管［M］．上海：上海交通大学出版社，2014．
③ 鲁桐，党印．改善国有企业公司治理：国际经验及其启示［J］．国际经济评论，2015（4）：134-149．
④ WHICOP M J. Corporate governance in government corporations［M］．高明华，译校．北京：经济科学出版社，2010．
⑤ 张炜，逄锦彩．国外国有资产监管体制比较研究［J］．税务与经济，2013（3）：18-22．

策性和公益性事业的团体，如公社、公团、事业团、特殊银行、金库等。第三种是第三部门，指由国家、地方公共团体和民间企业共同投资建立的事业体，集中在地区开发和城市建设领域。第四种是国有民营企业，国家将企业的生产经营权委托给民间企业，同时以社会公共福利的最大化为目标对民间企业进行监管，广泛涉及航空、地方铁路、公路运输、煤气等行业。①

2013 年 11 月，党的十八届三中全会通过《关于全面深化改革若干重大问题的决定》，提出了国有企业的三种类型，分别是公益性国有企业、自然垄断性国有企业和竞争性国有企业。《关于深化国有企业改革的指导意见》修改了有关的提法，将国有企业分为主业处于充分竞争行业和领域的商业类国有企业（简称为商业一类），主业处于关系国家安全、国民经济命脉的重要行业和关键领域、主要承担重大专项任务的商业类国有企业（商业二类），以及公益类国有企业；并且对商业类国有企业和公益类国有企业的目标进行了描述，商业类国有企业以增强国有经济活力、放大国有资本功能、实现国有资产保值增值为主要目标，其中强调商业二类国有企业"在考核经营业绩指标和国有资产保值增值情况的同时，加强对服务国家战略、保障国家安全和国民经济运行、发展前瞻性战略性产业以及完成特殊任务的考核"。公益类国有企业则以保障民生、服务社会、提供公共产品和服务为主要目标。

以上对于国有企业的分类是根据所处行业的特性，或者说企业提供产品或服务的经济属性进行划分的，这种按产品划分的思路的理论依据为"公共产品理论"。现代公共产品理论根据产品的非排他性、非竞争性将产品分为纯公共产品、不具备排他性的准公共品（拥挤型准公共品）、不具备竞争性的准公共品（俱乐部型准公共品）以及私人产品。② 从《关于深化国有企业改革的指导意见》关于国有企业的表述来看：

（1）商业一类国有企业是指经营公共产品的企业，这类企业承担的目标也是以经济目标为准。此类企业应当遵循市场规律公平参与竞争，政府应严格遵守竞争中立原则，仅仅在要求其承担政治和社会公共职能时，才能视情况给予适当补贴。由于其仅在特殊情况下承担政治和社会职能，因此在治理结构中需以董事会为中心，党组织尽管起到领导作用，但仅仅在国家下达特殊任务时主持有关工作，对于日常生产经营活动一般不加以干预。

---

① 潘石，李莹. 战后日本国有企业私有化的特点、后果评析及启示［J］. 现代日本经济，2012（6）：17-18.

② 程浩，管磊. 对公共产品理论的认识［J］. 河北经贸大学学报，2002（6）：10-17.

（2）商业二类企业以俱乐部型准公共品为主，由于其非竞争性的特质，使得商品若进入竞争状态可能会导致资源的浪费，这种产品往往具有自然垄断的属性。除了俱乐部准公共品之外，商业二类企业还可能包括一些属于私人产品的行业，这些行业往往处于产品生命周期的导入期或者衰退期，其进入门槛过高或者利润水平过低，但为了满足社会需求以及国家战略，政府必须进入行业经营。对于商业二类企业，尽管承担了政治和公共职能，但是由于行业的特殊性，其往往能够盈利或者存在盈利潜质。这类企业日常经营过程中以经济性目标为主导，即以经营效益作为主要考察目标，对于其政治和社会职能的履行，有条件的可以以项目制考察为切入。由于其以经营为主，董事会与经理层具有较大的发挥舞台，日常治理过程中党组织应着重考量决策的政治性以及考察相关项目的进展情况，不得过度干预企业经营事项，为董事会和经理层行使决策经营权留有空间。

（3）公益性企业主要经营拥挤型准公共品以及纯公共产品，由于具有非排他性，这类产品的提供往往是为了满足公共福利的需要。这意味着在对企业进行绩效考察时应当着重考察企业的社会责任履行情况而非营利性，这种社会责任的履行不能简单地考核其捐款数额等，而是要全面考察其经营的主业对社会福利的贡献情况。由于政治性目标是其经营的主要目标，党组织应起到领导作用，对 ESG 绩效严格把关，董事会和经理层则主要考虑经营的成本控制问题，确保企业资金及财政投入的合理配置和有效使用。以上分类治理，能够将中国特色现代国有企业制度根据不同类别企业的不同功能定位进行相应的设计和调整，真正做到分类改革、分类发展、分类监管、分类定责、分类考核。

┤专栏├────────────────────────

关于分类治理，国资委财政部、发改委发布的《关于国有企业功能界定与分类的指导意见》中对国有企业功能界定与分类进行了较为详细的描述，但也同时明确："按照谁出资谁分类的原则，履行出资人职责机构负责制定所出资企业的功能界定与分类方案，报本级人民政府批准。"这给予了地方政府对本地区国有企业进行分类的权力，目前来看，较有代表性的是上海方案、北京方案和广东方案。

上海市委、市政府在 2013 年发布了《关于进一步深化上海国资改革促进企业发展的意见》，其中将国有企业分为竞争类、功能类及公共服务类。其中竞争类企业，以市场为导向，以企业经济效益最大化为主要目标，兼顾社会效益，努力成为国际国内行业中最具活力和影响力的企业；功能类企业，以完成战略任务或政府重大专项任务为主要目标，兼顾经济效益；公共服务类企业，以确保城市正常运行和稳定、实现社会效益为主要目标，引入社会评价。

北京市政府在 2014 年印发了《关于全面深化市属国资国企改革的意见》，其中将北京市属国有企业分为城市公共服务类、特殊功能类以及竞争类。城市公共服务类企业主要功能是提供公共产品或服务，保障城市运行安全；特殊功能类企业主要功能是承担市委、市政府在不同阶段赋予的专项任务和重大项目；竞争类企业则是资本效益最大为主要目标。

中共广东省委、广东省人民政府在 2016 年发布了《关于深化国有企业改革的实施意见》，其中将国有企业分为竞争性和准公共性。竞争性国有企业按照市场化要求运作，以增强国有经济活力、放大国有资本功能、实现国有资产保值增值为主要目标；准公共性国有企业以强化公共服务功能为主要目标。

以上不难看出，各地方政府对于国有企业的定位不尽相同，但总体仍然在中央层面分类治理的框架之下。而分类治理落实到各个企业中，企业同样会根据自身情况对集团内部的子公司进行分类，但总体上仍在中央层面分类治理框架基础上进行。

集团化运作国有企业经营的主要模式，一方面是由于改革初期采用了"抓大放小"策略，建立了大批集团国有企业；另一方面是我国正在进行的国有资本授权经营体制改革将会使诸多国有资本投资运营企业集团。国有资本投资运营企业的设计初衷主要是进一步推动国有资本所有权与企业经营权分离。但以往实践当中国有企业集团往往会过分管控子公司，导致子公司丧失其经营独立性。讨论集团企业层面的中国特色现代国有企业制度，将有利于进一步完善国有资产管理体制，建立中国特色现代企业集团制度，优化集团公司治理水平。

需要注意的是，并非所有国有企业都将变成国有资本投资运营公司，① 国务院《关于推进国有资本投资、运营公司改革试点的实施意见》中指出，国有资本投资运营公司主要针对商业类企业进行改革。这与新加坡的国有企业管理体制是相似的，新加坡政府将承担公共服务功能的法定机构和以营利为目的的政联公司相分离。② 因此，国有资本授权经营体制改革之后，我国国有企业集团可以分为运营公司集团、投资公司集团以及产业公司集团。

（1）就运营公司集团而言，运营公司本身为国家设立的专门从事资本运营

---

① 国务院国资委答澎湃：央企并非都将变成国有资本投资公司 [EB/OL]．（2022-07-22）[2022-10-21]．https：//www.sohu.com/a/570365057_260616.

② 王勇，邓峰，金鹏剑．混改下一步：新时代混合所有制改革的新思路 [M]．北京：清华大学出版社，2018：69.

的企业，属于商业二类企业。由于主要以财务性持股为主，其子公司多为商业一类企业，运营公司应推行治理型行权模式，即通过股东会决议、派出董事等方式行使股东权，充分尊重子公司经营上的独立性。

（2）就投资公司集团而言，投资公司本身亦属于商业二类企业。对于这类集团企业，由于企业集团存在主业，且主业在"关系国家安全、国民经济命脉的重要行业和关键领域"，属于商业二类企业，但同时集团为了减少交易成本，可能会投资商业一类企业，例如实施纵向一体化以便获得原材料，或者投资金融行业以便于获得借款和保险等。因此，此类企业需要推行管理型行权和治理型行权相结合的治理方式，由于主业承担一定的政治和社会职能，为保障企业切实履行职能，需要考量其在主业当中的战略地位、与主业之间的产权关系等因素，评估子公司经营业务与主业经营的紧密程度，根据评估结果判断使用何种行权方式。对于与主业紧密程度不大，以治理型行权方式为主；需要与主业关系紧密的子公司，对于落实党、国家重大战略和重大决策部署，以及国资委管控、公司统一管控等事项的子公司，采用管理型行权方式，确保步调一致，齐抓落实。

（3）就产业公司集团而言，若集团主业属于商业二类行业，则可以参照适用投资公司集团的行权模式；若集团主业属于公益类行业，由于其以政治性目标为主，需要保证相关业务的执行力，将政治和社会职能不折不扣地落实到位，企业需要以管理型行权为主。商业类企业集团有意从事公益事业的，可以持股公益类企业或者设立公益类企业，对于自行设立的公益类企业，在尊重其经营自主性的基础上对其进行管理型行权。

表 2-2　各类国有企业适用的中国特色现代企业制度框架

	商业一类	商业二类		公益类
分类表述	处于充分竞争行业和领域的商业类国有企业	处于关系国家安全、国民经济命脉的重要行业和关键领域，主要承担重大专项任务的商业类国有企业		保障民生、服务社会、提供公共产品和服务的公益性企业
经营产品性质	私人物品	处于产品生命周期的导入期或衰退期的私人物品	俱乐部型准公共产品	拥挤型准公共品以及纯公共产品

（续上表）

	商业一类	商业二类		公益类
目标	主要为实现国有资本保值增值	保持经营效率的同时，服务国家战略、保障国家安全和国民经济运行、发展前瞻性战略性产业以及完成特殊任务	保障民生、服务社会、提供公共产品和服务	
公司治理权力分配	以董事会为中心，党组织尽管起到领导作用，但仅仅在国家下达特殊任务时主持有关工作，对于日常生产经营活动不得加以干预	以董事会为中心，根据实际情况，适时将其转化为商业一类企业	以董事会为中心，日常治理过程中党组织应着重考量决策的政治性以及考察相关项目进展情况的，不得过度干预企业经营事项，为董事会和经理层行使决策经营权留有空间	切实发挥党组织的领导作用，党组织应对企业日常社会责任的履行严格把关，董事会和经理层则主要考虑经营的成本控制问题，确保企业资金及财政投入的合理配置和有效使用
集团结构下的行权方式	治理型行权为主，特殊情况使用管理型行权	管理型行权和治理型行权相结合	在尊重其经营自主性的基础上对其进行管理型行权	

　　综上，我们可以得出适用于各类国有企业的中国特色现代国有企业制度框架（见表2-2），但集团企业如何进行治理型行权与管理型行权仍需被讨论。治理型行权主要是以出资人的身份行使权利，与一般公司行权并无二致，此处不赘述。但如何科学进行管理型行权，在治理边界内行使权力，在尊重子公司法人独立性的基础上落实政治目标，是集团治理的难点所在。本书认为，需要发挥党组织的治理作用，构建集团层面的中国特色现代国有企业制度。黄晓春指出，与传统的"放权—收权"式权力关系调节机制相比，党建引领在整合多方治理主体关系上

表现出了独特的制度优势。① 党组织可以通过意识形态和政治话语对多方治理主体行为进行引导，实现政治引领，同时党组织还能提升多方主体参与共治的积极性，并将不同治理主体吸纳进同一党建网络实现深层合作和资源互补。党组织的组织力并不单纯依靠体制内权威来实现，而是建立在尊重多方治理主体的自主性、鼓励其有序表达诉求和理性沟通基础上，以民主集中、民主协商等工作方法来促成共识、指引各方行动。具体到国有企业，集团母公司可以通过党建引领的方式向子公司传达政治思想和落实政治目标，子公司党组织则通过内部治理的方式进行落实，以此保持企业集团内部齐心一致，共同服务国家战略布局和政治需求。运用党组织实施管理型行权具有三大优势，其一是管理型行权多为政治性任务（经营性的安排一般通过治理型行权），由党组织负责相关事项能够实现企业经营活动与政治活动的相对分离，有助于建立科学的政企关系；其二是管理型行权更加具有治理效能，可以有效将党组织的政治优势、组织优势转化为治理效能；其三是党组织在国有企业中处于领导地位，其权威能够充分保证政治性任务得以有效贯彻落实。因此，中国特色现代国有企业制度通过党的领导实现了集团层面国有企业政治性治理，是具有理论创新性和实践先进性的治理制度。

本篇小结

国有企业治理应当走中国式现代化道路，结合中国实际，运用习近平新时代中国特色社会主义思想的世界观和方法论，建立中国式现代国有企业治理体制机制，以中国式现代化全面推进世界一流企业建设。理论篇开篇主要从高质量发展的角度出发，对新时代国有企业及国有企业治理进行了介绍和分析。高质量发展是检验改革成效的"试金石"，深化改革是推进高质量发展的"金钥匙"。新时代，国有企业攻坚克难、真抓实干，取得了经得起历史和实践检验的改革实效。国有企业以促进社会主义市场经济高质量发展为目标，通过全面深化改革，实施中国特色国有企业现代公司治理，推动建设成为世界一流企业，同时发挥引擎带动作用，在新时代新征程上实现更大发展、发挥更大作用。

第二章，深入企业个体层面，格物穷理，从企业治理理论的角度探讨中国特色国有企业现代公司治理制度框架和图景。中国特色国有企业现代公司治理企业

---

① 黄晓春.党建引领下的当代中国社会治理创新［J］.中国社会科学，2021（6）：116-135，206-207.

制度"特"在党组织作为治理主体参与国有企业治理，对传统企业治理结构进行调整。党组织落实公司政治功能，有助于更好实现国有企业政治与经济双重目标。中国特色国有企业现代公司治理原则可以总结为坚持党的领导与公司治理相统一、坚持依法管控与激发活力相统一、坚持企业共性与个性治理相统一。中国特色国有企业现代公司治理最鲜明的特色就是将党的领导落实到公司治理当中，是中国式现代化思维在企业治理过程中的体现；依法管控则能够增加企业控制权行使的稳定性和透明性，降低企业内部交易成本，减少信息不对称带来的机会主义行为，而在依法管控的同时，也要考虑通过正向激励的方式，激发企业活力和有效激励经理人，真正做到该管的管住管好、该放的放足放活；企业治理统一的治理理论、治理结构、治理要素存在共通性，为建立普遍适用的企业治理体系提供了基础，加之填充了因事制宜的差异化治理机制，能够建立起系统性的支持所有国有企业的中国特色现代企业治理框架。

　　总结理论的意义在于让理论更好地指导实践，并且上述对于中国特色现代企业制度的理论分析高屋建瓴，还有待通过实践的具体操作将其实际化。接下来，本书将结合理论篇的分析，从实践出发，考察中国特色现代企业制度在南方电网公司如何落实与形成。南方电网公司作为中央企业，主业处于商业二类行业，但同时也存在商业一类子公司，因此如何将中国特色现代企业制度在集团层面以及各分子公司内部予以落实，是南方电网公司一直以来探索解决的问题。实践中，南方电网公司很好地将中国特色现代企业制度融入了公司治理各环节，相关做法亦得到国资委的高度认同。本书将介绍中国南方电网有限责任公司内部各治理主体的职权，分析对分子公司相关优秀治理案例，从中总结出中国特色现代企业制度的实践样本。

▶路径篇

理论篇沿着国有企业制度历史沿革，梳理了国有企业治理中存在的问题，进而从高质量发展的视域观察新时代国有企业治理举措，将中国特色现代国有企业制度的构建原则总结为"坚持党的领导与公司治理相统一、坚持依法管控与激发活力相统一、坚持企业共性与个性治理相统一"三点，并分析了其内在机理。

为了提升理论实践性与可行性，给更多国有企业提供具备直接操作性的制度指引，本书以中国南方电网有限责任公司（以下简称"南方电网公司"）作为重点研究对象，设置"路径篇"，通过分析其在实现公司治理体系和治理能力现代化过程中实施的改革举措，来丰富中国特色现代国有企业制度的理论细节。本书之所以认为南方电网公司在国有企业公司治理中具有极强的代表性，原因在于以下两方面：一方面，南方电网公司是由中央管理的大型国有重要骨干企业，集团拥有 708 家分子公司，截至 2023 年，连续 17 个年度和 4 个任期业绩考核获得国务院国资委考核 A 级，因此无论是企业规模还是企业治理情况，都在国有企业中具有良好代表性。另一方面，南方电网公司属于商业二类国有企业，处在公共利益与市场经济双重组织场域。因其所处的能源行业关乎国计民生，南方电网公司为保障服务民生、服务国家经济安全的措施执行到位，原以"管人管事管资产"自上而下地统一管控分子公司。但在新时代，尤其对于市场经济属性的业务，需要转变治理理念，防止治理体系和治理能力现代化过程被"行政性管控的管理惯性"所掣肘。因此，南方电网公司这种在公共利益与市场经济双重组织场域中寻找平衡的复杂性，不仅可以为同属于商业二类的国有企业提供治理范式，其对于不同分子公司"因企施策"的过程也可以为公益类与商业一类国有企业提供参考。

在选定南方电网公司这一重要研究对象后，路径篇的分析顺延理论篇中关于中国特色现代国有企业制度的构建原则的逻辑内线，结合南方电网公司整体特征、改革目标，梳理南方电网公司的改革措施，从"优化南方电网公司法人内部治理、规范南方电网公司法人层级治理、强化南方电网公司治理制度"三个层面分章展开。"优化南方电网公司法人内部治理"以党的领导为引领，同时研究南方电网公司关于股东会、董事会、经理层等治理主体的具体改革措施；"规范南方电网公司法人层级治理"从南方电网公司法人层级治理的定位出发，分析因企施策精准授权模型的构建、母公司"管理型+治理型"表达意志的分类行权路径；"强化南方电网公司治理运行制度"中首先是南方电网公司创造不同治理结构和公司治理范本来保障集团各层级子公司、分公司贯彻现代企业制度，继而是创新激励制度、监督制度。分析发现，南方电网公司关于中国特色国有企业现代公司治理的实践既具有完善的框架性体系，又具有典型的示范性操作，不少改革措施可以作为反哺中国特色现代国有企业制度的范本性措施。

第三章

南方电网公司治理背景与改革规划

第一节 南方电网公司发展概况

南方电网公司于 2002 年 12 月 29 日正式挂牌成立并开始运作，是中央管理的国有重要骨干企业，由国资委代表国务院履行出资人职责。公司负责投资、建设和经营管理南方区域电网，参与投资、建设和经营相关的跨区域输变电和联网工程，为广东、广西、云南、贵州、海南五省区和港澳地区提供电力供应服务保障；从事电力购销业务，负责电力交易与调度。

一、南方电网公司的组建背景

20 世纪 80 年代开始的放松管制浪潮中，许多国家对自然垄断行业进行以市场化为导向的改革，自然垄断行业传统的产权结构和产业组织结构发生了很大的变化，原先高度集中的垂直一体化的产业组织结构被水平分离。作为典型的自然垄断行业——电力部门也经历了复杂的重组和改革，原本世界各国电力行业受自然垄断产业传统经济学理论影响，普遍推行发、输、配垂直一体化区域性独占的市场结构，在这场改革中，尤其是英国政府在 1990 年对电力部门进行私有化和重组的成功，证明"自然垄断产业非网络经营业务具有竞争的潜质"。因此具有自然垄断性的输、配电业务与非自然垄断性的发、售电业务应当分离，输、配电业务继续实行区域性独家经营，价格由国家管制，发、售电业务则应变为多家竞争①。

20 世纪 90 年代末，受国内民航、电信等领域改革推进的影响，中国电力行

---

① 肖谦. 中国南方电网公司发展战略评价 [D]. 北京：清华大学，2004.

业也开始大变革。在"政企分开、厂网分开、主辅分开"的整体思路下，[1] 1997年，国家电力公司成立，希望通过市场调节而非行政垄断来建立规范有序的电力市场。1998年，原电力部撤销。同年，"厂网分开，竞价上网"开始先行试点。其中，"厂网分开"是指将发电业务和电网业务进行划分（见图 3-1），即将发电和输配电业务分离，分别进行资产重组，打破原计划体制下形成的电力体制垂直垄断。"竞价上网"则是指在发电环节引入竞争，发电企业的上网电价由市场竞争决定。

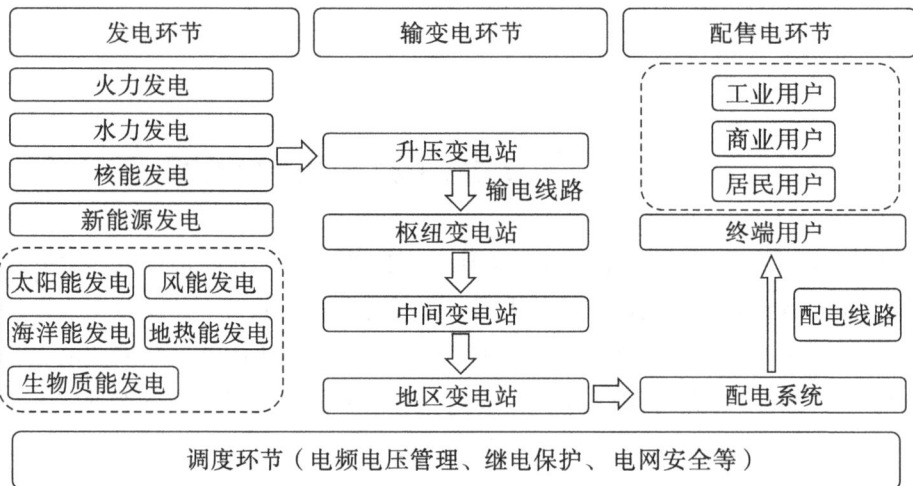

图 3-1　电力系统运转结构

资料来源：中国银河证券研究院。

这一阶段，关于电网在全国范围内究竟应当组建"一张网"还是"多张网"的争论，成为电力体制改革具体方案设计阶段的突出难题。[2] 2000 年，时任广东省委书记的李长春同志提出缺电问题成为制约广东经济发展的瓶颈，需要在"十五"期间新增发电装机规模 1 000 万千瓦。之后中共中央提出"西电东送"战略，由云南、贵州及三峡向广东送电。因此，云南、贵州向广东输电的任务，叠加地理区位因素，落至云南、贵州、广西、广东四省电网的肩上，也因此有了南方电网的雏形。南方电网与海南电网规划建设海底电缆，又将海南省联入南方电网。由此，南方电网由广东、海南两家地方电网与云南、贵州、广西三家国家电

---

① 张国宝. 筚路蓝缕：世纪工程决策建设记述 [M]. 北京：人民出版社，2018：248.
② 张国宝. 筚路蓝缕：世纪工程决策建设记述 [M]. 北京：人民出版社，2018：250.

力公司电网组建的思路形成。

2002 年 3 月，国务院正式发布《关于印发电力体制改革方案的通知》（国发〔2002〕5 号）（以下简称《电力体制改革方案》）。依据该方案，"厂网分开"后，在发电方面，原国家电力公司拥有的发电资产，除华能集团公司直接改组为独立发电企业外，其余发电资产重组为 5 个全国性的独立发电企业①；在电网方面，设立国家电网公司和南方电网公司两大电网企业（见图 3-2）。国家电网公司负责组建华北（含山东）、东北（含内蒙古东部）、西北、华东（含福建）和华中（含重庆、四川）五个区域电网有限责任公司或股份有限公司。南方电网公司由广东、海南和原国家电力公司在云南、贵州、广西拥有的电网净资产按比例组建。②

图 3-2　中国主要电力企业

2002 年 12 月 29 日，南方电网公司正式挂牌并开始运作。2003 年，国务院发布《关于组建中国南方电网有限责任公司有关问题的批复》（国函〔2003〕114 号）。该批复明确，南方电网公司由中央管理，从事电力购销业务，负责投资、建设和经营管理南方区域电网，经营相关的输配电业务，主要成员单位包括

---

① 中国五大发电集团，是指华能集团（中国华能集团有限公司）、中国电力投资集团（中国电力投资集团公司，后并入国家电力投资集团有限公司）、大唐集团（中国大唐集团有限公司）、国电集团（中国国电集团有限公司，后并入国家能源投资集团有限责任公司）和华电集团（中国华电集团有限公司）。

② 厂网分开竞价上网中国电力体制改革方案实施［EB/OL］.（2002 - 04 - 12）. https://www.chinanews.com.cn/2002-04-12/26/177390.html.

广东电网公司、广西电网公司、贵州电网公司、云南电网公司、海南电网公司、超高压输变电公司等6个电网运营企业。

2006年12月，广东省人民政府将所持有的部分南方电网公司股权转让给中国人寿保险（集团）公司（以下简称"中国人寿"）。2021年12月，依据国资委、广东省人民政府、海南省人民政府、中国人寿共同签署的《关于完善中国南方电网有限责任公司股权结构推动高质量发展合作协议》，南方电网公司股权结构调整为国资委持股51%、广东省政府持股25.57%、中国人寿持股21.30%、海南省人民政府持股2.13%，实现股权结构与管理关系一致。2023年2月6日，南方电网公司完成工商变更登记手续，由广东恒健投资控股有限公司、海南省发展控股有限公司分别代表广东省人民政府、海南省人民政府持股。（见表3-1）

表3-1 南方电网公司股权结构

持有人	持有比例	金额/亿元
国务院国有资产监督管理委员会	51.00%	460.02
广东恒健投资控股有限公司	25.57%	230.64
中国人寿保险（集团）公司	21.30%	192.13
海南省发展控股有限公司	2.13%	19.21
合计	100.00%	902.00

资料来源：企查查（https：//www.qcc.com）。

二、南方电网公司的组织机构

南方电网公司从公司总部到管理层再到分子公司，是以职能为核心而构建的集团组织结构体系。依据业务职能，南方电网公司构建了管制、新兴、国际、产业金融、共享服务五大业务战略单元，分公司、子公司围绕战略单元进行建设。目前，南方电网公司总部设有20个职能部门，管理南网超高压公司、南网党校（南网培训中心、南网领导力学院）、南网北京分公司3家分公司；广东电网公司、广西电网公司、云南电网公司、贵州电网公司、海南电网公司、深圳供电局、南网产业投资集团、鼎元资产公司、南网资本控股公司、南网国际公司、南网数字集团、南网供应链集团、南网能源院13家全资子公司；南网储能公司、南网能源公司、南网财务公司、鼎和保险公司、南网云南国际公司、南网科研院、广州电力交易中心、南网传媒公司 8 家控股子公司。截至 2023 年 7 月，员工总数近 27.9 万人。

截至 2022 年底，南方电网公司的分公司、子公司共 708 家。其中，分公司达 566 家，占比接近 80%，其中大量分公司为依据广东、广西、云南、贵州、海南五省区行政区划建立的供电局。以贵州电网公司为例，其管控的分公司、子公司共计 108 家，除了 14 家综合业务类型的企业以外，10 家为地市级供电企业、84 家为县级供电企业；其中 94 家供电企业均为分公司，属于管制业务单位，以"行政区域名称+供电局"命名。

三、南方电网公司的业务布局

输配电业务是南方电网公司的核心业务，管制、新兴、国际、产业金融、共享服务五大业务战略单元围绕输配电业务展开。管制业务以输配电业务为核心（见表 3-2），是非市场化配置的业务，其适应国家统一调度，保障能源电力供应安全与供电服务质量；新兴业务以市场需求为导向，布局在数字产业、人工智能、抽水蓄能、新型储能、电动汽车充换电、综合能源、新能源等业务上，完善南方电网公司的能源生态系统；国际业务以澜湄区域能源电力合作为重点，同时拓展与港澳能源电力合作、周边国家电网互联互通、境外国际产能合作等领域；产业金融业务与公司业务规模相适应，发展绿色金融、供应链金融、科技金融等业务，以增强投融资、保险、融资租赁、私募股权等细分领域竞争优势；共享服务业务支撑体系以服务公司高质量发展为根本，致力于推进共享支撑资源要素分类集中、专业管理、高效运作，发挥集团的规模效应，降低运营成本。

在 2015 年之前，输配电业务的盈利模式是按照《电力体制改革方案》的"购销模式"运作，收入主要通过购销电量价差实现。2015 年中共中央、国务院《关于进一步深化电力体制改革的若干意见》（中发〔2015〕9 号）发布后，"购销模式"转变为成本加收益的电价形成新机制，购销电量价差和独立输配电收入两种业务模式并存。对于参与电力市场的电力用户，南方电网公司按照政府核定的独立输配电价获取输配电收入；对于继续执行政府定价的电力用户，南方电网公司按照购销电量价差模式获取输配电收入。[①]

---

① 购销模式：发行人经营利润主要来自公司向发电厂支付的平均上网电价与从最终用户方收取的平均销售电价的差额，其中上网电价为公司购买电量而支付给发电厂的价格，销售电价为最终用户为其使用的电量而支付给公司的价格。根据中央定价目录，省及省以上电网输配电价由国家发改委制定。独立输配电收入模式：电网企业按照国家根据准许成本加合理收益原则核定的分电压等级、分用户类别的输配电价向用户收取过网费。

表 3-2　输配电业务营业收入在南方电网公司集团营业收入中的占比

年份	输配电业营业收入/亿元	总营业收入/亿元	占比/%
2019	5 566	5 683	97.94%
2020	5 725	5 775	99.13%
2021	6 555	6 725	97.47%

资料来源：中国南方电网有限责任公司 2023 年度第五期超短期融资券募集说明书，南方电网公司官网（https：//www.csg.cn/）。

四、南方电网公司的经营状况

南方电网公司作为我国两大电网业务公司之一，肩负西部大开发、西电东送的使命，是南方区域电力资源优化配置的主导者。其覆盖五省区，并与香港、澳门地区以及东南亚国家的电网相连，供电面积 100 万平方千米。供电人口 2.72 亿人，供电客户 1.13 亿户。2022 年，全网统调最高负荷 2.23 亿千瓦，增长 3.05%；南方五省区全社会用电量 14 746 亿千瓦时，增长 1.65%；非化石能源电量占比 52.01%。

从经营规模来看，南方电网公司东西跨度近 2 000 千米，网内拥有水、煤、核、气、风力、太阳能、生物质能、抽水蓄能和新型储能等多种电源。截至 2022 年底，全网统调装机容量 3.93 亿千瓦（其中火电 1.65 亿千瓦、水电 1.22 亿千瓦、核电 1 960.8 万千瓦、风电 3 774.4 万千瓦、光伏 2 936.0 万千瓦、其他 1 856.8 万千瓦，分别占 42.1%、31.1%、5.0%、9.6%、7.5%、4.7%），110 千伏及以上变电容量 12.4 亿千伏安，输电线路总长度 25.8 万千米。南方电网公司交直流混联，远距离、大容量、超高压输电，安全稳定特性复杂，驾驭难度大，科技含量高；公司掌握超（特）高压直流输电、柔性直流输电、大电网安全稳定运行与控制、电网节能经济运行、大容量储能、超导等系列核心技术，建成并运行世界第一个 ±800 千伏特高压直流输电工程，荣获国家科技进步奖特等奖，标志着南方电网公司在特高压输电领域处于世界领先水平。截至 2022 年，"西电东送"已经形成"八条交流、十一条直流"（500 千伏天广交流四回，贵广交流四回；±500 千伏天广直流、江城直流、禄高肇直流、兴安直流、牛从双回直流、金中直流，以及 ±800 千伏楚穗特高压直流、普侨特高压直流、新东特高压直流、昆柳龙特高压直流）19 条 500 千伏及以上大通道，送电规模超过 5 800 万千瓦。南方电网公司是国内率先"走出去"的电网公司。作为国务院确定的大湄公河次区域电力合作中方执行单位，南方电网公司积极落实"一带一路"倡议，不断加强与周边国家电网互联互通，持续深化国际电力交流合作。截至 2022 年底，公司累计向越南送电 402.12 亿千瓦时，向缅甸购电 232.79 亿千瓦时，向缅甸送电 49.69 亿千瓦时，向老挝送电 12.28 亿千瓦时。

从经营增长情况来看，从 2003 年到 2022 年，南方电网公司售电量从 2 575 亿千瓦时增长到 12 626 亿千瓦时，年均增长 8.7%；营业收入从 1 290 亿元增长到 7 642 亿元，年均增长 9.8%；"西电东送"电量从 267 亿千瓦时增长到 2 156 亿千瓦时（最大电量 2 305 亿千瓦时，2020 年），年均增长 11.6%；资产总额从 2 312 亿元增长到 11 424 亿元，年均增长 8.8%；累计实现利润和税收总额 6 867.3 亿元。全网 110 千伏及以上变电容量从 2 亿千伏安增长到 12.4 亿千伏安，线路长度从 7.3 万千米增长到 25.8 万千米，分别为原来的 6.2 倍和 3.5 倍。

第二节　南方电网公司治理改革动因

一、国有企业高质量发展阶段的新要求

二十大报告指出"深化国资国企改革，加快国有经济布局优化和结构调整，推动国有资本和国有企业做强做优做大，提升企业核心竞争力"，"完善中国特色现代企业制度，弘扬企业家精神，加快建设世界一流企业"。基于此，新一轮国有企业深化改革在高质量发展这个首要任务之下，形成了"一个目标、两个途径"，"一个目标"即是要坚持做强做优做大国有资本和国有企业；"两个途径"则是指将国有企业高质量发展从理论层面转化为具象任务的途径，分别为：提高核心竞争力、通过优化布局调整结构增强核心功能。[1]

关于提升企业核心竞争力，要突出四个关键词：科技、效率、人才与品牌。[2]"科技"于国有企业而言，不仅利于推动企业产品与服务创新，更是国有企业履行社会职能，服务国家战略、发挥战略支撑作用的重要工具。企业需立足于科技自立自强战略，打造原创技术策源地，加快提升基础研究及其应用能力，特别是攻克"卡脖子"关键核心技术。同时强调提高科研投入产出效率，确保科技成果有效转化为实际生产力。着眼于增强创新体系的效能，打通从科技强向企业强、

① 张银平.提高企业核心竞争力国企改革进入新阶段［J］.现代国企研究，2023（5）：14-18.
② 俞昭君.国资委明确新一轮改革重点　提高国有企业核心竞争力［N］.经济日报，2023-02-25.

产业强、经济强的通道。"效率"是企业持续发展的重要保障，需围绕"一利五率"①目标管理体系，更好地发挥考核指挥棒作用。同时，企业应当加强精益管理，减少资源浪费、优化流程、提升产出效率，在现有资源的基础上获得更多产值，推动质的有效提升和量的合理增长。"人才"是企业创新与发展的核心动力，在科技快速发展的时代，拥有高水平的人才成为企业的竞争优势。因此，企业应坚持培养和用好人才，积极参与国家高水平人才高地和人才平台建设，通过培养造就更多大师、战略科学家、一流科技领军人才和创新团队，以及培养青年科技人才、卓越工程师、大国工匠、高技能人才，不断增强企业创新能力和核心竞争力。"品牌"是企业由中国制造向中国创造转变的重要路径，需加强品牌管理，提升产品和服务的质量，提升消费者对中国品牌的认同度，提升企业市场份额和竞争优势，尤其是在重要行业和关键领域树立品牌引领力，实现中国制造向中国创造转变，中国速度向中国质量转变，中国产品向中国品牌转变。

关于增强企业核心功能，重点是优化布局、调整结构、巩固国有经济在关系国家安全和国民经济命脉重要行业领域的控制地位，加大对创新能力体系建设和战略性新兴产业的布局，提升对公共服务体系的保障能力，更好地发挥国有经济主导作用和战略支撑作用。②具体来说，优化布局要求国有企业根据国家战略和产业发展需求，调整产业布局，同时积极拓展业务领域，加强国际合作，提升在全球产业链中的地位和影响力。调整结构，需要国有企业关注产业升级和技术创新，引入先进技术和管理经验，同时要求国有企业积极优化公司治理结构，激发企业内部创新活力，提高经营效率。巩固在关键行业领域的控制地位，是国有企业的使命所在，关键行业稳定运行关系国家安全与经济命脉。国有企业需要紧密配合国家发展战略，确保国家关键行业安全稳定。同时，国有企业要加强与非国有企业的合作，推动行业整体水平的提升，形成合力。创新能力体系建设和战略性新兴产业布局要求国有企业重视科技创新，加大对科研机构的支持，积极引进高端人才，提升自主创新能力，布局战略性新兴产业，抢占未来产业发展的制高点。提升对公共服务体系的保障能力是国有企业履行社会责任的体现，国有企业作为国家经济的顶梁柱，应当更好地履行社会责任，加强公益事业投入，提升公共服务质量，实现企业和社会共同发展。

如上两个层次的发展目标，有着共同的内核，即国有企业高质量发展应具备

---

① "一利五率"是国资委提出的中央企业2023年主要经营指标的简称。"一利"指利润总额。"五率"分别是：净资产收益率、营业现金比率、资产负债率、研发经费投入强度、全员劳动生产率。

② 俞昭君. 国资委明确新一轮改革重点 提高国有企业核心竞争力［N］. 经济日报，2023-02-25.

持久的竞争力和社会价值创造能力，服务国家整体发展。在高质量发展阶段，社会价值的创造体现在对人民美好生活需要的满足上。具象而言，就是体现在品质型产品服务、引领型产业布局，及公益性社会责任承担等方面。而持续创造价值的能力需要企业具备高质量发展的驱动力。对于当前的国有企业而言，应当由外部驱动转向内生驱动，由原先的市场竞争倒逼、外部制度要求、上级任务要求、社会压力回应等外部因素驱动转变为由企业内生使命感、责任感及战略方向等内部因素进行自我驱动。这种内生驱动需要将企业发展目标、价值理念融入企业治理机制中，以现代化企业结构、治理机制来夯实企业发展内核，驱动企业持续成长。

┦案例┣

南方电网公司在公司治理中贯彻落实高质量发展目标

南方电网公司为在公司治理中贯彻落实高质量发展战略目标，在公司各类治理规范文件中（见表 3-3）都写明将高质量发展作为其治理目标。

表 3-3　南方电网公司规范文件中有关"高质量发展"的条款汇总

文件名称	条文位置	条文内容
《南方电网公司章程》	第十条　公司经营宗旨	发挥企业市场主体作用，以改革创新为根本动力，增强市场意识、竞争意识、国际意识，扎实推进布局优化和结构调整，促进我国电力行业高质量发展，保证国有资产保值增值，发挥国有经济战略支撑作用
《南方电网公司"三重一大"决策管理规定》	第十四条	党组前置研究讨论时重点研判决策事项是否符合党的理论和路线方针政策，是否贯彻党中央决策部署和落实国家发展战略，是否有利于促进公司高质量发展、增强公司竞争实力、实现国有资产保值增值，是否有利于维护社会公众利益和职工群众合法权益
《南方电网公司党组议事规则》	第八条	公司党组前置研究讨论重大经营管理事项时，应重点关注：（三）决策事项是否有利于促进公司高质量发展、增强公司竞争力、实现国有资产保值增值
《南方电网公司董事会议事规则》	第二条	董事会应当坚持权责法定、权责透明、权责统一，把握功能定位，忠实履职尽责，提高科学决策、民主决策、依法决策水平，维护出资人和企业利益、职工合法权益，推动企业高质量发展，做强做优做大国有资本和国有企业

（续上表）

文件名称	条文位置	条文内容
《南方电网公司子企业董事会职权落实规范指引》	第一条 中长期发展决策权	（三）培育新业务领域。子企业按照公司《投资管理规定》等相关制度及本企业发展规划，聚焦主责主业，积极稳妥发展新业务，打造形成高质量发展的业务梯队
《南方电网公司出资企业董事会、监事会评价管理办法》	第十四条第二款	综合分析研判应当以董事会、监事会贯彻落实公司发展战略、治企理念以及公司对于出资企业改革发展的各项决策部署为重点，围绕推动企业高质量发展，保护出资人、企业、职工及其他利益相关者合法权益等方面，全面、历史、辩证地分析董事会、监事会建设运作情况
	附录B 董事会评价指标、评价要点和标准：有效性	改革发展成效。扎实推进南方电网公司发展战略、治企理念和南方电网公司关于本企业改革发展各项决策部署落实落地，引领企业高质量发展，促进价值创造能力、经营管理水平、核心竞争力有效提升，推进经营业绩考核目标全面达成。推动完善企业法人治理结构，优化法人层级治理路径，提升企业治理能力和治理水平，推动中国特色现代企业制度优势转变为治理效能
《出资企业外部董事监事管理办法》	第十六条	外部董事监事应当忠实、勤勉履行工作职责，充分发挥决策、监督、制衡作用，积极维护国有资本权益以及公司和所任职企业利益，推动任职企业高质量发展
《关于加强子公司董事会文化建设和监事会作风建设的指导意见》	前言	为了深入贯彻落实国务院国资委关于中央企业加强子企业董事会建设的有关要求，加快完善中国特色现代企业制度，打造良好的董事会文化和监事会作风，有效增强董事会和监事会的软实力，促进企业高质量发展，现就加强所属子公司董事会文化建设和监事会作风建设提出如下指导意见
	一、指导思想和基本原则	（二）基本原则。坚持推动高质量发展。优化治理模式与手段，健全完善市场化经营机制，增强企业活力动力，实现企业持续健康发展

（续上表）

文件名称	条文位置	条文内容
《职工代表大会工作管理办法》	第一条	为了建立和完善中国南方电网有限责任公司职工代表大会（以下简称"职代会"）制度，提高公司职工民主管理工作的制度化、规范化、科学化水平，切实保障职工知情权、参与权、表达权和监督权，充分调动广大职工参与民主管理的积极性、主动性和创造性，推动公司高质量发展，根据《企业民主管理规定》（总工发〔2012〕12号）《国资委党委国资委关于建立和完善中央企业职工代表大会制度的指导意见》（国资党委群工〔2007〕120号）《中华全国总工会办公厅关于规范召开企业职工代表大会的意见》（总工办发〔2011〕53号）等法律法规规定，制定本办法

资料来源：根据南方电网公司规范性文件整理。

二、国有企业治理现代化改革的新举措

本书第二章中关于中国特色现代企业制度的理论展开，论证了"坚持党的领导与公司治理相统一、坚持依法管控与激发活力相统一、坚持企业共性与个性治理相统一"三项原则，并从改革的具体落实视角提出了中国特色现代企业制度体系中国有企业治理的改革措施。综合而言，国有企业改革需要着重注意如下三方面的举措：

一是落实党组织在公司治理中的法定地位，厘清各治理主体权责边界。中国特色现代国有企业制度，"特"就特在把党的领导融入公司治理各环节。[①] 国有企业必须坚持两个"一以贯之"，充分发挥党委（党组）把方向、管大局、保落实的领导作用，更好发挥董事会定战略、作决策、防风险的作用和经理层谋经营、抓落实、强管理的作用，健全权责法定、权责透明、协调运转、有效制衡的公司治理机制，切实把中国特色现代企业制度优势转化为治理效能。在国有企业体制机制方面，要坚持社会主义市场经济改革方向，破除不利于企业高质量发展的体制机制弊端，加快建立灵活高效的市场化经营机制，深化企业内部管理人员能上能下、员工能进能出、收入能增能减的制度改革，推进经理层成员任期制和契约化管理，全面推进用工市场化，建立健全激励和约束并举、效率和公平并

---

① 坚持党的领导、加强党的建设是国有企业的"根"和"魂"[J]. 国资报告，2021（10）：6-10.

重、既符合市场一般规律又体现国有企业特点的分配机制。

二是改变行政化管理方式，将国有出资人意志有效体现在公司治理结构中。此前，"管资产和管人、管事相结合的国有资产管理体制"① 引发了诸多弊病。一方面由上至下行政化管理方式需要"听见号角的人"在作出市场判断后，层层上报，企业市场反应效率低下；另一方面本来基公司治理结构进行决策的事项，甚至是已经由董事会、股东会表决的事项，再由出资人代表进行审批，扰乱了《公司法》所规范的权力配置与责任承担体系。由此，国有企业现代化治理机制改革，受"管人管事管资产"的限制，即便建立了公司治理结构的"形"，也难以突破国有资产管理体制，实现公司治理机制的"神"。2015 年《关于改革和完善国有资产管理体制的若干意见》明确以"管资本"为主加强国有资产监管，建立以"财务约束为主线"的委托代理机制。② 在"管资本"理念下，集团母子公司间的管控、公司内部决策的作出应当依托公司治理结构，遵循市场化公司运营理念。对于如南方电网公司这样主营业务属于自然垄断领域的企业，应当根据不同行业特点放开竞争性业务，实现国有资产和社会资产更好地融合。从公司治理的角度而言，应当按照事前规范制度、事中加强监控、事后强化问责的思路，更多运用法治化、市场化的监管方式，切实减少出资人审批核准事项，改变行政化管理方式，将国有出资人意志有效体现在公司治理结构中。

三是优化集团管控方式，"因企施策"，授权放权。授权放权制度是国有资产监管以"管资本"为主的具体落实，旨在通过实现授权与监管相结合、放活与管好相统一，促进国有资产做强做优做大，增强国有经济活力、控制力、影响力和抗风险能力。2019 年《国务院关于印发改革国有资本授权经营体制方案的通知》中明确指出优化集团管控，确保各项授权放权接得住、行得稳。《国务院国资委授权放权清单（2019 年版）》在该通知的基础上，进一步明确集团公司要对所属企业同步开展授权放权，做到层层"松绑"，全面激发各层级企业活力。2022 年 3 月，国务院国企改革领导小组办公室召开的完善公司治理机制、提升运转质量效能专题推进会中对于集团公司对子企业要合理授权放权提出如下要求：第一，要主动向治理型管控转变。集团公司原则上不再直接干预子企业的经营管理事项，而是依托子企业的公司治理机制、通过派出董事表达股东意志，支

---

① "管人管事管资产"管理体制呈现出如下几个特点：第一，监管范围广，无论国有资产持股 100% 还是 30%，均需遵循同样的国有资产监管要求；第二，监管层级深，只要是集团并表的子公司，无论层级，均需层层上报；第三，监管事项细，诸如企业负责人任免与考核、发展规划、主营业务、产权转移等均在国资委监管范围内。

② 陈清泰. 资本化是国企改革的突破口 [J]. 中国金融，2016（4）：17-20.

持子企业董事会依法依规行权履职，维护子企业自主经营权。第二，要因企施策授权放权。该由子企业决策的权力要归位于子企业，要针对不同行业、不同层级、不同股权结构、不同发展阶段的子企业，实施差异化、精准化授权放权。要推动授权放权清单化，并根据实际情况变化，定期优化清单、更新版本。

三、南方电网公司推进治理现代化的新征程

南方电网公司将国有企业高质量发展阶段对提升企业核心竞争力、创建世界一流企业的要求融进企业发展战略，将中国特色现代企业制度建设中关于党的领导、企业依托治理结构独立经营、集团管控下的子企业差异化治理等举措与企业实际相结合，审视在新时代背景下自身治理现代化过程中存在的问题，进一步凝聚改革方向。

（一）治理结构需要"制衡有效"

南方电网公司作为一家商业二类大型中央集团企业，二级单位 24 家，其中全资子公司 14 家、控股子公司 7 家、分公司 3 家；基层分子公司 708 家，其中分公司 566 家，占比接近 80%，子公司 142 家。数量众多的分子公司，在完善治理结构时，因企业性质、企业规模、所属行业等因素，呈现出"纷繁"的结构类别，如分公司因不具备独立决策权，仅有党组织和经理层两个治理主体；部分分子公司在设"董事会"时，考虑企业规模较小，仅设置一名执行董事；党组织在分子公司中，也呈现不同的组织形态，有的公司中设党委，有的设党支部。

不同治理结构的分子公司在治理中呈现出众多个性化的问题。南方电网公司通过调研访谈、征求意见、穿行测试、专家评审等方式对分子公司开展了全面调查研究。调研结果显示，在不同治理结构的公司中，有如下问题亟待解决：一是治理文件"百花齐放"，尚未形成可复制、可推广的治理范本和模式。由于治理主体权责界面不清晰，治理主体授权不规范，所属各层级、各类型企业治理主体权责清单存在配置原则不统一、权责事项有遗漏、颗粒度大小不一致、事项表述不规范等方面的问题。二是部分分公司党的领导"事无巨细"，尚未准确把握党的领导在公司治理中的地位作用。党委和经理层人员高度重叠，重叠度 50% 以上的企业数量达 480 家，占比 99%。部分分公司党委直接成为企业生产经营的决策和指挥中心，党委直接决策企业重大经营管理事项，不符合党委的职能定位，未全面落实两个"一以贯之"要求。三是部分设党支部（党总支）的企业中党的领导作用"虚化弱化"，尚未将党的领导全面融入公司治理。部分企业党支部

（党总支）没有围绕企业生产经营开展工作，未对企业重大经营管理事项进行前置研究讨论，未充分发挥基层党支部（党总支）作用。四是部分子公司执行董事"定位模糊"，尚未全面落实"三重一大"事项集体决策原则。部分设执行董事的子公司直接将董事会权责移植至执行董事，重大经营管理事项经党组织前置研究讨论后由执行董事个人决定，不符合"三重一大"事项集体决策的要求。部分企业执行董事并不实际履行职责，没有发挥作用。

上述问题体现出不同治理结构的分子公司在现实运行中有着不同的改革需求，集团治理不能"一套制度走天下"，需要厘清不同治理结构企业的核心问题，以问题为导向，梳理出系统化的改革措施。因此，如何配合治理结构的多样化梳理出一套系统化、规范化和精准化的治理体系，以推动集团整体的治理现代化，是一项艰巨的任务。

（二）集团管控有待"授权精准"

目前，中央层面对于国有企业授权放权的规范性文件主要从出资人的代表机构，也即国资委、政府机构的角度出发，以"管资本"为主厘清政企界限。对于集团内部授权放权的指引尚处于原则性阶段，如指明除国有资本投资运营企业以外的商业类企业和公益类企业，集团管控以对核心业务控股为主，建立战略管控和运营管控相结合的模式，重点关注所承担国家战略使命和保障任务的落实状况，集团公司要对所属企业同步开展授权放权，做到层层"松绑"，全面激发各层级企业活力。因此，如何在原则性指引下探索出与集团发展相适应的内部授权放权模式，是南方电网公司在推进集管控改革时的难点。

南方电网公司下属各级分子公司处于不同业务单元，市场化及治理机制完善程度等参差不齐，众多因素会影响企业具体授权放权清单的构建。如分子公司在母公司中的战略定位、分子公司与母公司的产权关系、分子公司业务的市场竞争程度、分子公司所处的发展阶段等。分子公司在母公司的战略定位越重要、分子公司与母公司的产权关系越紧密，授权放权就应当越谨慎；分子公司业务市场竞争程度越高、发展阶段越成熟、授权放权思路就应当越开放。在构建授权放权体系时，这些因素在整体层面应当依据怎样的原则进行部署，在具体层面应当依据怎样的标准细化，是在当前深化国有企业改革背景下，进一步完善现代化治理体系需要重点解决的问题。若有模糊，则既有可能出现"小脚穿大鞋"带不动发展的情形，也有可能出现"大脚穿小鞋"阻碍发展的情形。

（三）治理制度亟待"修形聚神"

现代化治理体制制度建设状况可以从"形"与"神"两个层面进行检视，"形"为现代化的治理结构，"神"为现代化的治理制度。现代化的治理结构是指参与公司治理的各主体及其内部构成；现代化的治理制度是指各治理主体之间及治理主体内部的关系及其各自的权责规范。换言之，治理主体的类别及人员构成为公司治理之"形"，治理主体行为规范、"责权利"分配及运行方式为公司治理之"神"。南方电网公司在"国企改革三年行动"前，便已遵循"充分发挥企业党委的领导作用、董事会的决策作用、监事会的监督作用、经理层的经营管理作用"的思路健全控股企业法人治理结构，也即南方电网公司治理之"形"已经初具。但由于传统电力行业国企具有行政性管控的管理惯性，所属分子公司往往依赖于母公司穿透式管理，公司治理之"神"呈现出多个层次的虚化或错位：一是治理权责错位，如前文调研中发现的部分企业内党的领导"事无巨细"，部分却"虚化弱化"，部分执行董事个人决定本应集体决议的事项等；二是治理机制虚化，部分治理制度未能有效建立，在实际中未达到预期的目标，如经理层市场化选聘制度、职业经理人制度、差异化的薪酬分配制度等；三是治理能力虚化，部分董事会、经理层的队伍专业化程度低，习惯行政化思维和决策方式，治理效果不佳。概言之，南方电网公司治理之"神"需加强凝聚。

第三节　南方电网公司治理改革目标与整体安排

一、南方电网公司治理改革目标

（一）实现公司治理体系和治理能力现代化

公司治理体系现代化指的是使党领导下的处理有关公司治理事务的系列制度体系日趋系统完备、不断科学规范、愈加运行有效的过程；公司治理能力现代化指的是使这些运用制度处理有关公司治理事务的能力逐渐强化的过程。公司治理体系和治理能力是一个公司的制度体系和制度执行能力的集中体现[①]。南方电网

---

① 姜付秀，王莹．国有企业公司治理改革的逻辑：从国家治理到公司治理［J］．经济理论与经济管理，2021，41（6）：4-21.

公司坚持"产权清晰、权责明确、政企分开、管理科学"的现代化企业建设整体目标，在建设完善公司治理机制时坚持"权责法定、权责透明、协调运转、有效制衡"的治理机制，以期建立体系布局系统化、制度结构科学化、机制运行有效化、层级治理规范化的公司治理体系，推进治理能力现代化。

第一，实现体系布局系统化。体系布局系统化首先需明确治理结构布局、治理主体权责分配。治理结构上需厘清党委会、股东大会、董事会、监事会、经理层等治理主体在法人内部设置与否，厘清是否所有分子公司都要具备完整的四会一层，如在怎样的条件下分子公司可以选择仅设置一名执行董事。其次，体系布局需要各治理主体权责明确，权责明确是治理主体协调运转、有效制衡的前提性条件，如执行董事权力配置可否直接复制董事会权力，不可直接复制时，本属于董事会的权力如何分配，分配后怎样与其他主体做到有效衔接。这些问题需要南方电网公司进行整体性的系统化考量，以做到各治理主体权责边界明确，既不缺位失位，也不越位错位，高效协同运转，形成合力。

第二，实现制度结构科学化。"制度优势是一个国家的最大优势，制度竞争是国家间最根本的竞争。"[1] 于企业而言，科学化的制度是企业稳定发展的基石，衔接着企业顶层设计与具体实践，推动治理效能转变为治理实绩。南方电网公司坚持两个"一以贯之"，构建以"章程"为统领的制度体系，将各类治理主体权责范围、履职方式等以制度形式进行明确，并科学统筹各类制度的内容边界与衔接，防止治理主体之间权责倾轧，运转失度。实现以制度的刚性化约束，切实推进从总部到基层全方位地实现治理现代化。

第三，实现机制运行有效化。机制运行有效化旨在将各项职权和流程细节化，确保制度执行时不出错、不出格。运行有效是布局系统、结构的最终目的，是治理体系现代化的落脚点与关键所在。[2] 公司治理想要实现党组织的法定地位更加牢固、外部董事占多数的董事会运行更加规范、经理层活力动力有效激发、监事会功能充分发挥等目的，均需要有效的机制，通过协调各主体之间相互运作的过程和方式予以实现。

第四，实现层级治理规范化。南方电网公司是一家拥有700余家分子公司的大型国有集团，实现公司治理现代化不仅体现在各个公司内部治理的现代化上，也体现在母子公司间权力衔接与运转的现代化上。南方电网公司法人层级治理转

① 习近平. 关于《中共中央关于坚持和完善中国特色社会主义制度　推进国家治理体系和治理能力现代化若干重大问题的决定》的说明［N］. 人民日报, 2019-11-06（4）.
② 姜付秀, 王莹. 国有企业公司治理改革的逻辑：从国家治理到公司治理［J］. 经济理论与经济管理, 2021, 41（6）：4-21.

型的重心在于降低"行政化""机关化"管控，推进治理型管控，推进集团在现代企业制度框架下按照市场化规则，以股东的角色和身份参与企业决策和经营管理，通过集团公司分层分类精准授权，赋能南方电网公司整体高质量发展。

（二）促使现代企业制度长效驱动南方电网公司高质量发展

新时代催生新思想，新思想引领新征程。当前我国进入了高质量发展新阶段，南方电网公司把握内外部环境的深刻变化，找准发展定位，提出其面临的主要矛盾是人民美好生活的多样化、多层次、高质量用能用电需求与能源电力不平衡不充分的发展之间的矛盾。在新的发展矛盾下，南方电网公司调整公司战略定位，确立了"成为具有全球竞争力的世界一流企业"的战略目标。

在"成为具有全球竞争力的世界一流企业"战略目标的指引下，南方电网公司从五个方面提炼了世界一流企业的基本特征，组建了"五强四优"基本特征模型①。认为"公司治理优"的世界一流企业拥有规范健全、权责明确、各司其职、有效制衡的法人治理结构，协调运转、科学高效的决策、执行、监督体系，管控层级合理、功能定位清晰、专业能力胜任的集团管控体系，价值驱动、绩效导向、追求卓越、永不满足的内在动力机制，覆盖全面、合规有效、策略清晰的风险管控体系。因此，推动南方电网公司加快建设完善中国特色现代企业制度，加快建成规范有效的法人治理机构、决策执行监督机制、集团管控机制，是助推企业成为世界一流企业的必要措施，是契合南方电网公司发展战略指引的重要战略部署，利于通过服务于公司发展战略的公司治理模式引领和保障公司高质量发展。

（三）成为中国特色国有企业现代公司治理的引领者

南方电网公司作为国有重要骨干企业，应当始终坚守国家队地位，全力把"龙头带动作用"落到实处，努力成为新时代加快形成新发展格局、建设现代化经济体系、推动高质量发展的生力军。在推动中国特色国有企业现代公司治理现代化的过程中，应肩负起为宏观层面构建国有企业治理制度贡献智慧的责任，努力将改革"试验田"深耕为"示范田"，成为引领国有企业治理高质量发展的典范，成为国有企业改革发展的先行者，加速国有企业整体实现治理现代化的进程。

---

① 五个方面分别为：一是党和国家对创建具有全球竞争力的世界一流企业的系列要求；二是企业排名榜单分析；三是国际国内权威机构研判；四是市值领先企业实践分析；五是未来能源电力企业发展形态。"五强四优"基本特征模型：体现企业内部管理的部分称为"五强"，分别是战略管控能力强、运营管理能力强、资源配置能力强、创新引领能力强和人才支撑能力强；体现企业发展结果的部分称为"四优"，分别是经营业绩优、布局结构优、公司治理优和品牌形象优。

南方电网公司从党的领导、内部治理、层级治理、治理机制等多个维度统筹规划，统一发力，以 708 家不同类别的分子公司、多层级的法人层级治理为试验田，在改革中及时依据实践反馈调整制度建设，为中国特色国有企业现代公司治理现代化贡献样本，争取以卓越的实践和制度建设成为国有企业治理现代化的引领者。

二、南方电网公司治理改革整体安排

（一）系统谋划与战略定位对标

二十大强调谱写马克思主义中国化时代化新篇章，必须坚持系统观念。全面、完整、准确把握系统观念，更加主动自觉运用好这一基本原则，是深入实现公司治理体系与治理能力现代化、做强做优做大国有资本和国有企业以及推进国有企业实现高质量发展落实落地的有力保障。系统观念要求从整体和全局出发，分析、处理和解决问题，不仅要理清哪些是不可或缺的组成部分，而且还要理清各组成部分之间的相互联系与相互作用，以及把握好整体与部分之间的相互关系，进而推动事物在整体上呈现出应有的属性或功能。① 系统谋划国有企业公司治理现代化改革应当重点把握如下三个方面：

一是坚持国有企业高质量发展的方向与目标。以解决"满足人民美好生活的多样化、多层次、高质量用能用电需求与能源电力不平衡不充分的发展之间的矛盾"为企业发展的核心，坚持"成为具有全球竞争力的世界一流企业"的战略目标，担起国有企业公司治理现代化"龙头带动作用"的责任，积极适应国有企业改革的新形势新要求，坚持党的领导、加强党的建设，完善公司治理体制机制。

二是锚定国有企业公司治理现代化任务与要求。统筹把握各方面、各领域、各环节的重点与难点，继续在"1+N"政策体系顶层设计的指引下，进行久久为功脚踏实地的部署与推进②。逐步实现党组织在国有企业法人治理结构中的法定地位更加牢固，充分发挥公司章程在企业治理中的基础作用，国有独资、全资公司全面建立外部董事占多数的董事会，国有控股企业实行外部董事派出制度，完成外派监事会改革；充分发挥企业家作用，造就一大批政治坚定、善于经营、充满活力的董事长和职业经理人，培育一支德才兼备、业务精通、勇于担当的董事、监事队伍；全面落实党风廉政建设主体责任和监督责任，明显改善企业民主监督和管理；遵循市场经济规律和企业发展规律，使国有企业成为依法自主经

---

① 杜国功．坚持系统观念谋划推进国有企业改革［N］．经济参考报，2021-03-22．
② 杜国功．坚持系统观念谋划推进国有企业改革［N］．经济参考报，2021-03-22．

营、自负盈亏、自担风险、自我约束、自我发展的市场主体。[①]

三是确保国有企业公司治理现代化改革的协同与匹配。一方面，公司治理现代化体系自身应当结构健全规范、机制运转有效、制度成熟稳定，实现治理体系内部的协调与自治；另一方面，注重公司治理体系与公司整体战略发展定位的协调，在企业整体定位的指引下，构建符合企业发展方向的公司治理制度。

由此，南方电网公司以"打造公司治理'南网样板'，持续推动中国特色现代企业制度优势转化为治理效能"为现代化公司治理改革的战略目标，坚持党的领导与公司治理相统一、坚持依法管控与激发活力相统一、坚持企业共性与个性治理相统一的三大原则，在目标与原则的指引下，明确了法人内部、法人层级间的改革重点。同时，南方电网公司具体推进各项改革措施时，从南方电网公司商业二类企业的本质出发，兼顾企业的政治和经济的双重属性，明确对于落实党和国家重大战略决策部署事项，落实国资委监管事项，实施集中统一管控，原则上不授放权，确保全网步调一致，党中央决策部署不折不扣落实；对于日常经营事项，大力开展授放权，以股东或股东（大）会议案和董事会重要议案为主要手段，把股东意志转化为管理要求，实现国有资产保值增值。

（二）顶层设计与基层创新互动

综合性改革作为一项系统工程，改革越深入，面临的问题和矛盾就越复杂，改革攻坚的难度就越大。在改革推进中，需充分考虑改革的系统性、整体性和协同性，没有全面的改革统筹规划，就没有各项改革的协同推进。改革的顶层设计，实际上就是对改革的整体谋划，对制约整体改革发展的全局性、关键性问题进行顶层判断，提出解决的整体思路和框架，并以此作为规范各具体改革事项和任务的依据，从而最大程度化解改革阻力，降低改革风险，确保改革顺利推进。

顶层设计与基层探索相对应，"顶层"是对改革方案进行顶层决策和自上而下的逐级推动。"基层"则是改革方案的实施主体，"设计"是指科学制订具有长期性、全局性和系统性的代表长远改革利益的方案，"探索"是指在改革方案"设计"之前先开展局部摸索和政策实验。如果顶层设计缺乏对基础探索实践的挖掘、提炼、总结和推广，那么它的内容就一定是空洞的、缺乏创造性和突破性的；如果顶层设计缺乏对基层探索的鼓励和支持，自下而上的改革力量得不到释放，受惯性或路径依赖影响，就会延误改革时机。[②]

---

① 引自《国务院办公厅关于进一步完善国有企业法人治理结构的指导意见》（国办发〔2017〕36号）。

② 中国企业改革与发展研究会. 中国企业改革发展优秀成果2020（第四届）：上卷〔M〕. 北京：中国商务出版社，2020：506-517.

南方电网公司遵循中共中央、国务院关于深化国有企业改革的顶层指导意见，推进企业改革。同时，以"能快则快，能好更好"的南方电网公司节奏全面推进实施"国企改革三年行动"。为了更好承接落实国务院国企改革领导小组办公室"学先进、抓落实、促改革"的工作部署，南方电网公司按照公司改革"创先进树典型"专项工作安排，推动各级分子公司敢于"摸着石头过河"，创新改革的具体实施方式。在国资委"双百行动""科改示范行动"改革专项工程中，南方电网公司推荐 7 家不同类型企业入选，大胆授权、鼓励探索，以"小切口"撬动"大变化"，切实探索企业现代化改革中党的领导如何全面嵌入公司治理，探索治理制度运行如何能在更好地激发企业活力的同时降低企业运营的风险，探索集团管控如何能与子企业发展所需的空间相契合，从而更好地深化集团整体现代化治理。

（三）内部治理与层级治理相嵌

国有企业集团层级治理现代化，不仅需要注重各层级每个法人内部治理的规范化建设，更需要注重各层级法人之间如何协调，尤其是母子公司之间如何进行权力分配的问题。传统国有企业集团层级治理有着浓厚的行政型治理特点，经营目标行政化、资源配置行政化和高管任免行政化。[①] 国有企业现代企业制度改革过程中，行政型治理长期与经济型治理交织并存，致使国有企业陷入"内部治理外部化、外部治理内部化"困境。[②] 国有企业集团治理中，集团层面若保留行政型思维来管控所属企业，易导致国有企业虽然治理结构已经建立完善，但治理行为依然行政化严重，公司改革现代化"形似而神不似"。因此，国有企业治理改革需要以集团各级法人间的关系为视角，授权放权，强化母子公司间"依托公司治理结构表达股东意志"的机制。

对于"依托公司治理结构表达股东意志"而言，至少应当包含以下三个层面的内涵：一是将行政型思维转变为经济型思维，并非仅将原本报备、审批式的权力事项转变为依托股东会、董事会决议，而是依据相关法律规范、依据市场化原理，将该由董事会、经理层决策的事项切实授权放权给相应的治理主体；二是为保障集团所属企业"接得住"集团公司授权放权事项，所属企业必须建立起各司其职、各负其责、协调运转、有效制衡的法人治理结构；三是为保障集团公

---

① 李维安. 企业改革进入公司治理新阶段［J］. 南开管理评论，2001（1）：1.
② 李维安，郝臣. 中国公司治理转型：从行政型到经济型［J］. 资本市场，2009（9）：112-114. "内部治理外部化、外部治理内部化"：即本来应该由内部治理履行的决策职能，如薪酬制定、股权激励等却由外部治理主体决定；而外部治理的很多职能，如"企业办社会"职能，却由内部治理承担。

司授权放权事项"行得稳"，集团公司需与所属企业之间就具体授权事项、议事规则形成制度体系，以决策清单、权责清单等形式来提升制度运行效率，同时构建动态完善机制，不断优化集团层级治理的管控模式。

因此，南方电网公司坚持内部治理与层级治理同步建设、相嵌进行、良性互动。在内部治理层面，完善企业行权能力，注重规范董事会建设，推动建立外部董事占多数的董事会，完善董事会运作机制，强化董事会专门委员会设置，提升董事会履职能力；在子企业董事会规范运作基础上，考虑子企业不同定位，差异化推动落实子企业董事会职权。在层级治理层面，围绕"明确定位—精准授权—规范行权—完善配套"的主线，明确管控定位，找准精准授权和有效行权的基础，构建六维度精准授权模型，实施差异化授权，解决"如何授权"的问题；规范管理型和治理型行权路径，推进分类行权，解决"怎样行权"的问题；完善评估调整、授权监督等配套机制，解决"授权后如何接得住"的问题；优化集团管控模式，加强法人层级授权管理，最终推动公司管理体系和管理能力现代化。（见图 3-3）

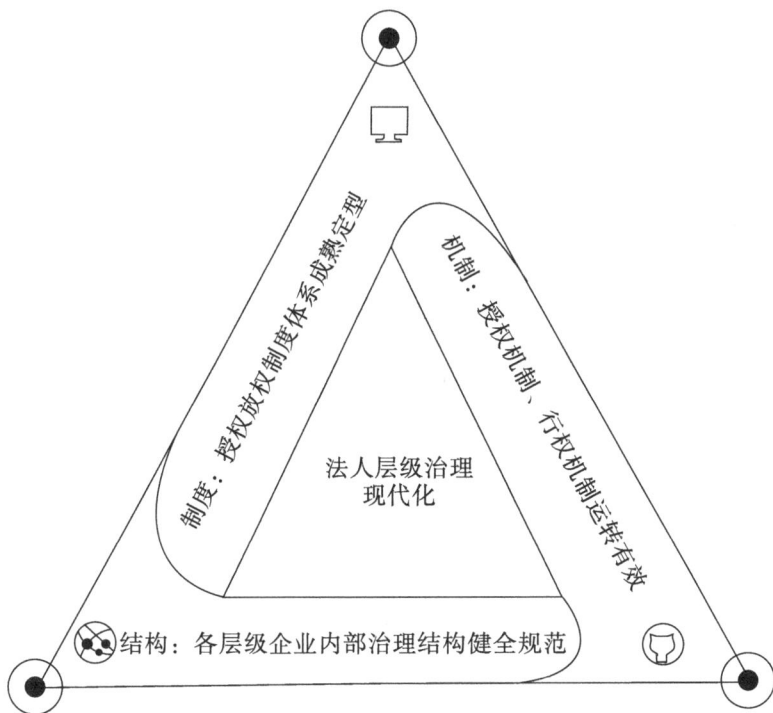

图 3-3　南方电网公司法人层级治理改革思路

（四）改革推进与范本建设协同

"改革推进与范本建设互补"是对"顶层设计与基层创新互动"在制度文本上的延展。范本建设，即将集团内部治理制度及时以"范本"形式进行梳理，以契合集团发展的标准化制度指引基层企业发展。范本建设并非直接照搬现有公司治理制度，而是在公司治理体系和能力现代化的系统指引下，以南方电网公司实践中发现的问题为导向，构建符合南方电网公司高质量发展的、多层次的、多样化的企业制度体系。《关于进一步深化法治央企建设的意见》（国资发法规〔2021〕80号）提出，应当坚持"完善制度、夯基固本"，将行之有效的经验做法，及时转化为企业规章制度，嵌入业务流程，加强制度执行情况监督检查，强化制度刚性约束。因此，南方电网公司在改革推进过程中，深入学习领会了改革推进与制度建设的关系，将企业制度梳理为制度"范本"。

同时，为了在范本框架下更顺利、有效地推进改革，南方电网公司不断从体制机制上理顺范本建设与改革推进的关系。一方面，从范本建设入手，推动制度图谱与改革业务联动、制度流程与授权放权同步，坚持重大改革制度先行，确保改革于法有据、于事有效。通过明方向、定目标、分模式，加强制度建设的科学分析和系统研判，确保制度建设和具体制定的顶层设计既符合改革需要又有利于促进改革，促使改革推进与制度建设并行不悖。另一方面，从改革推进的实践中，不断为范本建设提供反馈。若范本建设不能及时有效发挥效力，反而会阻碍改革推进，因此，在改革中与各级子公司保持及时沟通，归纳制度实施效果，形成范本优化策略，是范本引领建设的另一个面向。（见图3-4）

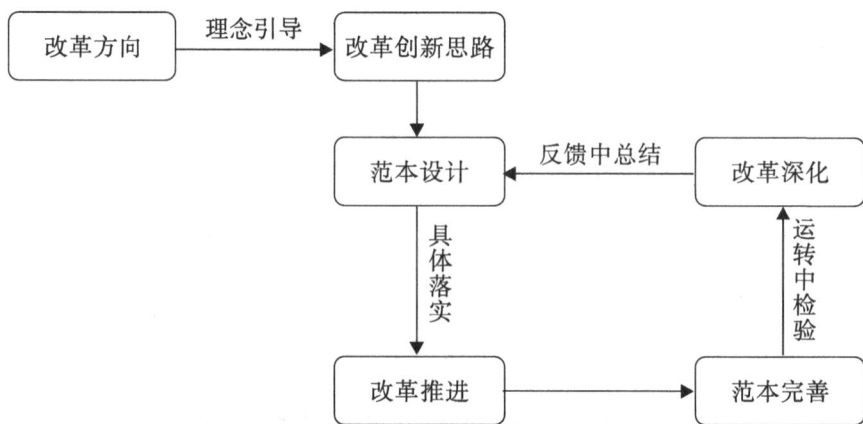

图3-4　南方电网公司范本建设改革思路

综上，南方电网公司遵循高质量发展阶段的要求，确立了"成为具有全球竞争力的世界一流企业"的战略目标，在该战略目标的指引下，以中国特色现代国有企业制度为基础，对标党的领导与公司治理相统一、依法管控与激发活力相统一、企业共性与个性治理相统一的三项国有企业治理基本原则，正视南方电网公司存在的治理结构需要"制衡有效"、集团管控有待"授权精准"、治理制度亟待"修形聚神"等问题，确立了"系统谋划与战略定位对标、顶层设计与基层创新互动、内部治理与层级治理相嵌、改革推进与范本建设协同"的整体改革思路（见图3-5），以期全面实现公司治理体系与治理能力现代化，建设成为具有全球竞争力的世界一流企业，并成为中国特色国有企业现代公司治理的引领者，持续推动中国特色现代企业制度优势转化为治理效能。

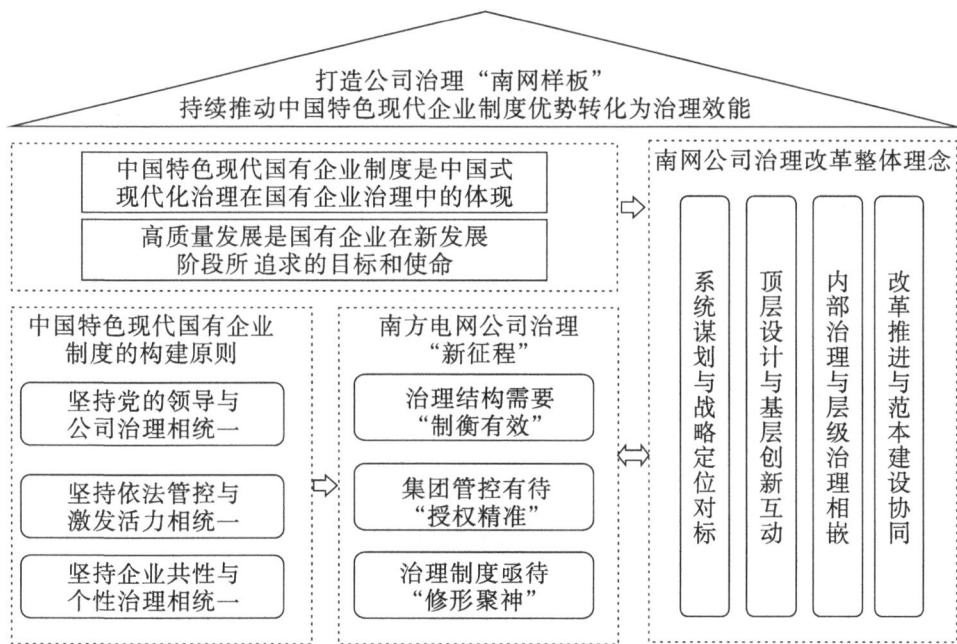

图3-5 南方电网公司治理总体框架

第四章

优化南方电网公司法人内部治理

高质量发展阶段必须有更具本真价值理性的新动力机制，即更自觉地主攻能够更直接体现人民向往的目标和经济发展的本真目的的发展战略目标。[①] 商业二类国有企业处于公共利益与市场经济叠加的组织场域，其发展的理性价值驱动既在于将公共利益内化为企业使命的社会责任承担驱动，也在于将社会需求转化为商业发展的社会价值驱动。这两种相互交织的内在驱动要求商业二类国有企业以市场为基础进行资源配置，企业应搭建起以利益相关者理论为基础的、适应市场化运营的现代化治理体制。

企业作为组织，实现战略目标依赖于构成组织的各治理主体的具体行动，各治理主体间权责配置是保障企业持续稳定运营的内生动力。构建"公司治理体制"，即从国有企业个体的视角出发，探讨在利益相关者理论框架下，梳理出适应商业经济发展的国有企业治理主体间分权与制衡体制。

第一节　全面落实党的领导

坚持党的领导与公司治理相统一是实现党的全面领导落实到国有企业治理体制的基本运作机制。加强党的领导与公司治理相统一应当以组织嵌入与制度融合为核心，把党组织与公司治理结构相融合，使其成为领导企业决策、执行和监督的治理主体，从而确保国有企业社会主义公有制性质不动摇，实现国家发展战略与国有企业功能使命的有效衔接，推动国有企业成为高质量履行国家使命要求的重要功能载体。

实现组织嵌入与制度融合，首先，应当明确的是党的领导在国有企业治理结

---

① 金碚．关于"高质量发展"的经济学研究［J］．中国工业经济，2018（4）：5-18.

构中的定位；其次，在定位保障的基础上，从治理结构与治理制度分别进行考量，党的全面领导如何与各治理主体实现融合，如何通过治理制度在公司决策中发挥作用。为回应与落实上述问题，南方电网公司从"制度、组织、决策"三重维度系统性梳理改革措施，在遵循相关制度指引的同时，结合自身特点，创新党的领导与公司治理相统一的具体举措，推动南方电网公司健全中国特色现代企业制度，推进公司治理体系和治理能力现代化。

一、强化党的领导制度保障

在企业制度层面，尤其是公司章程中明确党组织的领导地位，是保障加强党的领导与公司治理相统一的基础。十八大后，党内先后出台了一系列规范性文件，对国有企业党组织在公司治理中的功能定位和参与方式作出了新的规定。首先，关于党组织在国有企业公司治理中的功能定位，2015 年《关于深化国有企业改革的指导意见》首次提出将党建工作总体要求纳入国有企业公司章程；2016年 10 月，习近平总书记指出要明确和落实党组织在公司法人治理结构中的法定地位；2017 年，十九大修改后的党章明确区分了国有企业党委和国有企业中的基层党组织。党组织的功能定位从过去的政治核心转变为发挥"把方向、管大局、保落实"的领导作用。这一定位实际上推动形成了"四会一层"的现代国有企业治理主体结构。[①] 其次，界定了党组织参与国有企业治理的方式。中共中央于 2019 年 12 月发布的《中国共产党国有企业基层组织工作条例（试行）》进一步明晰了党建工作进入公司章程、"双向进入、交叉任职"的领导体制，党委（党组）前置研究重大经营管理事项，厘清了党委（党组）和董事会、经理层等公司治理主体的权责界限。

南方电网公司在制度上，全面实现"党建入章"，以"章程总则+特设专章"的形式明确党组织在公司治理中的权责定位。在章程总则中，写明"在公司中，根据中国共产党的规定，设立中国共产党的组织，开展党的活动。公司应为党组织的活动提供必要条件"。在特设专章中，以如下三点来明确党组织在公司治理主体中的定位：①明确党组织发挥领导作用，把方向、管大局、保落实，依照规定讨论和决定公司重大事项；②明确党组织与股东会关系，股东会维护党组织发挥领导作用，提请股东会审议的重大经营管理事项，需由党组织前置研究讨论的，应按《重大经营管理事项清单示范文本》履行程序；③明确党组织与董事会关系，重大经营管理事项经党组织前置研究讨论后，再由董事会按照职权和规

---

① 　王佳宁. 党组织嵌入国有企业治理结构的三重考量［J］. 改革，2017（4）：5-13.

定程序作出决定。

在"党建入章"的同时，南方电网公司注重章程的"有效设计"，明确了三项章程设计原则：①对于《公司法》允许意思自治的条款，不能简单照搬《公司法》，要结合公司实际情况进行条款设计。如基于南方电网公司是关系国计民生和国家能源安全的国有骨干企业的定位，在分析了《公司法（2023）》第八十四条①中关于股权转让可以依据公司章程的规定后，《中国南方电网有限责任公司章程》第十七条设计为"公司股东转让股权份额和以任何方式用股权提供担保，应按《企业国有资产法》第四条和第五十三条②履行相关程序"。②对于《公司法》强制性效力条款，章程违反其规定无效。虽然《公司法》给予公司较大的自主权，允许公司通过章程对内部管理进行特别规定，但公司章程仍需遵守《公司法》的强制性规定。③对于规范性文件要求，只有纳入章程才有法律效力。所以在多元股东背景下，需要将国有企业落实前置研究等规范性文件要求纳入章程等制度体系。如在章程中明确"董事会提请股东会审议事项，需要经过党委前置研究。股东会的表决方式或者决议内容违反公司章程，股东可以自决议作出之日起 60 日内，请求人民法院撤销"。

二、优化党的领导组织构成

党组织与企业治理主体"双向进入、交叉任职"的领导体制，是推进党的全面领导真正"嵌入"法人治理结构，促进党组织有效参与企业重大问题决策的组织保障。"双向进入、交叉任职"领导体制是指符合条件的国有企业党委（党组）领导班子成员可以通过法定程序进入董事会、监事会、经理层，董事会、监事会、经理层成员中符合条件的党员可以依照有关规定和程序进入党委（党组）；党委（党组）书记、董事长一般由一人担任，推进中央企业党委（党

---

① 《公司法（2023）》第八十四条：有限责任公司的股东之间可以相互转让其全部或者部分股权。

股东向股东以外的人转让股权的，应当将股权转让的数量、价格、支付方式和期限等事项书面通知其他股东，其他股东在同等条件下有优先购买权。股东自接到书面通知之日起三十日内未答复的，视为放弃优先购买权。两个以上股东行使优先购买权的，协商确定各自的购买比例；协商不成的，按照转让时各自的出资比例行使优先购买权。

公司章程对股权转让另有规定的，从其规定。

② 《企业国有资产法》第四条：国务院和地方人民政府依照法律、行政法规的规定，分别代表国家对国家出资企业履行出资人职责，享有出资人权益。

国务院确定的关系国民经济命脉和国家安全的大型国家出资企业，重要基础设施和重要自然资源等领域的国家出资企业，由国务院代表国家履行出资人职责。其他国家出资企业，由地方人民政府代表国家履行出资人职责。

第五十三条：国有资产转让由履行出资人职责的机构决定。履行出资人职责的机构决定转让全部国有资产的或者转让部分国有资产致使国家对该企业不再具有控股地位的，应当报请本级人民政府批准。

组）专职副书记进入董事会。由此，党组织嵌入董事会、经理层和监事会三个公司内部治理主体，即把党的领导嵌入了决策、执行和监督三个环节，便于党组织直接获取国有企业运营的一手信息，确保国有企业贯彻党中央的重大决策部署，实现国有企业的经济、政治和社会目标。①

　　南方电网公司从分子公司治理结构差异出发，细化"双向进入、交叉任职"领导体制，以设立党委的公司为例：①对于"四会一层"治理结构的公司，明确党委书记、董事长"一肩挑"，董事长、总经理分设；符合条件的党员总经理担任党委副书记并进入董事会，党委专职副书记进入董事会且不在经理层任职，实现党委班子与其他治理主体适当交叉、相对独立、配备科学；②对于未设置董事会，设置执行董事的子公司，突出执行董事"党员身份"。明确党委书记和执行董事一般由一人担任，总经理一般单设。总经理单设且是党员的，应担任党委副书记。在特殊情况下，党委书记、执行董事和总经理由一人担任的，一般应配备分管党建工作的副书记，且不在经理层任职。其他经理层成员符合条件的党员可以按照有关规定和程序进入党委；③对于分公司，推行党委和经理层适度交叉，科学配置党委和经理层成员，避免高度重叠，确保发挥各自功能作用。根据经营规模、管理难度等统筹确定党委书记和总经理是否分设，分设的则明确党委书记为"一把手"并担任副总经理，党员总经理担任党委副书记。

三、细化前置研究讨论决策程序

　　在重大经营管理事项决策中把关定向是加强党的领导与公司治理相统一的核心体现，其实现方式主要为重大经营管理事项决策"前置研究讨论"。2015 年 6 月，中共中央颁布的《中国共产党党组工作条例（试行）》中首次提出了国有企业党委会"前置研究讨论"机制。2016 年 10 月，《关于印发〈贯彻落实全国国有企业党的建设工作会议精神重点任务〉的通知》正式将"前置研究讨论"确立为所有国有企业都必须采用的决策机制，并提出"健全党组织议事决策机制，厘清党委（党组）和其他治理主体的权责边界，完善'三重一大'决策的内容、规则和程序，落实党组织研究讨论是董事会、经理层决策重大问题前置程序"的要求。2017 年 10 月，修改后的《中国共产党章程》规定，"国有企业党委（党组）发挥领导作用，把方向、管大局、促落实，依照规定讨论和决定企业重大事项"，再一次明确了党组织在公司法人治理结构中的法定地位与工作思

① 李笑宇．党的领导嵌入国家治理的三重维度：理论逻辑与实践路径［J］．公共治理研究，2021，33（6）：60-67.

路。2019 年 12 月，中共中央发布《中国共产党国有企业基层组织工作条例（试行）》，进一步细化了党委参与研究讨论公司重大经营事项是董事会、经理层决策重大问题的前置程序。

如上，落实"前置研究讨论"，需要依次明确党组织的行权边界、行权途径，以及行权与管理层决策之间的衔接。① 对此，南方电网公司制订了《南方电网公司重大事项决策权责清单》，以厘清党组织、股东会、董事会和经理层等的治理主体权责界限，梳理出股东会权责事项 18 项，党组决定事项 39 项、前置研究讨论事项 61 项，董事会权责事项 99 项，经理层权责事项 22 项，确保"隐形权力显性化""清单之外无权力"，实现党组发挥领导作用和其他治理主体依法行权履职的有机统一。同时，清单明确党组织行权途径，纵向覆盖公司总部和出资企业两个层级，涉及 13 个业务领域、32 个一级业务、145 个具体权责事项，横向集成"三重一大"编号、行权主体及方式、行权路径、承办部门、法律文件和制度依据等核心要素，为公司治理主体、外派董事和各级管理人员开展决策工作提供规范依据和高效指引。同时，关于党组行权与其他治理主体决策之间的衔接，南方电网公司明晰党组"定"和"议"的具体事项：党的建设等重大事项由党组决定；重大经营管理事项由党组前置研究讨论后，再按照相关规定由董事会决定。

关于前置研究讨论方式，南方电网公司创新探索了"制度审议""综合审议""一事一议"三种方式：

1. 制度审议

"制度审议"是针对某类决策事项事先制定好相应制度，对事项的提出、研判、决策等过程进行规范，再以党组织对制度的审议，履行对该类别事项的前置研究讨论。南方电网公司在党组织前置研究讨论实践中发现，对一些事项的把关经验可以固化形成程序性要求，通过"制度审议"，不再对同类决策事项逐个前置研究讨论，在控制决策风险的前提下，可避免数量较多的同类决策事项重复审议。但是，如果"制度审议"应用不当，可能引发两类风险：一是重大经营决策事项未以党组织前置研究讨论或制定的基本制度为审议依据，导致党组织前置研究讨论缺位；二是涉及权力分配及规范使用、职工利益，以及因个体差异大而难以通过制度直接把关定向的事项，它们即使依从党组织前置研究讨论或制定的基本制度，也易发生风险失控、决策失向等问题。

---

① 强舸．"国有企业党委（党组）发挥领导作用"如何改变国有企业公司治理结构?：从"个人嵌入"到"组织嵌入"[J]．经济社会体制比较，2019（6）：71-81.

对此，南方电网公司从"方向正确、大局突显、有据可依"三个维度进行综合判断，确定了"制度审议"应用标准。方向正确即事项需符合党的理论和路线方针政策或贯彻党中央决策部署和落实国家发展战略，不违反法律法规及政策规定；大局突显即考虑事项是否有利于促进企业高质量发展、增强企业竞争实力、实现国有资产保值增值，是否有利于维护社会公众利益和职工群众合法权益；有据可依即该事项有经过党组织前置研究讨论或制定的基本制度为审议依据。

2. 综合审议

"综合审议"是在具体项目严格遵循综合计划、总体方案的前提下，党组织根据对工作整体计划、总体方案的审议，履行对后续各具体方案、计划前置研究讨论的职责。南方电网公司进一步分析无法通过程序性要求控制决策风险的前置研究讨论事项，发现某类事项对公司生产经营的影响虽不可事先完全确定，但因经常重复发生，企业可通过掌握对该事项有决定性影响的关键边界条件，固化形成计划编制要求，从而达到提前批量控制决策风险的目的。该种年度综合审议方式，不需要再对年度重点工作计划、具体发生的决策事项逐个前置研究讨论，以年度计划控制决策风险，确保风险敞口随着计划实施过程逐步收窄，可以大幅度缩减同批具体决策事项重复审议，有效地提升治理效率。但是，"综合审议"在应用时，需要避免两类风险：一是重大经营管理事项虽有综合计划或总体方案，但党组织未对综合计划或总体方案进行审议，未对同一批次的事项总体把关，导致党组织前置研究讨论缺位；二是对于经常重复出现，但未清晰掌握是否对事项有决定性影响的关键边界条件，不能形成计划编制要求，从而达到提前批量控制决策风险目的的事项，即使党组织已对综合计划或总体方案进行审议，应用"综合审议"也易背离"四个是否"标准，造成风险失控、决策失向。

对此，南方电网公司从"方向正确、大局突显、总体可控"三个维度进行综合判断，确定了"综合审议"应用标准。其中，方向正确、大局突显与制度审议的应用标准一致。总体可控指该事项需有综合计划或总体方案，党委（党组）通过对综合计划或总体方案的审议，实现对同一批次事项的总体把关。

3. 一事一议

其余类型事项对公司生产经营的影响在事前难以预判，每个具体事项对公司生产经营的潜在影响存在较大差异，仅通过程序和计划无法有效将差异性决策风险限定在可控范围。因此，对"标准不明确、程序不清晰、计划性不强、风险不确定"的重要经营管理事项，采用一事一议方式，在董事会或经理层决策前由党组织逐项前置研究讨论。如"公司及子企业境外投资项目及其重大事项变更"事项，投资项目地域国别跨度大，每个境外投资项目的投资背景和要求均可能存在差异，无法采用"制度审议""综合审议"进行审议，则需通过"一事一议"把关。

因此，如上三种党组织前置研究讨论方式互为补充，共同构成适用全部前置研究讨论事项的方式体系：①涉及基本制度执行首先适用"制度审议"：通过对基本制度的前置研究讨论，对不同业务板块管理职责、管理标准、审批权限与程序等大方向统一把关，对在制度明确的总体原则和方向下开展的工作实行"制度审议"、简化前置研究讨论程序。②涉及综合计划执行首先适用"综合审议"：通过前置研究讨论综合计划、总体方案等，对同一批次事项的总体把关，对在综合计划、总体方案的指导下制订的子计划、子方案等实行"综合审议"，避免党组织重复前置研究讨论。③其他未能覆盖的适用"一事一议"：通过"一事一议"对上述两种方式不能覆盖的重大经营管理事项、达到一定规模的重大事项和其他特殊事项等进行前置研究讨论，做到"不留死角"。（见图4-1）

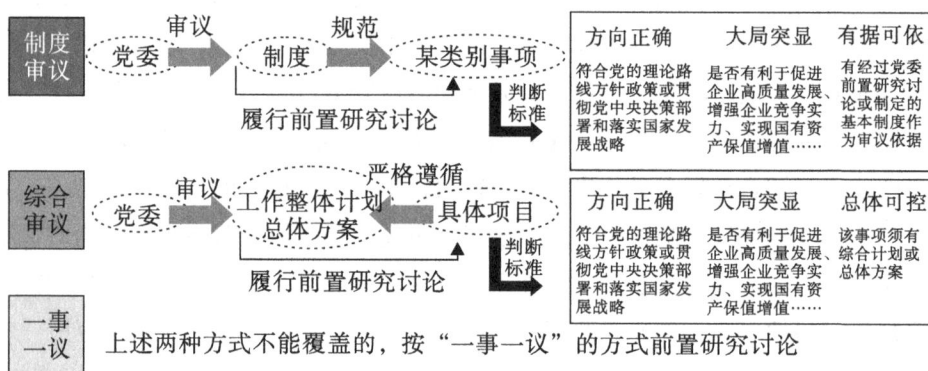

图4-1　以设立党委的公司为例——前置研究讨论"三种方式"定义及应用标准

数据来源：根据南方电网公司内部资料整理。

第二节　聚合股东会多元结构资源优势

引入多元产权股东完善公司治理机制，以市场化机制聚合发展资源，更新管理理念，同时契合"管资本"为主的国资监管顶层设计，推进国有企业与国有经济高质量发展，是混合所有制改革的目的所在。[①] 以国有企业个体为视角分解该改革目的，避免改革囿于"混合"表层，应包含如下"三个阶层"的内涵：第一层次是借助"资源效应"形成资本参与方之间的资源禀赋互补之势，依托社会资本灵活的市场机制、高效的运营效率，以延伸国有企业价值链；第二层次是通过"制衡效应"保障社会资本参与方拥有参与经营管理的"话语权"，发挥其在市场化经营理念与管理经验中的专业性；第三层次是依托股东会运作表达国有股东意志，构建国有企业由"行政型治理"向"经济型治理"的转型的结构基础与机制保障，夯实国有企业混合所有制改革高质量运行的企业内部制度基础。也即，国有企业多元股东型股东会的构建应以"适配投资者—设计多元股东结构—规范股东会运行"为主线。

但并非所有国有企业均有多元股东型股东会构建的需求，依据《关于国有企业发展混合所有制经济的意见》（国发〔2015〕54 号）、《中央企业混合所有制改革操作指引》（国资产权〔2019〕653 号）等文件，国有企业混合所有制改革应坚持"三因三宜三不"原则：因业施策、因地施策、因企施策；宜独则独、宜控则控、宜参则参；不搞拉郎配、不搞全覆盖、不设时间表。基于上述原则，南方电网公司股权多元化改革主要在以国际业务、产业金融、新兴业务等竞争性业务为主业的子公司中展开。

一、引进供需相适的投资者

选取适当的投资者，首先要明确国有企业实际需求。国有企业目前改革的瓶颈主要在"体制机制"上，需要投资者能够在"体制机制"方面向拟混改企业提供支持，尤其是在公司治理、市场化运营和管理模式、战略规划和发展理念，以及业务发展战略价值层面等方面可提供支持，帮助企业提升持久竞争力。[②]

---

① 何瑛，杨琳．改革开放以来国有企业混合所有制改革：历程、成效与展望 [J]．管理世界，2021，37（7）：4，44-60.

② 王悦．混改：资本视角的观察与思考 [M]．北京：中信出版集团，2019：244-248.

其次，应当鉴别可积极参与混合所有制改革的投资者。从合作对象类型来看，市场上积极参与混合所有制改革的投资者包括产业投资者、战略投资者和财务投资者三类（见表4-1）。产业投资者具有浓厚的产业背景，更多地关注项目和企业本身，着眼于获取长期收益，甚至可以有30~50年的考量。在控股权上，产业投资者要求目标企业出让控制权，或者要求进入董事会，有一定的话语权。战略投资者以战略为目的，通过与被投资对象在战略方面的协同，从企业的长远发展中获利，投资期限一般比较长，在投资的同时会带来一些先进的管理经验，帮助企业扩展战略视野。财务投资者主要看中股权投资、基金等，具有明显的资本市场导向，更多地关注行业周期和证券周期，着眼于3~5年的短期收益。由于缺乏融资企业所需要的经营资源，财务投资者一般不觊觎融资企业的控股权，但协议中会有财务回报要求，甚至有苛刻的对赌条款。

表4-1 产业投资者、战略投资者和财务投资者对比

类目	产业投资者	战略投资者	财务投资者
投资者来源	与被投资行业相关的境内外大型企业、集团公司，以中央企业、地方国有企业为主	与被投资行业相关的境内外大型企业、集团公司，以中央企业、中央金融企业为主	投资银行、风险投资基金、公募私募投资基金，以社保基金为主
投资目标	强调产业链横向、纵向扩张，追求长期投资效益	强化战略布局，追求长期投资效益	以收益目标为主，强调高风险下的资本增值，高投资报酬率
持股比例	持股比例要求较高，持股期限较长	较大持股比例，保证其控制力	较低持股比例，保证其正常退出
投资期限	作为公司的较大股东，长期稳定持有股权，有30~50年的考量	作为公司的较大股东，长期稳定持股	以上市、股份转让等方式择机退出
投资资源	具备长期的各类资源和管理技术	具备长期的各类资源和管理技术	具备优秀的渠道和市值管理经验
公司治理	参与公司治理，要求进入董事会，有一定话语权	参与公司治理，在董事会占有一定席位，会改善被投资公司的治理结构	一般不参与公司治理，在财务、资本运作方面提供建议，可能委派财务管理人员

（续上表）

类目	产业投资者	战略投资者	财务投资者
完成时间	考虑的外部和内部因素都较多，决策时间长	考虑的外部和内部因素都较多，决策时间长	考虑的因素较少，决策速度相对较快
同业竞争	可能存在同业竞争和潜在竞争者	可能存在同业竞争和潜在竞争者	存在同业竞争和潜在竞争者的风险较小
企业文化	基本不存在双方企业文化的磨合	双方存在企业文化和管理理念的磨合	基本不存在双方企业文化的磨合

资料来源：南方电网公司《多元投资主体公司股权结构设计与治理机制研究报告》。

最后，在明确了自身发展需求，市场供给的投资者特点后，应就国有企业实际需求与市场投资者供给进行供需匹配。供需匹配可以从"高匹配度、高认同度、高协同性"等视角进行综合比对。一是"高匹配度"，是指投资者与企业具有相同的合作诉求和发展诉求，需求可以对接，能够实现互利共赢。在匹配度方面，应考虑引进股东以下因素是否处于高水平：①是否契合企业发展需要，能否提供资源、资金、技术、管理、市场等方面支持；②是否处于行业领先地位，其主业突出与否；③是否具有雄厚的资金实力。二是"高认同感"，是指对企业定位、发展战略、经营理念和文化等的高度认同。在认同感方面，应考虑引进股东以下因素是否处于高水平：①是否认同企业发展战略（尤其是战略投资者）；②是否看好企业发展前景；③是否有相近的价值理念和文化理念。三是"高协同性"，是指具有产业链或价值链关联，在业务开展、产业链布局、管理能力、技术水平、资源配置等方面协同性高。在协同性方面，应考虑引进股东以下因素是否处于高水平：①是否能够与企业产业协同、优势互补；②是否有助于推进企业运营机制改革。此外，还应当同时关注投资者是否依法诚信经营，治理规范，具有良好的市场声誉；是否具有良好的品牌价值。

但是，供需匹配主要是指在战略、业务、管理等方面具有较好的协调性，并非在投资者中进行非此即彼的比较。在现实环境中，面对"大体量"的大型国有企业，投资者组团进入国有企业更具可行性，引入多类投资者的组合更利于实现股权多元化的目的。同时应当注意，投资者的个数并非多多益善，投资者在企业运营中有一定的决策权才能真正影响企业发展，所以在引进投资者时，应当保持一定的股权集中度，切勿因过于分散而消减每个投资者可发挥的"资源效应"与"制衡效应"。

┃**案例**┃
──

南方电网科技公司：以"引资、引制、引智"为导向进行"引战"

南方电网科技公司从自身战略定位出发，确定"引资、引制、引智"为导向的"引战"需求，从战略协同性、技术互补性和市场影响力等多维度构建战略投资者评价模型，优选确定东方电子集团、北京智芯微电子科技公司等具有产业协同效应和合作潜力的战略投资者，同时释放30%股权、引入7.46亿元资金，有效建立多元稳定的股权结构，推动公司从单一股东行政式管控模式向多元化股东的现代企业治理模式转变。

前海蛇口供电公司："战略协同、资源互补"引入战略投资者

前海蛇口供电公司从2013年开始谋划，科学设置遴选条件，广泛了解各类投资者的合作意愿，坚持"战略协同、资源互补"引入战略投资者。最终确定的合作方既有在资本市场中规范运作的上市公司，也有房地产、园区管理、土地利用开发、地方投资平台等跨界投资主体，虽然都有国资背景，但是市场化程度均非常高，且在各自行业和领域的经营管理经验丰富，资源共享度较高，在实现国有资本放大功能的同时，为南方电网公司规范公司治理、发挥市场在资源配置中的作用、提升自身经营效益等方面提供了有益借鉴。

二、设计多元制衡的股权结构

"以规行权，按章做事，依资说话"是《公司法》确立的基本原则，因而什么样的股权结构，决定了该治理体制下各股东的话语权和所能发挥的影响力。混合所有制改革追求"制衡效应"，当战略投资者具备对企业重大决策构成实质性影响的权力时，才能有"制衡"的形成。

依据《公司法（2018）》就股东大会与董事会决策事项所需表决比例所作的规定，会发现股权比例对公司的影响有如下几个重要节点：第一，绝对控制权：持股比例超过[①]2/3，《公司法（2018）》第四十三条及第一百零三条，股东会会议作出修改公司章程、增加或者减少注册资本的决议，以及公司合并、分立、解散或者变更公司形式的决议，必须经代表2/3以上表决权的股东通过。也即当股东拥有67%的股权时，对公司处于"绝对控制"，拥有公司"生杀大权"。

──

① 《民法典》第一千二百五十九条：民法所称的"以上""以下""以内""届满"，包括本数；所称的"不满""超过""以外"，不包括本数。所以在进行股权设计时，一定要注意在公司章程、股东协议等中如上词汇的用法。

但同时应当注意，如果公司章程约定不按照出资比例行使表决权，67%的绝对控制线也就失去了相应的意义。

第二，相对控制权：持股比例超过1/2，但在2/3以下。该类股东拥有的是一种相对控制权，也是积极的控制权。《公司法（2018）》中规定除了前述七种情况需要2/3以上通过外，其他事项一般都是过半数通过即可生效。这意味着只要股东单独或者联合起来持股超过1/2，就可以在这些事项中拥有控制权。有限责任公司在自由约定时需把握好"过半数"与"半数以上""1/2以上"的区别，过半数不包含50%，而后两者包含50%。章程中必须避免出现"半数以上""1/2以上"的约定，否则可能出现股东会决议矛盾，引起决策僵局。

第三，消极控制权：持股比例超过1/3，但在1/2以下。该类股东虽不能单独就公司重要事项作出决策，但是可以对某些事项，尤其是需要2/3以上表决权的重大事项进行否决，通过行使否决权起到消极控制公司的效果。消极控制权在重大决策中有着很强的"制衡"作用。

第四，寄生型控制权：该类别中持股比例不具有固定数字，一般指单独持股比例较小，但当其依附于某个股东时，该被依附股东便拥有了控制权，也即该类股东间接拥有公司控制权。如，在49%：49%：2%的股权架构中，持股2%的股东可以自由决定与哪个股东结合投票以达到51%，这种情况下公司控制权一定程度上可以认为掌握在2%的股东手中。这类股权结构的数字组合多种多样，但原理一致。应当注意的是，在股权架构设计中务必避免"均衡型持股结构"，比如50%：50%或25%：25%：25%：25%等，这种结构很容易导致股东会决策时，决策意见势均力敌，形成僵局，给经营管理和业务发展带来重大不利影响。①

回归至国有企业混合所有制股权结构设计时，对如上控制权关键界限的把握必不可少，但应当注意不能执念于掌握"2/3以上的绝对控制权"，而应当结合企业发展阶段、各类投资者特点构建股权结构。具体而言，南方电网公司将股权结构设计与选择分为以下三步：

第一步，确定外部股东引进数量：对于成长期的央企，投资者数量不宜过多，2~3家为宜，以免在公司治理中过早出现各种不同的意见，影响决策效率。对于成熟期的央企，外部投资者可以超过3家，多元的股东结构，可以使得大型央企更具有市场属性。

第二步，确定股权释放总量：①绝对控股模式下：国资委持股67%≤A≤100%，产业投资者配股0%≤X≤20%，战略投资者配股0%≤Y≤10%，财务投

---

① 于强伟. 股权架构解决之道：146个实务要点深度释解［M］. 北京：法律出版社，2019：41-43.

资者配股 0%≤Z≤3%，个别特殊情况除外。②相对控股模式下：国资委持股 50%≤A≤67%，产业投资者配股 20%≤X≤25%，战略投资者配股 10%≤Y≤20%，财务投资者配股 3%≤Z≤5%，个别特殊情况除外。③安全控股模式下：国资委持股 34%≤A≤50%，产业投资者配股 25%≤X≤31%，战略投资者配股 20%≤Y≤25%，财务投资者配股 5%≤Z≤10%，个别特殊情况除外。④参股模式下：国资委持股 A≤34%，个别特殊情况除外。

第三步，确定股权释放个量：基于不同的持股模式，根据确定的外部股东引进数量，根据企业战略意图、功能定位、资本规模等方面对引进的股东在高匹配度、高认同感、高协同性等 10 个维度进行系数评定（见表 4-2），根据系数乘积与外部股东股权释放总量相乘得出股权分配参考值。

表4-2　南方电网公司引进外部股东股权分配系数评定表

序号	类目	产投评分系数档次			战投评分系数档次			财投评分系数档次		
		很高 (0.9~1.0)	高 (0.8~0.9)	一般 (0.6~0.9)	很高 (0.9~1.0)	高 (0.8~0.9)	一般 (0.6~0.9)	很高 (0.9~1.0)	高 (0.8~0.9)	一般 (0.6~0.9)
1	是否契合企业发展需要									
2	是否处于行业领先地位									
3	是否具有雄厚的资金实力									
4	是否具有良好的品牌价值									
5	是否依法诚信经营，治理规范									
6	是否认同企业发展战略									
7	是否看好企业发展前景									
8	是否有相近的价值理念									
9	是否能够与企业产业协同									
10	是否推进运营机制改革									

资料来源：南方电网公司《多元投资主体公司股权结构设计与治理机制研究报告》。

┤案例├

南网能源公司：治理结构多元性与制衡性设计

2019 年 7 月，南网能源公司通过公开挂牌，引入了绿色能源混改股权投资基金（广州）合伙企业（有限合伙）、广东省广业绿色基金管理有限公司、特变电工股份有限公司、广州智光电气股份有限公司 4 家单位为战略投资人。通过"引战"，南网能源公司释放了 34% 的股权，引入了 15.25 亿元资金，资本金增至 30.30 亿元。2019 年 9 月，南网能源公司召开了股份公司创立大会暨第一次股东大会、董事会、监事会，对照上市公司标准选举了新一届董监高（董事、监事、高级管理人员），设立了董事会战略与投资委员会等 4 个专门委员会，并建立了以公司章程为基础的法人治理制度体系。董事会 9 人中，独立董事 3 人，战略投资者推荐 1 人；监事会 5 人中，职工监事 2 人，战略投资者推荐 1 人，保证了治理结构的多元性、制衡性。

广州电力交易中心：发挥多元股东治理优势，探索平台类公司股东会建设新模式

2020 年 2 月，为进一步深化电力体制改革，国家发展改革委、国家能源局印发《关于推进电力交易机构独立规范运行的实施意见》（发改体改〔2020〕234 号），意见要求按照"多元制衡"原则加快推进股份制改造，单一股东持股比例不得超过 50%。政策出台后，广州电力交易中心积极与国家发展改革委体改司汇报沟通，并向南方电网公司提出股份制改造建议，制订《广州电力交易中心股份制改造实施方案》，并获得南方电网公司书面批复。根据实施方案，广州电力交易中心原部分股东单位实施增资，同时新引入 7 家股东单位，包括 2 家第三方服务机构和 5 家电力交易机构，电网企业股比降至 39%（见表 4-3）。

为确保公司股权结构相对稳定，以平衡好公司股东的正常格局，修订完善《广州电力交易中心有限责任公司章程》，在章程中针对性修订股权转让和股东会职权相关条款，在股权转让上，经过与各股东单位充分沟通解释，在章程中明确股东间转让股权或股东对外转让股权应经其他股东全部同意，提高股权转让门槛。

表 4-3 广州电力交易中心股份制改造后股权结构表

序号	股东单位	持股比例	单位类型
1	中国南方电网有限责任公司	39%	电网企业
2	广东省能源集团有限公司	14%	省属国有企业

（续上表）

序号	股东单位	持股比例	单位类型
3	云南省能源投资集团有限公司	9%	省属国有企业
4	贵州乌江能源投资有限公司	9%	省属国有企业
5	电力规划总院有限公司	8.49%	第三方服务机构
6	水电水利规划设计总院有限公司	8.49%	第三方服务机构
7	广西投资集团有限公司	3.51%	省属国有企业
8	海南省发展控股有限公司	3.51%	省属国有企业
9	广东电力交易中心有限责任公司	1%	电力交易机构
10	广西电力交易中心有限责任公司	1%	电力交易机构
11	昆明电力交易中心有限责任公司	1%	电力交易机构
12	贵州电力交易中心有限责任公司	1%	电力交易机构
13	海南电力交易中心有限责任公司	1%	电力交易机构

资料来源：南方电网公司提供。

三、建设规范的股东会运行程序

（一）股东会运作原则

混合所有制改革不会"一混就灵""一混了之""为混而混"，这些都无法实现混合所有制改革的初衷。完善的中国特色现代企业制度、健全的企业法人治理结构是混合所有制企业规范有效运行的体制机制保障。在健全法人治理结构时，应当坚持非国有股东是"战友"和"伙伴"的理念，通过合理的股权结构设置、公司章程约定等方式，充分发挥好非国有股东的优势和作用，确保非国有股东能够在重大决策、选人用人、薪酬分配等方面有效参与公司的决策、执行、监督。

依据《股权多元化中央企业股东会工作指引（试行）》，股东会运作应坚持以下原则：①坚持和加强党的全面领导。全面落实两个"一以贯之"，把加强党的领导和完善公司治理统一起来，推动党委（党组）发挥领导作用与股东会运作有效衔接。②严格依法合规。保障股东、股东会依法行权履职，规范议事决策方式和程序，完善运作制度和机制。③发挥多元股东治理优势。加强股东沟通和战略协同，发挥多元股东治理优势，推动公司高质量发展。④保障国有资产保值增值。以管资本为主加强国有资产监管，落实国有资产监管规定，推动国有资产保值增值，防范重大风险，防止国有资产流失。

在多元股东背景下，落实党委（党组）发挥领导作用与股东会运作有效衔接，主要体现在股东会决议事项需要经过党组织前置研究讨论。股东会决议事项属于公司重大决策事项①，为保证党组织可以依据《中国共产党章程》中所规定的"发挥领导作用，把方向、管大局、保落实，依照规定讨论和决定公司重大事项"，应将股东会决议事项纳入党组织"前置研究讨论"范畴。但若仅停留在遵循《关于进一步推进国有企业贯彻落实"三重一大"决策制度的意见》，而未纳入公司章程，则可能出现类似"八一农场案"的风险（见如下专栏）。因此，国有企业落实前置研究讨论等规范性文件要求，需纳入章程等制度体系，才能从法律上具备效力。南方电网公司在控股企业的章程范本中，为更好发挥党委把方向、管大局和保落实作用，明确了若有需要提请股东会审议的重大经营管理事项，一般要履行党委前置研究讨论程序。

┤专栏├─────────────────────────

"八一农场案"始末

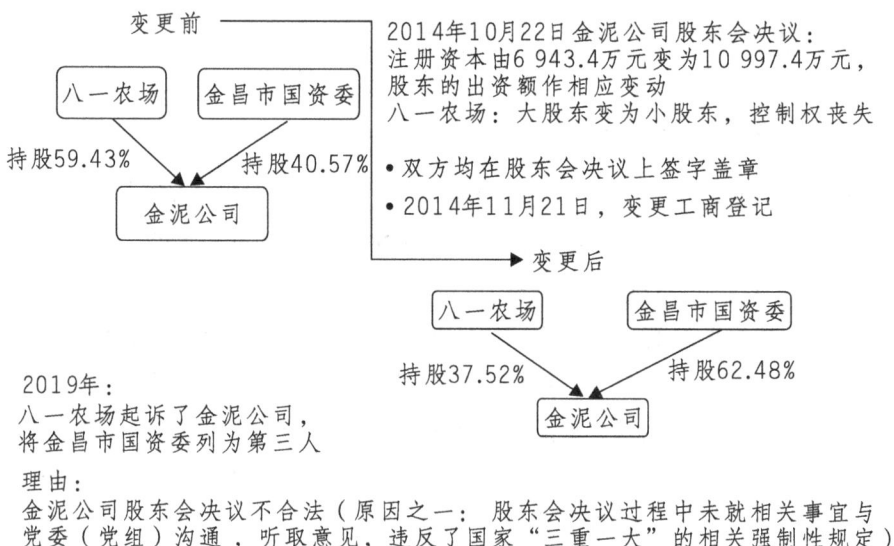

变更前

八一农场　　金昌市国资委

持股59.43%　　持股40.57%

金泥公司

2019年：
八一农场起诉了金泥公司，
将金昌市国资委列为第三人

理由：
金泥公司股东会决议不合法（原因之一：股东会决议过程中未就相关事宜与党委（党组）沟通，听取意见，违反了国家"三重一大"的相关强制性规定）

2014年10月22日金泥公司股东会决议：
注册资本由6 943.4万元变为10 997.4万元，
股东的出资额作相应变动
八一农场：大股东变为小股东，控制权丧失

• 双方均在股东会决议上签字盖章
• 2014年11月21日，变更工商登记

变更后

八一农场　　金昌市国资委

持股37.52%　　持股62.48%

金泥公司

───────────────────────────────

① 中共中央办公厅、国务院办公厅下发的《关于进一步推进国有企业贯彻落实"三重一大"决策制度的意见》，对"重大决策事项"作了如下界定：是指依照《中华人民共和国公司法》《中华人民共和国全民所有制工业企业法》《中华人民共和国企业国有资产法》《中华人民共和国商业银行法》《中华人民共和国证券法》《中华人民共和国保险法》以及其他有关法律法规和党内法规规定的应当由股东大会（股东会）、董事会、未设董事会的经理班子、职工代表大会和党委（党组）决定的事项。

（二）股东会权力配置

多元股权结构股东会应当依据《公司法》、《国有资产法》、公司章程以及股东协议等进行权力配置。2021年，国资委资本局印发的《股权多元化中央企业股东会工作指引（试行）》供中央企业参照执行，其第十二条关于股东会职权做了列举，具体如表4-4所示。

表4-4　《公司法（2018）》与《股权多元化中央企业股东会工作指引（试行）》中股东职权对比表

《公司法（2018）》第三十七条	《股权多元化中央企业股东会工作指引（试行）》第十二条
	（一）决定公司的战略和发展规划
（一）决定公司的经营方针和投资计划	（二）决定公司的经营方针和投资计划
（二）选举和更换非由职工代表担任的董事、监事，决定有关董事、监事的报酬事项	（三）选举和更换非由职工代表担任的董事、监事，对有关董事、监事进行评价，决定其报酬事项
（三）审议批准董事会的报告	（四）审议批准董事会的报告
（四）审议批准监事会或者监事的报告	（五）审议批准监事的报告
（五）审议批准公司的年度财务预算方案、决算方案	（六）审议批准公司的年度财务预算方案、决算方案
（六）审议批准公司的利润分配方案和弥补亏损方案	（七）审议批准公司的利润分配方案和弥补亏损方案
（七）对公司增加或者减少注册资本作出决议	（八）对公司增加或者减少注册资本作出决议
（八）对发行公司债券作出决议	（九）对发行公司债券作出决议
（九）对公司合并、分立、解散、清算或者变更公司形式作出决议	（十）对公司合并、分立、解散、清算或者变更公司形式作出决议
（十）修改公司章程	（十一）制定或批准公司章程和章程修改方案
	（十二）审议批准公司国有资产转让、部分子企业国有产权变动事项

（续上表）

《公司法（2018）》第三十七条	《股权多元化中央企业股东会工作指引（试行）》第十二条
	（十三）审议批准公司重大财务事项和重大会计政策、会计估计变更方案
	（十四）对公司年度财务决算进行审计、对公司重大事项进行抽查检查，并按照公司负责人管理权限开展经济责任审计
	（十五）审议批准公司业绩考核和重大收入分配事项
（十一）公司章程规定的其他职权	法律法规和公司章程规定的其他职权
	（十六）法律法规和公司章程没有明确规定，但涉及公司改革发展和股东权益的重大事项，或者股东、公司认为确有必要的，经股东协商一致，可以提请股东会审议

《股权多元化中央企业股东会工作指引（试行）》如上规定与《公司法（2018）》相对比，区别在于第（一）项、第（十二）～（十五）项、第（十七）项。第（一）项强调了"公司战略和发展规划"，第（十二）～（十五）项、第（十七）项则主要体现在股东会在保障国有资产保值增值方面的责任。南方电网公司以该工作指引为蓝本，并结合部分分子公司无须编制战略规划或职权不适用的实际情况，允许该类分子公司的章程进行适当删减性调整。

（三）股东会决议程序

公司是拟制的法律主体，经股东会依照法定程序作成会议决议，才能将众多个体股东的独立意思转换为会议决议，拟制为公司意思。股东会决议的作成或公司意思的拟制，必须符合法律和公司章程规定的召集、表决和送达程序。如果股东会会议在召集、表决或送达等方面违反法律或公司章程规定，股东有权申请撤销该会议决议。[①] 若股东会会议在程序上或内容上存在瑕疵、违背法律、公司章程的事项，则决议可能被认定为不成立、可撤销或无效。

梳理 2010 年 1 月—2022 年 6 月间国有企业公司决议纠纷，发现 61 件案件

---

① 叶林. 股东会会议决议形成制度［J］. 法学杂志，2011，32（10）：30-39.

中，以股东会决议效力为争议焦点的共 50 件，占比 82%，远高于董事会决议 24% 的占比。① 股东会决议纠纷中，股东会决议被判定为不成立、撤回及无效的共 12 件，占比 24%，裁判理由包括内容违反行政法、公司章程，程序违反公司法及公司章程，无证据证明实际召开会议等（具体参见下文《国有企业股东会决议纠纷典型案例》）。股东会决议纠纷中，诉辩双方均为企业的共 31 件，占比 62%，其中原告为民营企业的 10 件，占比 20%；原告为自然人股东，被告为国有企业的共 12 件，占比 24%。从实际案例中可以得到启示，国有企业应当对股东会召开有明确的、符合法律规范的内部流程指引，对于股东会表决议题应当有法规部作审核，防止表决内容违背公司法、公司章程的规定。

国有企业中产生"公司决议纠纷"的概率同民营企业基本一致②，国有企业作为国民经济"顶梁柱""压舱石"，不仅应当在资源配置、产业发展中起引领作用，在现代企业制度建设中也应当起示范作用，应当从公司层面为股东会决议合法合规提供更为具体化的程序指引、制度保障。

南方电网公司不仅在《控股子公司章程范本》中对多元化股东结构企业的股东会决议程序及内容规范予以公司章程层面的明确，还制定了《股东会权责清单》。该权责清单列举了章程管理、战略制定、组织机构管理、计划预算管理等事项，明确部分事项可授权董事会进行决策；行权流程细化了子公司股东会决议事项与母公司的衔接及流转程序，并明确了议案审核程序，保障股东会召开程序和具体内容符合法律、行政法规及公司章程的规定。

┨专栏┠

国有企业股东会决议纠纷典型案例

1. 决议"无效"典型案例

（2019）辽 1302 民初 1917 号——内容违反行政法规

朝阳城发控股有限公司作为国有企业未经评估直接收购非国有企业大连众慧方略管理咨询有限公司股权，违反了《国有资产评估管理办法》（行政法规）及《企业国有资产评估管理暂行办法》的规定。

---

① 有 5 个案件同时涉及股东会决议与董事会决议。

② 在元典智库（https：//ydzk.chineselaw.com/case）中以"公司决议纠纷、公司决议撤销纠纷、公司决议效力确认纠纷"为案由的案件，2010 年—2022 年 6 月共计 15 160 件。根据我国 2019 年底公布的《第四次全国经济普查取得重要成果》，内资企业中，国有企业 7.2 万个，占全部企业法人单位的 0.4%。15 160×0.4% ≈61 件。该数字刚好与清洗后的样本数量一致。由此，可以基本推断，国有企业中产生"公司决议纠纷"的概率同民营企业基本一致。

2. "撤销"典型案例

（2018）黔 0115 民初 1156 号、（2019）黔 0115 民初 1897 号——内容违反公司章程

股东会决议避开 2014 年 12 月 28 日股东会决议确定的优先权原则，直接按照股东出资比例进行分配并形成新的决议，虽然新决议系按公司章程表决形成，但内容上违反了该公司章程中关于利润分配的特别约定。

（2019）吉 01 民终 2476 号——程序违反《公司法》、公司章程

科技大市场公司辩称已提前十五日将会议时间、地点等事项电话告知了科域公司，并安排专人到科域公司工商登记住所地进行通知，履行了必要通知义务，但科域公司否认曾接到科技大市场公司电话通知。科技大市场公司也一直未提交相关通话记录，其提交的图片资料亦不能证明其曾向科域公司进行过有效通知。故在科技大市场公司未穷尽合理通知手段前提下，不能认定其向科域公司已尽到通知义务。

3. "不成立"典型案例

（2019）辽 07 民终 947 号——未召开会议（无证据证明召开）

没有证据证明 2013 年 7 月 10 日锦州市中小企业融资担保有限责任公司实际召开了股东大会，亦没有证据证明大明资本公司参加了股东大会并表决了股权转让事宜，因此 2013 年 7 月 10 日锦州市中小企业融资担保有限责任公司作出的《股东会决议》不成立。

第三节　夯实董事会经营决策主体地位

董事会是完善中国特色国有企业现代公司治理制度的关键主体，是为国有企业高质量发展注入持续性内生动力的重要主体。《公司法》的一项基本原则是所有权与经营权相分离，这种分离在公司治理结构中体现出双层代理关系，第一层是股东会与董事会，第二层是董事会与经理层，董事会在其间起着"承上启下"的作用，即对上承接股东会委托，对下委托经理层。具体到权责上，既要研究企业经营的战略发展问题，制订并推动企业战略规划的实施，也要讨论决定企业重大经营管理事项，督导经理层高效执行，有效识别并化解企业重大风险。现代国有企业治理中，国有企业董事会这一承上启下的中心地位被归纳为"定战略、作

决策、防风险"，其中"作决策"为支撑性基础功能，也是"定战略"与"防风险"的实现方式，贯穿董事会发挥功能作用的各个方面。

我国国有企业现代化改革尤其注重董事会建设，先后经历了试点阶段、规范阶段和完善阶段，是一个从结构完善到制度完善的过程。结构完善着重体现在"应建尽建"，并优化其内部组成；制度完善则体现在优化行权范围与规则进行，提升董事会决策的专业性。就内部组成而言，突出外部董事选聘、管理与监督，设立提名委员会、薪酬与考核委员会、审计委员会等专门委员会；就行权范围与规则而言，围绕董事会经营决策主体地位，压实董事会履行决策把关、内部管理、风险防范等职责，严格推行实行集体审议、独立表决、个人负责的决策制度。① 南方电网公司聚焦"优化完善董事会结构、建设外部董事队伍、规范董事会运行"三个重点，促进董事会"定战略、作决策、防风险"的重要作用得到更好发挥，促进中国特色现代企业制度优势转化为南方电网公司实践的治理效能。

一、优化董事会组成结构

（一）董事会应建尽建

是否所有国有企业均需建设董事会？对于国有企业分公司，因其并非独立法人，不具备独立财产与独立意志，所以无须建立"董事会"；对于国有企业子公司，也并非必须建立由多人组成的董事会，可以根据企业特点仅设立一名执行董事。依据《关于中央企业加强子企业董事会建设有关事项的通知》（国资厅发改革〔2021〕25号）的相关要求，规模较小或股东人数较少的有限责任公司，存在以下情形之一的，可以不纳入董事会应建范围，设执行董事一人：①市场化程度较低，目标客户和市场比较稳定；②业务类型单一，投资事项少；③拟实施重组、对外转让或停业、清算注销；④由上级单位实施运营管控；⑤无实际经营活动。

因此，完善董事会建设的首要工作是筛选哪些企业属于"应建尽建"的范畴。南方电网公司根据企业规模、市场化程度、业务类型，明确如下规则：①所属二级子企业、市场化程度较高且投资事项较多的三四级全资子企业一般应设立董事会，由7人或9人组成；②业务单一且规模较小的，拟实施重组、对外转让或停业、清算注销的，上级单位实施运营管控且无实际经营活动的全资子企业，

---

① 参见《关于进一步完善国有企业法人治理结构的指导意见》（国办发〔2017〕36号）。

一般不设董事会，设执行董事1人；③控股子公司董事会人数由各股东按照有关法律法规协商确定。循此规则，南方电网公司在"国企改革三年行动"期间，全面完成董事会应建尽建。

（二）董事会人员结构多元化

国有独资中央企业的董事会一般由7名至13名董事组成。设董事长1名，可以设副董事长1名至2名。依照法律规定，配备1名职工董事。外部董事人数应当超过董事会全体成员的半数，一般应当明确1名外部董事召集人。股权多元化中央企业经股东会批准，参照以上规定建设规范董事会。据此，董事会至少应当具备内部董事、外部董事和职工董事三类。

南方电网公司根据子企业类别，除内部董事外，还设立了外部董事、职工董事和独立董事三类董事，并在全面梳理法律法规、规章、规范性文件的基础上，制定了《南方电网公司出资企业董事会规模配置模型》，科学确定既符合法律法规政策要求，又适应公司经营发展需求的董事会结构与规模。（见表4-5）

1. 外部董事

国有企业中的外部董事是指由国有控股股东依法提名推荐，非本公司或控股公司员工的外部人员担任的董事。[①] 一般而言，外部董事由国有股东委派，受托于国有股东，为充分代表国有股东利益的董事。设立外部董事的优势体现在两个方面：一是外部董事具有较强专业素养、管理经验和商业嗅觉，往往对行业趋势有较专业的判断，并对市场环境变化有较高的敏感度，更有助于提升董事会专业化决策的能力；二是将部分执行董事变更为非执行董事（外部董事属于此类），"有助于解决决策和经营内部职责不清、相互扯皮、效率低下、不负责任的现象"，也有助于减少内部人控制[②]。南方电网公司制定了《中国南方电网有限责任公司出资企业外部董事监事行权履职管理细则》《中国南方电网有限责任公司出资企业外部董事监事管理办法》，规定所属子公司董事会中外部董事应当占多数。

2. 职工董事

职工董事是指通过职工代表大会或其他形式民主选举产生的，作为职工代表出任的董事，代表职工的利益。《公司法（2023）》第六十八条规定，300人以

---

① 国资委关于《国有企业公司章程制定管理办法》中外部董事的认定的问题 [EB/OL]. （2022-04-22）. http://www.sasac.gov.cn/n2588040/n2590387/n9854157/c24506593/content.html? eqid=a947bb49002585f200000003643b5034.

② 张思平. 张思平讲话实录：第二卷 [M]. 深圳：海天出版社，2015：138.

上的公司，无监事会且无监事代表的，必须设职工董事。《关于进一步完善国有企业法人治理结构的指导意见》明确国有独资、全资公司的董事会、监事会中须有职工董事和职工监事。南方电网公司制定了《中国南方电网有限责任公司所属企业职工董事监事管理细则》，明确"集团所属企业应当在公司章程中明确规定董事会中职工董事人数或比例。其中，国有全资公司董事会中应当至少有 1 名职工董事，其他公司董事会中可以有职工董事"。

3. 独立董事

设置一定比例的独立董事是上市公司董事会的必备要求，其设置目的在于监督公司依法运营、提高公司治理能力、促进公司利益最大化、保护投资者合法权益。独立董事的特别之处在于其"独立性"，即以公司外部人的身份，摆脱公司利益阶层和管理层的"内部控制"，保护股东，尤其是中小股东的利益。[1] 非上市公司亦可设置独立董事，但是并非必备条件。对于非上市公司而言，虽然没有强制信息披露机制和公众监督机制，但素养良好的独立董事可客观发表意见，维护中小股东的利益，与大股东在一定层面上形成制衡。[2] 目前，南方电网公司控股上市子公司，如南网科技公司、南网能源公司等均设置了独立董事。

独立董事与外部董事均为非本公司员工的外部人员担任的董事。一般而言，外部董事外延大于独立董事，其既包括独立董事，也包括非独立外部董事，非独立外部董事是指由股东选派的"外部股权董事"。[3] 在混合所有制改革的语境中，"外部董事"这一名词更多地等同于"外部股权董事"，是指由国有股东委派，受托于国有股东，充分代表国有股东的利益的董事。外部董事与其他代表国有股东利益的执行董事，以及其他代表外部股东利益的董事一道，统称为股权董事；而独立董事受托于全体股东，尤其要代表中小股东的利益。[4]

① 张婷婷. 独立董事勤勉义务的边界与追责标准：基于 15 件独立董事未尽勤勉义务行政处罚案的分析 [J]. 法律适用，2020（2）：84-96.
② 王悦. 混改：资本视角的观察与思考 [M]. 北京：中信出版集团，2019：332.
③ 周丽莎. 国企外部董事制度研究与改革路径 [J]. 国企管理，2022（1）：26-27.
④ 王悦. 混改：资本视角的观察与思考 [M]. 北京：中信出版集团，2019：319-320.

表 4-5 南方电网公司出资企业董事会规模配置模型（2023）

模块	人数配置	核心指标	配置说明	专业领域
典型配置	最低数量要求"7"	法定人数范围	依据法律法规、规章、规范性文件，国有企业董事会应满足： 1. 董事长、总经理分设且应均为内部董事； 2. 专职副书记一般进入董事会； 3. 应配置职工董事； 4. 外部董事占多数。 因此，董事会典型配置数量应为1名董事长+1名总经理+1名职工董事（一般由专职副书记兼任工会主席，同时作为职工董事候选人人选）+4名外部董事，共7名董事会成员	可配置具备行业经验、战略投资、财务会计、法律及合规内控、企业经营等专业的外部董事
典型配置	最低数量要求"7"	董事长、总经理分设	（同上）	（同上）
典型配置	最低数量要求"7"	职工董事	（同上）	（同上）
典型配置	最低数量要求"7"	外部董事占多数	（同上）	（同上）
可选配置	增量配置建议"N"	股权结构	全资子企业可以不增量配置；控股子企业结合持股比例超过20%的其他股东数量情况；参股子企业结合自身持股比例是否超过20%考虑	—
可选配置	增量配置建议"N"	行业监管要求	行业监管机构要求独立董事占董事会一定比例的，按照监管要求增量配置	—
可选配置	增量配置建议"N"	业务复杂度	涉足新业务领域①、发生重组、并购等重大改革的子企业	结合子企业生产经营实际酌情增量配置"N"（三档）第1档：新增0名董事会成员； 第2档：新增2名董事会成员； 第3档：新增4名董事会成员 — 行业经验
可选配置	增量配置建议"N"	投资规模	年均固定资产投资额（不含电网规划相关业务投资）规模较大的子企业、对近三年连续发生大额股权投资事项的子企业	战略投资
可选配置	增量配置建议"N"	管理成熟度	根据近三年在纪检、审计、巡视方面有无负面事项或问题，在质量、健康、安全、环境方面是否存在重大缺陷，董事会运行是否规范，制度体系建设是否完善，近三年经济指标是否全面完成等情况	财务会计、法律及合规内控

① 新业务领域主要包括：新能源、节能及智慧用能、数字电网、新一代信息技术、互联网服务、电动汽车充换电服务、储能、工程建设服务、存量资产资源盘活、通用航空、创新创业服务、电力市场化、融资租赁、产业基金、债券承销、财产保险、保险经纪、投资顾问、金融科技、互联互通建设、跨境电力贸易、境外投融资、境外工程服务及贸易等。

（续上表）

模块	人数配置	核心指标	配置说明		专业领域
可选配置	增量配置建议"N"	经营风险	对主营业务范围涉足中、高风险业务①的子企业可以考虑进行增量配置		企业经营、法律及合规内控
配置结果	规模类型	7人规模董事会、9人规模董事会、11人规模董事会			

资料来源：南方电网公司《南方电网公司出资企业董事会规模配置模型》。

（三）健全董事会专门委员会

专门委员会制度可以发挥全体董事，尤其是外部董事专业知识和实践经验丰富的特长，拓展专项工作深度，有效提高董事会的议决质量和运作效率②。对于较大规模的国有独资、国有全资、控股等企业至少应当设立战略与投资委员会、薪酬与考核委员会、审计与风险委员会，并可以根据工作需要，设立提名委员会及其他专门委员会，例如，鼓励国有控股上市公司设置 ESG 有关专门委员会，推动国有企业结合功能定位管制经济目标之外的非财务绩效目标。对于初创型、小规模国有企业，董事会专门委员会设置坚持"少而精"，至少设置审计与风控委员会，但应根据企业发展和成长情况及时调整董事会专门委员会设置。

南方电网公司《深化子企业董事会建设工作方案》中明确"各子企业董事会设战略与投资委员会、薪酬与考核委员会、审计与风险委员会、提名委员会，根据监管要求及实际需要可以设置科技与创新委员会、监督委员会等其他专门委员会。明确专门委员会的工作支持部门及其主要职责分工，充分发挥各专门委员会咨询建议作用。战略与投资委员会、提名委员会中，外部董事应当占多数，主任由董事长担任。薪酬与考核委员会、审计与风险委员会全部由外部董事组成。上市公司董事会审计与风险委员会、提名委员会、薪酬与考核委员会中独立董事占多数并担任主任，审计与风险委员会主任应当为会计专业人士"。

---

①　高风险业务主要包括：资产运营、股权投资、财产保险、融资租赁、产业基金、跨境电力贸易、境外投融资、境外工程承包及服务、境外贸易；中风险业务主要包括：电网建设运营、工程承包及服务、新能源建设运营、电动汽车配套服务、综合能源服务；低风险业务主要包括：不涉及中、高风险的其他业务。

②　刘泉红．董事会职权改革与央企治理机制的关联度［J］．改革，2014（11）：36-44.

二、建强外部董事履职能力

我国关于"外部董事"的探索经历了从中央企业试点到国有企业全面建设的历程，这是外部董事独立性与专业性被认可，履职规则逐步细化的过程。2004年，《关于中央企业建立和完善国有独资公司董事会试点工作的通知》首次明确提出建立外部董事制度，使董事会能够作出独立于经理层的客观判断。2009年，国资委在总结中央企业董事会试点经验的基础上制定了外部董事专属的规范性文件《董事会试点中央企业专职外部董事管理办法（试行）》，明确专职外部董事职务列入国资委党委管理的企业领导人员职务名称表，按照现职中央企业负责人进行管理。2015年，《关于深化国有企业改革的指导意见》明确要求国有独资、全资公司董事会外部董事应占多数，外部董事因而从中央试点推向全国。2017年，《关于进一步完善国有企业法人治理结构的指导意见》提出，建立完善外部董事选聘和管理制度，严格资格认定和考试考察程序，拓宽外部董事来源渠道，扩大专职外部董事队伍，选聘一批现职国有企业负责人转任专职外部董事，定期报告外部董事履职情况。2021年，《中央企业董事会工作规则（试行）》强调董事会会议应当有过半数董事且过半数外部董事出席方可举行。[①]

如前文"董事会人员结构多元化"中所提及的，外部董事优势主要体现在提升董事会决策的独立性与专业性，因此外部董事制度建设的落脚点应当在于如何实现外部董事设立价值，也即如何更好地发挥其独立性与专业性，实现其在董事会、经理层中的制衡、决策作用。对此，南方电网公司结合现有规范性制度与企业特点，从人员结构、行权履职、激励监督多个层次，构建包含选聘、行权到监督的全流程外部董事管理制度，以实现外部董事制度价值。

（一）外部董事人员结构

南方电网公司按照"专职、专业、专管、专用"的原则，从现职党组管理干部中选聘具有丰富工作经历和治企经验、熟悉企业改革发展和生产经营情况的领导人员转任专职外部董事，以专职化促进专业化、专责化。选配时充分考虑干部的过往经历和专业特长，专职外部董事一般具有战略规划、企业管理、生产经营等某方面专长。同时，严格履行任前审核、禁入限制查询等程序，对于因违纪违法、受到责任追究被免职或者解聘的子企业董事、监事和高级管理人员，以及按照有关职位禁入规定不得担任国有企业董事的，坚决不纳入人选范围。

---

① 周丽莎. 国企外部董事制度研究与改革路径［J］. 国企管理，2022（1）：26-27.

关于优化外部董事组成结构，南方电网公司创新"3+X"做法，保证董事会专业经验多元和能力结构互补。"3"即注重配备熟悉主营业务、人力资源、财务会计3个基础专业的专职外部董事，并分别进入战略与投资委员会、薪酬与考核委员会、审计与风险委员会，确保董事会功能齐备。"X"即结合出资企业业务特点和改革发展需要，差异化选配所需专业专职外部董事，如为国际业务单位配备熟悉国（境）外市场和相关法律法规的董事，为上市公司配备熟悉战略管理及行业监管要求的董事。同时，二级子企业均配备1名公司党组管理的二级正职级的专职外部董事担任外部董事召集人。

（二）外部董事行权履职

南方电网公司聚焦职责定位，切实推动专职外部董事忠实勤勉履职。一是健全支撑机制，保障独立性和积极性。坚持"独立行使职权、个人承担责任"的定位，打造总部履职支撑和出资企业服务保障"双平台"。总部建立会议列席、政策业务指导，以及文件送阅、日常沟通、信息流转、工作报告等机制；出资企业建立工作条件保障、企情问询、信息支撑、参与决策保障等机制。其中，总部年度工作会议、务虚会等重要会议，以及相关业务专题会、工作部署会均邀请专职外部董事列席参会。

二是规范履职行为，充分体现出资人意图。外部董事一年内在同一任职企业履职时间原则上不得少于60个工作日。外部董事履行监督职责应关注"三个方面"：①监督决策合规性。外部董事发现董事会和所任职的专委会违规决策，或者决策将损害出资人和公司利益、职工合法权益的，应当明确提出反对意见。加强对董事会授权决策的监督，防止"一授了之"。②监督执行有效性。督促企业建立完善董事会决议跟踪执行的有效机制，及时了解掌握决议执行情况和执行结果，对执行中出现的问题，提醒经理层改进。③监督风险可控性。关注公司经营风险，识别揭示重大风险，向董事会或董事长提出警示，向出资人报告公司重大问题和重大异常情况，做到知情必报、准确报告。制定《出资企业外部董事行权履职管理细则》，明确建立依托外部董事依法行使出资人权利的治理型行权路径。对出资企业依托外部董事管控事项，外部董事严格按照集团要求发表意见并表决；对清单外事项，根据独立判断发表意见并表决，切实维护出资人合法权益。

三是加强能力建设，提升专业能力和水平。编制外部董事履职手册和制度汇编，提供履职参考书籍，帮助专职外部董事快速进入角色，适应工作要求。持续加强业务培训，连续两年围绕中国特色现代企业制度建设、履职实务等内容举办专题研讨班，并注重加强理论修养、廉洁从业、领导力等方面培训。同时要求外部董事召集人每年至少组织召开一次由全体外部董事参加的研讨会，并围绕董事会决策合理化提出全年调研计划。外部董事一年内在同一任职企业应至少开展一次专题调研并形成调研报告，调研应根据董事会决策需要，聚焦企业改革发展重大项目、重点工作、难点问题调研。

四是强化日常管理，促进提升履职质效。实行工作日志、年度报告、独立报告制度，并要求在同一企业任职的外部董事每半年向集团总部报告集体履职情况，帮助集团全面掌握企业实情。成立外部董事党支部，大力推进支部党建与董事会工作深度融合，全面加强政治引领、管理监督和支持服务。实行谈心谈话制度，原则上与每位专职外部董事每年至少谈话一次。建立健全容错机制，鼓励专职外部董事积极大胆履职。

┤案例├

南网能源院：盘活外部董事智力资源，推进董事会规范建设与高效运作

作为智库机构，南网能源院主责主业是开展政策研究、提供智力支持。如何盘活外部董事的智力资源，推动他们深度参与智库课题研究，是摆在该公司面前的一道难题。2022年，该公司以"1个机制+1个计划"为突破口，进一步推动外部董事发挥自己的专业知识、管理经验、实战本领，效果可谓立竿见影。

"1个机制"指《支撑服务外部董事监事履职工作机制》。该机制结合南网能源院业务特点，在支持部门、定期沟通机制、列席会议机制、问询机制、信息报送机制、调研机制、监督检查机制7个方面，细化具体支撑服务举措14项。其中，向外部董事监事报送信息清单涵盖了基础资料、动态资料和监督检查资料3大类21条，逐条明确资料名称、提供方式、提供时间和提供部门，确保外部董事监事及时掌握履职所需的生产经营信息。

"1个计划"指外部董事调研计划。2022年初，该公司结合外部董事的专业背景和技术特长，围绕本质安全型企业构建、新能源发展与消纳、数字经济发展、绿色供应链构建等重大研究主题为各外部董事量身定制调研计划，推动外部董事深度参与到智库治理和课题研究中来，充分调动外部董事的智力资源。4月，外部董事庞准参加该公司"本质安全型企业建设"课题研究，以其在南方电网超高压公司生产一线数十年的工作经验，为课题项目组"把脉问诊"，提出了具有较强前瞻性和指导性的意见建议。

（三）外部董事激励监督

南方电网公司聚焦激励约束，有效增强了专职外部董事内生动力。坚持发挥考核指挥棒作用，创新考核机制，强化结果运用，激励专职外部董事勇于担当作为。

一是针对性确定考核内容。以"促进忠诚勤勉履职""推动企业价值创造"为目标，从行为操守、专业素养、履职业绩 3 个维度，明确 9 项考核指标，重点考核专职外部董事决策效果、岗位贡献、组织绩效等内容。

二是创新考核评价方式。通过查阅履职材料、列席相关会议、开展民主测评等方式了解专职外部董事日常履职情况。每年召开外部董事向出资人报告专题会议，由公司领导及相关部门对同一任职企业专职外部董事集体履职情况进行评分。将董事会评价结果与专职外部董事个人考核密切关联，董事会评价结果没有得到优秀的外部董事召集人，其个人年度考核结果一般不能评为优秀。

三是强化考核结果应用。从严从实开展专职外部董事综合考核评价工作，按照不超过被考核人数 25% 的比例择优确定优秀人选。对于考核结果为优秀的以适当方式予以表彰和薪酬激励，对考核中发现未忠实勤勉履职的评为基本称职等次，若连续两个年度考核评价结果为基本称职的，将予以解聘，切实推动专职外部董事"能上能下""能多能少"。畅通职业发展通道，根据工作需要，履职优秀、业绩突出的专职外部董事可以交流担任其他领导职务。

┤案例├

贵州电网公司：建立以契约为核心的出资企业外部董事监事考核评价体系

"先试先行"，优化专职外部董事监事考核评价机制。贵州电网公司率先将"契约化"引入专职外部董事监事考核评价中，形成了《贵州电网有限责任公司出资企业外部董事监事考核评价工作方案》，按照"责任明确、任务明确、工作明确"的原则组织专职外部董事监事签订了个人岗位责任书。针对出资企业专职外部董事监事的履职特性，从专业素养、行为操守、董事会监事会成效、履职绩效四个维度对专职外部董事监事进行考评，使评价的依据更充分、得出的结论更准确。

"量体裁衣"，紧扣专职外部董事监事职责定位，搭建业绩考评指标任务体系。鉴于外部董事监事有别于企业党组织领导班子、经理层人员的职责界面和履职方式，贵州电网公司设立了专门的考评指标任务库，合理设计形成了 18 项一级指标和 30 项二级指标。其中，一级指标中评分类指标任务 11 项，分别赋予权重，实行百分制评价；加分类指标任务 4 项，扣分类指标任务 3 项，两者均不占权重，单项封顶加扣分可达 10 分，可量化指标占比超 60%。引入的加扣分项突出体现了董事监事在建言献策、监督问效和风险防控等方面的贡献程度，既充分调动积极性，又适当增加压力，推动外部董事监事更好地履职尽责。

"有权有责"，建立以契约为核心的差异化权责体系。岗位责任书考评指标任务是外部董事监事做事的关注点和发力点，贵州电网公司在指标设置上既体现董事与监事的差异，又体现外部董事召集人、监事会主席与其他外部董事监事的差异。从考评内容到考评权重都进行了差异化设置，涵盖评分项、加分项和扣分项，侧重各有不同，充分考虑其职责差异，实现责任精准到位。

三、规范董事会运行程序

健全董事会结构，建强董事会能力是为董事会发挥"定战略、作决策、防风险"作用奠定的"实体"基础，董事会经营决策主体地位的实现还需要依托合理的程序设定。设定程序的起点为董事会决策事项进行清晰规定，此过程也是"实现个人独断决策向科学民主决策的转变，使企业决策与执行主体从混合型向分离型的转变"的必要步骤。[①]

董事会权力事项从"定战略、作决策、防风险"三个功能维度展开，至少包括：建立健全企业战略规划研究、编制、实施、评估的闭环管理体系；依照法定程序和公司章程决定企业重大经营管理事项，如企业经营计划、重大投融资事项、年度财务预决算、重要改革方案等，并督导经理层高效执行；完善企业风险管理体系、内部控制体系、合规管理体系和违规经营投资责任追究工作体系，有效识别研判、防范化解重大风险。董事会督导经理层高效执行的权责，进一步衍生出董事会对经理层的选人用人权与薪酬分配权，若这两项权力与董事会无关，则经理层易脱离董事会的控制，使董事会对经理层失去有效监督的作用。

南方电网公司结合国资委工作要求，落实子企业董事会职权，着重凸显出如下六项：

（1）中长期发展决策权：一是制订企业五年发展规划。按照《国务院国资委授权放权清单》及公司《发展规划管理办法》规定，各子企业将本企业五年发展规划提交党委研究并报公司审核，按公司审核意见完善发展规划后，由本企

---

① 晓甘.国民共进：宋志平谈混合所有制［M］.北京：企业管理出版社，2014：256.

业董事会审议通过后印发，并报公司备案。二是制订年度投资计划。按照公司《投资管理规定》，各子企业依据公司决策确定的年度投资规模、投资结构和由公司总部决策的重大投资项目计划，分解本企业年度投资计划，经党委研究讨论、董事会审议通过后下达，并报公司备案。三是培育新业务领域。子企业按照公司《投资管理规定》等相关制度及本企业发展规划，聚焦主责主业，积极稳妥发展新业务，打造形成高质量发展的业务梯队。

（2）经理层成员选聘权：落实经理层成员选聘权，坚持党管干部原则，发挥市场机制作用，突出政治标准，注重专业能力、专业精神，选优配强子企业经理层，确保经理层素质高、能力强、作风好、结构优，形成整体合力。子企业董事会决定聘任或者解聘总经理，并根据总经理的提名，决定聘任或者解聘经理层其他成员。

（3）经理层成员业绩考核权：子企业董事会依法行使经理层成员业绩考核权，制定经理层成员经营业绩考核制度，与经理层成员签订年度和任期经营业绩责任书，对经理层成员实施分类考核。子企业按公司制度要求及时将经营业绩考核制度、经理层成员经营业绩考核结果报公司备案。

（4）经理层成员薪酬管理权：子企业董事会依法行使经理层成员薪酬管理权，按照公司薪酬管理的有关要求，编制本层级经理层薪酬兑现方案，制定所属企业负责人薪酬管理相关制度，确定与薪酬相挂钩的业绩考核机制，及时向上级单位反馈考核结果，开展业绩薪酬双对标工作，建立健全约束机制，全面规范经理层成员工资收入分配。子企业应当及时将经理层成员兑现方案、所属企业负责人薪酬管理办法和薪酬管理重大事项报公司备案。

（5）职工工资分配管理权：子企业董事会依法行使工资总额分配管理权，按照国家有关法律和政策，深化企业内部收入分配制度改革，决定职工工资分配事项，合理安排职工年度工资总额预算支出。子企业应及时将工资总额管理制度、工资总额年度预算方案、职工工资分配及其他重大事项报公司备案。

（6）重大财务事项管理权：子企业董事会行使企业对外担保、控制企业负债率和对外捐赠等重大财务事项管理权，确保担保规模总体合理，债务风险管控有力、对外捐赠量力而行。

为提升子企业董事会运作规范性，南方电网公司编制《落实子企业董事会职权工作到位标准》，细化127条工作到位评价标准和76项佐证材料。以落实"中长期发展决策权"为例，分解为融入公司章程、融入治理主体权责清单、融入董事会议事规则、融入相关专业管理制度、制订企业五年发展规划、制订年度投资计划等多项具体工作步骤，确保以公司章程为依托，将"中长期发展决策权"明确到公司治理具体运行规则中，确保工作"可衡量、可考核、可检验、要办事"。

第四节　激活经理层经营管理作用

经理层是企业的执行机构，发挥"谋经营、抓落实、强管理"的经营管理作用，是激发企业内生活力、动力的关键主体，其执行能力的专业化是推动国有企业实现高质量发展的重要动能。当前国有企业经理层改革主要面临的挑战是委托代理关系的淡化和契约化管理的缺失。就委托代理关系而言，由于经理层建立在企业所有权与经营权分离的基础之上，发挥作用的核心特征为"受董事会委托，执行董事会决策"，因而强化委托代理关系的重心在于明确董事会对经理层成员的选聘权、业绩考核权、薪酬管理权等，同时明确董事会向经理层的授权内容，以稳固经理层职权范围与行权能力。就契约化管理而言，其缺位使经理层"能上不能下"，即便经营效果差，也不会直接有薪酬变动、职位退出等风险予以制约，所以不利于经理层经营管理积极性的调动。因此强化契约化管理的重点是引入竞争机制，以"能上能下、能进能出、能增能减"吸引市场中更具专业经营能力的人进入企业，同时推动经理层保有履职热情，尽责履职。

一、扩大经理层授权决策权限

根据我国《公司法（2018）》，经理层职权由法律列举和董事会授权两种方式获得。其中，法律列举式主要体现在《公司法（2018）》第四十九条，该条对经理层权力的规定主要包括四个方面：第一，组织经营权。经理是公司日常业务的执行机构，要负责公司的日常生产经营管理工作。同时，经理作为董事会的执行机构，还要负责执行董事会制定的公司年度经营计划、投资方案以及董事会的其他决议。第二，公司内部规章的拟订、制定权，包括公司内部机构设置方案、公司基本管理制度的拟订权和公司的其他具体规章的制定权。第三，人事任免权。经理可以向董事会提出公司副经理、财务负责人的人选，由董事会决定聘任或者解聘；同时，经理可以直接聘任或者解聘除应由董事会决定聘任或者解聘以外的其他负责管理人员。第四，董事会授予的其他职权。此外，经理作为董事会的执行机构，还可以列席董事会会议。

董事会向经理层授权的制度起点在于，经理层建立在企业所有权与经营权分离的基础之上，其核心特征为经理层受董事会委托，执行董事会决策。[①] 现代企业制度中，企业对经理人的委托是通过董事会来完成的，董事会接受企业所有权人的委托，再代表企业聘用经理人，这个环节中，董事会作为委托人，通过聘任合同将经理人确定为受托人。因此，根据企业经营决策的实际需要，为了激发经理层动能，将董事会职权落到实处，董事会可以将法律、行政法规以及公司章程所赋予的部分职权委托于经理层。南方电网公司根据企业战略发展、经营管理状况、业务负荷程度及风险控制能力等因素，梳理了 18 项董事会向经理层授权事项，主要包括：一定金额内的投资、捐赠、资产处置、采购权，各部门及分子公司绩效考核，子公司利润分配方案和弥补亏损方案，除委托贷款外的资金运作业务等。

需要注意的是，"授权"不等于"放权"，"授权"是将本属于董事会的权力委托给经理层，行权责任依然归属于董事会。董事会应当本着"防风险"的原则，坚持如下原则，强化授权事项的事前、事中和事后管理，以保证职权合理授出、合理使用、合理监控。一是建立授权负面清单。董事会行使的法定职权、需提请股东会或者国资委决定的事项等不可授权，主要包括《公司法（2018）》第四十六条规定的 11 项职权，即决定公司的风险管理体系、内部控制体系、法律合规体系，决定公司内部审计机构的负责人，依法批准年度审计计划和重要审计报告等权力。二是明确"授权不前置，前置不授权"，授权决策事项，公司党委（党组）一般不作前置研究讨论。授权对象应当按照"三重一大"决策制度有关规定进行集体研究讨论，不得以个人或者个别征求意见等方式作出决策。三是强化授权后的监督管理，董事会应当定期跟踪掌握授权事项的决策、执行情况，适时组织开展授权事项专题监督检查，对行权效果予以评估。根据授权对象的行权情况，结合公司经营管理实际、风险控制能力、内外部环境变化及相关政策调整等条件，对授权事项实施动态管理，变更授权范围、标准和要求，确保授权合理、可控、高效。

---

① 王敏. 在国企建立职业经理人制度的思考：从身份到契约［J］. 现代管理科学，2017（10）：39-41，96.

┤案例├

广东电网公司：创新提出"法定事项不授权、实质性事项可授权、程序性事项全授权"

"法定事项不授权"：《公司法（2018）》中明确的股东会及董事会法定事项、董事会授权管理制度负面清单事项和广东电网公司依托股东权利及外部董事管控事项，坚决不授权，共35项，包括：公司基本制度的制定（不含党的建设类、纪检监督类）；公司及各级分子公司重大投资项目、重大资产处置、国有产权处置事项；公司内设机构的设立、撤销；等等。"实质性事项可授权"：与法定事项密切关联的实质性事项，授权予董事长，共12项，包括：公司基本制度的部分修订；公司内设机构调整；等等。"程序性事项全授权"：其他流程性强、实操性强或价值判断依赖度小的程序性事项，授权予总经理，共8项，包括：子公司章程的制定和重大修订等部分股东权利事项；决定聘用或解聘负责公司财务会计报告、审计业务的会计师事务所及其报酬；分子公司经营业绩考核事项；等等。

二、加强经理层成员契约化管理

以委托代理关系来规范经理层与企业之间的关系，首要任务是在二者之间设立良性互动、激励相容的市场化契约机制，以契约来激励、约束经理层的行为，防止以往经营效率僵化、内部人控制突出等问题再度成为国有企业共性的、系统性的问题。南方电网公司审视国有企业对经理层的传统考核方式，认为"以经营班子整体为考核对象"，尚未有效区分经理层个人努力和贡献，与经理层契约化、市场化思路不相融合，故梳理出"有岗位就有职责，有职责就有契约，有契约就有考核"的整体思路。该思路着重于实现从组织考核到个人考核的转变，实现组织目标向个人目标的传递和分解，保证每个岗位的职责都与企业运营实效相结合，将契约化管理落实至每一位经理层成员的身上，着力消除经理层成员"浑水摸鱼"的"搭便车"现象。

契约化意味着经理层成员"能进能出"，刚性的退出机制利于经理层成员在企业内部和人才市场上自由流动，其一方面可以对经理层产生压力，推动其将压力转换为工作动力；另一方面也可以让企业在面对经理层流动性较强的问题时，有较好的风险规避预案。因此，设计合理的退出标准、退出程序与退出路径是推动经理层勤勉履职的必然要求[1]。

① 韩书臣，张学斌. 国有企业推行职业经理人制度的实操经验总结与思考［J］. 中国人事科学，2021（5）：40-49.

（一）契约化选聘

1. 统一任期

在制度、方案、契约中均统一任期，让每位经理层成员清楚自己在岗位上"干多久"。《"双百企业"推行职业经理人制度操作指引》中的指导性条款为"职业经理人聘任期限由董事会决定，原则上不超过三年，可以根据实际情况适当延长。董事会可以依法对职业经理人设置试用期"。南方电网公司为提升内部选人用人的透明度，减少权力寻租空间，明确经理层成员的任期期限一般为三年，从任职或其董事会聘任之日起算，与本单位董事会的任期保持一致，不得随意延长。同时，任期期满，满足续聘条件的，应重新履行聘任程序；未能续聘的，自然免职。

2. "N+X"岗位说明书

打破以往经理层成员岗位说明书高度重叠，甚至一致的现象，采用"N+X"方式，"一岗一表"制定岗位说明书，清晰界定岗位信息、岗位职责、任职资格、工作关系等，让每位经理层成员清楚自己要"干什么"。其中，"N"为同层级岗位一致性要求，"X"为差异性要求。

以某电网公司副总为例，"N"要求该层级经理层成员的教育背景为电力等工程专业、财会等经济管理专业、企业管理等相关专业，具备大学本科以上学历；岗位胜任能力为精通行政管理相关专业知识，掌握供电企业运营管理知识，熟悉依法经营和电力法律法规相关知识。但具体至"X"，该层级的不同岗位则出现差异化要求，如分管安全的副总职责包括协助总经理抓好客户平均停电时间、强迫停运率等指标，履行安全生产直接责任人职责；分管科技创新的副总职责突出研发投入、创造发明专利等。

3. 分公司签约"提级管控"

一般而言，经理层由董事会负责选聘，办理聘任手续。但分公司不是独立的企业法人，不设"董事会"，原属于董事会的职能分解给股东或经理层。因此，分公司中经理层的选聘主体应当为谁，需要进一步明确。南方电网公司推行"提级管控"，由上级单位授权相关代表与分公司经理层签约，有效避免经理层"既当裁判员，又当运动员"。如在某超高压输电公司，授权党委副书记与下级单位的经理层成员签订《岗位聘任协议》和《经营业绩责任书》。

（二）差异化考核

年度考核与任期考核虽均为周期较长的考核，但其考核重点与内容应当有所差异，不能将任期考核视为年度考核的简单相加。南方电网公司在对年度考核指标、任期考核指标进行区分时，明确任期考核侧重"打基础、利长远"，年度考核侧重"补短板、抓当前"，再结合单位特点进行差异化指标匹配。

第一步，依据"任期考核侧重长远，年度考核当前"的原则，分别设定任期考核、年度考核的通用指标。《中国南方电网有限责任公司所属子公司职业经理人管理办法（2022年版）》中作出如下区分：①年度经营业绩考核内容及指标可包括但不限于：净利润、经济增加值或净资产收益率、资产负债率等关键经营业绩指标以及重点任务完成情况等。②任期经营业绩考核内容及指标可包括但不限于：资本保值增值率、人均利润指标、营业收入增长率或总资产周转率等相关指标，企业市场地位提升情况、经营团队建设情况以及技术、人才、文化等软实力的积累情况等。

第二步，结合单位特点进行差异化指标匹配。根据不同分子公司的功能定位、行业特点和发展阶段，引入平衡记分卡理念，从质量效益、内部运营、客户服务、创新驱动四个维度，"一企一策"设置单位经营业绩指标。如，针对供电企业，考核电网运营、客户服务、创新驱动指标以及服务国家战略等重点任务，引导其不断提升服务保障和运营效率能力；针对市场竞争企业，以增强国有资本活力、提升资本回报水平为目标，考核经济效益、资本运营效率等指标，引导其提升价值创造能力；针对科研型企业，聚焦关键核心技术攻关和科技成果转化，考核攻关任务和科技成果转化应用等指标，引导其提升科技创新能力。

（三）刚性退出

南方电网公司针对以往部分单位在经理层退出方面随意性较强、程序不规范、退出理由不充分，没有遵循企业发展规律和干部成长规律等问题，明确退出条款、严格契约管理、拓宽退出渠道、规范退出流程，明确经理层成员一旦触及"退出红线"，没有缓冲也不加"豁免"条件，执行"实质退出"，实现由"要我干"到"我要干"转变。

1. 明确退出条款

在"制度有支撑、契约有保障、经理层认可"的前提下，南方电网公司以"军令状"标准约定经理层成员退出条款。在《职业经理人聘任合同（范本）》中约定，除了《公司法（2018）》《劳动合同法》中所明确的法定原因外，若存在如下原因，公司有权依公司董事会决议，解除聘任合同：①年度经营业绩考核低于70分（或主要指标完成率低于70%）；②连续两年年度经营业绩考核结果为不合格或任期经营业绩考核结果为不合格；③经年度和任期综合考核评价认定不胜任或不适宜继续任职；④对违规经营投资造成国有资产损失负有责任；⑤任期期满未能续聘。

不少分子公司在总部《职业经理人聘任合同（范本）》的基础上，结合单位业务，进行了规则具象化解读。如某电网公司在集团规定动作的基础上，引入"双排名、双末位"机制：同专业对标——对不同供电局同一专业经理层成员进行横向比较，明确排名情况；同层级对标——对同一供电局经理层成员之间进行横向比较，明确排名情况。如果某经理层成员两项排名都在末位，表明该成员对所在单位组织绩效贡献度相对较低，在分管领域专业管理能力较弱，按照合同约定，将被列入退出序列。

2. 严格契约管理

如果契约总是可以依据补充协议进行调整，契约本身的严肃性和权威性会大打折扣，其所约定的退出条款给予经理层成员的监督与鞭策作用会明显下降，甚至会促使业绩不达标的经理层成员通过非正当途径达成不退出目的，引发更多内部人控制现象。因此，为增加退出条款的刚性，南方电网公司明确规定除了经理层成员分工调整、上级下达经营业绩指标调整，以及企业生产经营情况发生重大变化这三种情形外，相关契约一经签订不再做修改和调整，以从制度层面减少因契约随意更改带来的"豁免空间"，保证契约的严肃性和权威性。

3. 拓宽退出渠道

经理层成员的退出包括多种情形，总体上，可以区分为：主动退出、自然退出和被动退出。主动退出主要为聘期未满主动离职，经理层成员因不满现状，追求更好的职业发展，可能会选择主动退出。经理层成员因个人原因辞职的，应依据《劳动合同法》和签订的聘任合同有关条款，提前30日向任职企业董事会递交书面辞职报告。自然退出主要包括任期期满未能续聘而自然退出和达到法定退休年龄自然退出两种。被动退出则指经理层成员因末等调整需要退出当前工作岗位的情形。针对被动退出，南方电网公司设置了调离岗位、改任同职级职员、免职（暂时不安排职务的，灵活安排临时性、专项性工作）、降职（级）四种渠道。

4. 规范退出流程

《关于在深化国有企业改革中坚持党的领导加强党的建设的若干意见》提出有序推进董事会选聘经理层成员工作，上级党组织及其组织部门、国有资产监管机构党委应当在董事会选聘经理层成员工作中发挥确定标准、规范程序、参与考察、推荐人选等作用。因此，在经理层成员退出流程中，也应充分发挥国有企业党组织的作用，坚持党管人才的原则。

在"党管人才"的基础上，设计经理层成员的退出流程时，还应当坚持以下三项原则：第一，坚持契约化管理，在双方签订的聘用合同中明确约定责任与义务，约定解聘条件与流程；第二，坚持公开、公平、公正的原则，切不可将经理层成员辞退视为"尴尬"问题而作隐秘化处理，公开、透明的退出流程才能真正维护退出规则的稳定性与公平性，减少暗箱操作的可能；第三，操作上采取人性化和柔性化的原则，在退出前与经理层成员进行充分有效的沟通，尤其是因为绩效考核不合格或企业因素等原因被动退出的经理层成员，保证经理层成员从心理上接受，采取合理的补偿措施，尽可能地减少经理层成员的退出对国有企业的生产经营和声誉产生的负面影响。[1]

案例

广西电网公司：以"三个突出"推动经理层成员任期制和契约化管理落地见效

一是突出"契约签订的规范化和高标准"，推动经理层知责明责。统一按照"下属公司党委书记兼副总经理、党委副书记兼总经理、党委书记兼总经理的，由上级单位分管领导签订任职协议"的模式高标准组织分子公司经理层成员签订契约，以"一人一岗签订岗位聘任协议、一人一表设置经营业绩指标"织密建强契约管理责任网，实现各级经理层成员全覆盖，切实让每位经理层成员明白"能干多久""要干什么""干好干坏不一样"。

二是突出"契约目标的差异化和挑战性"，推动经理层履责尽责。科学合理设置任期和年度考核指标的基本值、满分值、挑战值，创新引入公司董事会对经理层提出的"创一流"等工作要求，差异化设定经营业绩考核个性化指标；分年度经营业绩、重点任务、红线事件三个维度实施考核，根据经理层成员的岗位职责和工作分工差异化设定经营业绩考核指标，鼓励经理层主动"摸高"，挑战历史最好水平，以更加强劲的活力动能推动企业高质量发展。

三是突出"考核奖惩刚性执行和兑现"，推动经理层担责负责。坚持考核结果运用与领导班子和领导人员综合考核评价、薪酬待遇及能上能下"三个结合"，明确经理层退出的具体情形，设置明确的退出"底线"，着力打破经理层

的"铁交椅"。创新引入"双排名、双末位"机制（既在同单位经理层成员之间排名，又在不同单位分管同专业的经理层成员之间排名，两项排名都在末位的经理层成员将被列入退出序列），进一步丰富经理层成员的退出情形。

第五节　畅通治理主体权责衔接路径

企业内部存在包括党委会、股东会、董事会、监事会及经理层等多样化的治理主体，这些治理主体定位不同，利益需求不同，并不能自发地保持以利于企业战略发展的方式行动。因此，需要公司治理协同制度促使各主体相互协调、配合、相互促进，保持有序运行，以维护公司治理的稳定性与成长性。[①] 治理主体相互协调的起点在于各主体之间权责明确，在此基础上再进一步构建相互衔接的有序路径。前面四节对于各治理主体处于怎样的角色地位、承担怎样的权责进行了论述，所以本节着重论述南方电网公司如何将各治理主体的权责以更为具象化的制度予以呈现，为各治理主体行权提供简明、可视的程序指引，最大程度上减少制度文本的复杂性带来的理解成本，提高企业运行效率。

一、"一张清单"统筹治理主体权责边界

清单式治理不论在公共治理领域还是企业管理领域都有着广泛应用，其基本做法是采用清单形式将复杂事务逐项列出，使之简单化、可视化，以便有条理、系统化地解决问题。[②] 在大型集团内部构建权责清单，是打破规则抽象化的"杀手锏"，利于规范化公司内部权力运行，减少权力寻租空间。

权责清单的制定前提是细化权力所涉及的具体行权事项，并将具体事项与行权主体进行细化对应。以"出资企业（含全资、控股和参股）章程管理"事项为例，章程管理在实际运行中可以分解为章程制定与章程修订，章程修订又包括重大事项修订与常规性事项修订，那么"章程修订"这一事项在权责清单中应当被分解为：章程制定、章程重大事项修订、章程常规性事项修订，其中"常规性事项"界定为"因法律法规变更、上级主管部门明确要求而需修订的事项，以及公司名称、注册地址、注册资本、经营范围等常规事项"，针对这三项具体事项，应在权责清单中列明对应的行权路径，保障分子企业在遇到该类事件时，能高效且合规地对应到适当的行权路径。

---

① 张浩，崔丽，侯汉坡. 基于协同学的企业战略协同机制的理论内涵 [J]. 北京工商大学学报（社会科学版），2011，26（1）：69-75.

② 李珍刚，古桂琴. 清单式治理在中国公共领域的兴起与发展 [J]. 江西社会科学，2020，40（8）：182-191，256.

权责清单的制定过程应当坚持"简单、可测、高效"三大原则，简单是指清单本身简明易懂，便于执行者学习与掌握；可测是指执行效果可以被测量，例如依据清单执行决策的步骤或耗时缩减了多少，或者避免了某种违规风险；高效是指基于清单中权力分配科学化，逻辑体系完整化，执行者们可以依据清单直接定位自己的职责，减少反复沟通确认带来的冗余，提升效率。① "权责清单"的出发点是将抽象制度具象化、可视化，便于应用识别。当前清单式管理在社会层面的应用中不断精细化与复杂化，清单式管理内卷化现象日益明显，如公共服务领域的"最多跑一次清单"，陕西省西安市有 525 项，② 浙江省台州市有 2 491 项，③ 浙江省宁波市有 4 850 项；④ 再如各地在贯彻国务院《关于打赢脱贫攻坚战的决定》时所形成的"多联单"式（多张清单共同发布）清单实施方式，从最初的二联单或三联单，逐渐发展为"七联单""八联单"，甚至"十联单"。⑤ 不仅这些清单本身内含事项数量上涨，而且为实现同一目的而设的并列清单也在增加，清单呈现出了横向到边、纵向到底的系统性扩散，愈发细密。⑥ 如此内卷式发展以积极视角来看是在促进清单式管理的成熟化，但在应用层面也带来两方面的弊端：一是过分精细的分类会降低主体灵活性，尤其在企业日常经营中，日常事务、琐碎事项繁多，很多事项对于企业发展可谓无关紧要，若在该等层面上设置太细的行权规则，执行主体在日常事务中凡事都要先查询清单规则，无疑会降低日常事务处理效率；二是多种权责清单同时实施会增加执行者的选择负担，"多联单"需要上位规则进行整体调配，防止权责重叠与混乱，但即使发布层面做到了逻辑一致、权责清晰，执行层在面对多项清单时，也会因为清单之间勾合联结复杂而难以高效地作出反应，更何况事实上上位规则常常缺位，清单事项往

---

① 图·葛文德. 清单革命［M］. 王佳艺，译. 杭州：浙江人民出版社，2012：97.

② 西安市公布首批 525 项市级部门"最多跑一次"事项清单［EB/OL］. （2017-03-16）. http：// www.cnr.cn/sxpd/sx/20170316/t20170316_523660808.shtml.

③ 浙江推进"最多跑一次"改革，台州率先公布 2 491 项清单［EB/OL］. （2017-02-10）. https：// m.thepaper.cn/newsDetail_forward_1616135.

④ 宁波公布 4 850 项"最多跑一次"事项［N/OL］. （2017-02-27）. http：//www.gov.cn/xinwen/ 2017/02/27/content_5171261.htm.

⑤ "七联单"，如甘肃省的权力清单、责任清单、便民服务事项清单、公共服务事项清单、行政审批中介服务事项清单、财政专项资金管理清单和扶贫清单；"八联单"，如福建省"1+7"清单，"1"即行政许可事项清单，"7"即行政权力清单、责任清单、公共服务事项清单、前置审批事项清单、行政审批中介服务事项清单、收费目录清单和市场准入负面清单；"十联单"，如江西省，包括行政权力清单、部门责任清单、公共服务事项清单、市场准入负面清单、行政事业性收费清单、行政审批中介服务事项清单、抽检事项清单、"一次不跑"政务服务事项清单、"只跑一次"政务服务事项清单、省本级取消调整证明事项清单。

⑥ 朱国伟. 清单式管理：模式化的趋向与内卷化的破除［J］. 领导科学论坛，2019（3）：38-51.

往错乱或互相倾轧。

　　南方电网公司遵循权责清单制定的"简单、可测、高效"三大原则开展权责清单制定，避免清单过多并列、清单事项过于细密，依据公司章程等治理制度，形成《南方电网公司治理主体权责清单》（见表4-6）、《南方电网公司法人层级权责清单》。其中，《南方电网公司治理主体权责清单》以治理主体类别为区分，将《"三重一大"清单》《股东会权责清单及授权清单》《党组权责清单》《董事会权责清单及授权清单》《经理层权单清单》等五表合一，实现"一表在手、一目了然"。该主体权责清单纵向覆盖13个业务领域、32个一级业务和145个权责事项，横向集成"三重一大"编号、治理主体、行权方式和行权路径、法律文件依据等核心要素，为行权主体快速简明定位行权路径提供直观参考，提升主体间协同决策的效率。

表4-6 南方电网公司治理主体权责清单（2022年版）（示例）

序号	业务领域	一级业务	具体权责事项	是否属于三重一大事项	"三重一大"编号	是否需经法律审核	行权主体及方式								行权路径				依据	
							经理层	董事会				监事	股东会	民主程序（职工代表大会）	依托股东权利管控事项	依托外部董事管控事项	依托总部职能管控事项	承办部门	外部法规文件	内部制度文件
							党组	授权总经理（总经理办公会）	授权董事长（董事长专题会）	咨询程序（董事会专委会）	董事会									
一、总部事项100项																				
—	党的建设	政治建设	需要向党中央或上级党组织请示报告的重要事项	是	D01	否	决定	—	—	—	—	—	—	—	—	—	—	办公室	《中国共产党重大事项请示报告条例》第12、13条	—

资料来源：南方电网公司提供。

二、"一套规则"明晰治理主体议事机制

"公司意思"是公司具备独立法人人格的重要条件之一，公司意思的形成依赖于公司治理主体"决议"行为。"决议"行为表面上似乎为各治理主体在自己权责范围内对相应的事项进行决策，实际上经常需要多个治理主体相互配合与协调。以"出资企业（含全资、控股和参股）章程的重大修订"为例，该事项属于董事会权责范围，但是在实际审批运行时，需经过"子公司外部董事召集人应召集外部董事对议案进行集体研究、充分酝酿，提出意见建议—董事会工作部门将议案（草案）及外部董事意见建议报送总部股东行权归口管理部门—股东行权归口管理部门收到子公司提交的议案后，应做好记录，并明确议案牵头部门和办理时限—总部股东行权归口管理部门应当依据总部治理主体权责清单及法人层级权责清单中的行权主体及方式确定议案在总部的决策程序，并履行决策程序"等一系列具体流转，明晰该过程是促进治理主体间相互协调、完善公司治理协同机制、促进公司运营规范化的必要措施。

因此，围绕公司决议行为成立及有效，梳理出明晰易执行的议事机制，利于促进公司治理主体的协同性，利于保障公司决议的有效性，提升公司决议的效率。如第四章第二节股东会决议程序中所列举的案例，若存在决议内容违反行政法、内容违反公司章程、程序违反公司法及公司章程、无证据证明实际召开会议等情形，可能导致决议不成立、撤回及无效。因而为了以更加明晰、确定的机制来保障决议内容与程序的合规性，南方电网公司梳理出包括《党组议事规则》《股东会议事规则》《董事会议事规则》《董事长专题会议规则》《总经理办公会议事规则》等在内的一套议事机制。

从理论视角细化分解公司决议的形成，可以为公司议事规则的设计提供逻辑支撑。公司决议的形成需要经过三个层次：第一层次为公司成员（股东、董事等）个体意思的形成，公司成员按照《公司法》和章程规定的议事方法，通过商谈、讨论或辩论，各自对决议事项产生赞成、反对或弃权的意思；第二层次为公司主体集体意思的形成，个体的意思在《公司法》和章程规定的表决规则加总下形成集体意思，这一集体意思往往是多数意思，如《公司法》中所规定某些事项决议形成需要过半数同意；第三层次为公司意思的形成，即符合《公司法》和章程所搭建之议事方法与权力构造的多数意思被认可为公司的意思，从而约束公司与公司中的各群体，并作为公司代表机关对外法律交往的依据。[1] 依据

---

① 周淳. 组织法视阈中的公司决议及其法律适用［J］. 中国法学，2019（6）：139-160.

这三个层次，南方电网公司"议事机制"作了相应的机制回应，为降低决议在前两个层次中已完成的召集成员、形成多数决等耗费资源的过程被否定的风险，"议事机制"将对"第三层次"所需内容及程序合法性的审核置于"第一层次"之前。如《董事会议事规则》，对"拟提交董事会审议的议题"，涉及法律审查或须出具法律意见的，应将建议方案及相关材料在报公司董事会工作部门之前，提前 N 个工作日送法律部门审查。同时，为规范集体意思形成的记录，防止"无证据证明实际召开会议"等风险，南方电网公司制定了多项会议形成过程记录性模板，如《××公司××××年关于××事项意见建议汇总表》《××公司股东决定》等。

三、"一个系统"提升治理主体履职效率

公司治理事务工作需要公司各类治理主体协同完成。此前，南方电网公司治理业务缺乏数字化系统支撑，大部分业务依靠传统手工模式来进行协同流转，不仅需要消耗大量时间成本、人力成本用于业务沟通与衔接，也容易造成治理文件修编内容及版本的差异，使得治理事项在传递时的信息不对称逐步加重。构建公司治理应用数字化系统，将利于支撑辅助领导层决策，减少各主体工作量，提高公司治理业务的事务处理效率。因此，《南方电网公司"十四五"法治建设规划》中明确"推动公司治理管理工作由传统向数字化转型，并通过引入公司治理系统的数智化应用，全面提升公司治理管理水平"。

值得注意的是，国资委《〔2023〕国企改革数智化工程工作方案（征求意见稿）》中也强调了以数字化赋能公司治理的重要方向，其提出"以数字化固化重点改革任务成果。推动公司治理、外部董事管理、经理层成员任期制和契约化管理、三项制度改革、中长期激励等机制类改革任务成果在相关业务系统实现数字化固化。公司治理方面，应支持议题议案根据决策事项清单实现在线管理功能，确保流程合规。外部董事管理方面，应支持外部董事履职支撑、信息共享、考核评价等功能"。

南方电网公司回应自身治理需求，契合国资委关于数字化赋能公司治理的指引，以"支撑保障公司加快向数字电网运营商、能源产业价值链整合商、能源生态系统服务商转型，推动公司格局向引领行业法治、推动法治社会建设升级，法治业务向标准化、数字化、集约化升级"为系统建设目标，正在构建并不断完善公司治理应用系统。当前，"南方电网公司治理应用系统"结合应用信息化技术和智能化手段，将公司治理相关管理办法与制度转化为切实有效的数字系统管理

工具。该系统覆盖和细化公司治理管理业务流程的各个环节，主要功能模块构建如下：①董事会建设与运行监控管理功能：董事会建设与运行情况数字化管理、董事会运行（议案）数字化管理与监控、议案适用清单数据库管理等。②治理文件管理功能：治理文件智能检索、智能修编、智能稽查、智能预警管理。③外部董事监事履职管理功能：外部董事监事履职相关的表单、信息导入，履职任务清单在线管理，履职信息（具体参考履职信息表）在线录入、查询、更新维护，履职任务在线监控（如管控履职时间、调研任务、提出意见或建议），履职在线评价管理等。④治理数据监控管理功能：公司治理基础信息数据管理与关键指标监控，各出资企业治理基础信息数据可视化管理（如看板管理、柱状图展示），治理主体建设与运行关键指标在线监控，即数据与指标可查询、可抓取、可分析、可预警。⑤公司治理知识库管理功能：将公司治理成果，如治理文件汇编、示范企业典型案例、公司治理管理研究成果、宣传报道文件、培训课件，分类整理入库动态管理，建成网级专业领域知识库平台。

有赖于南方电网公司治理应用系统，治理主体决策事项全部通过系统流转，会议流转有记录、可追溯、易监督。决策过程中权责清单智能检索，一键查询，随时随地，想查就查。纸质文本转化为智能系统中的电子文本，大幅缩减信息周转的人力成本、信息核实的时间成本，提升了公司治理运作效率。（见图4-1）

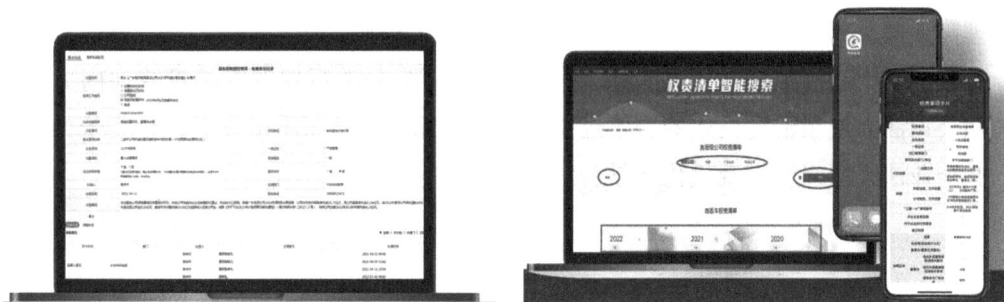

图4-1 南方电网公司电网管理平台（公司治理应用）界面

资料来源：南方电网公司提供。

第五章

规范南方电网公司法人层级治理

　　配置、开发、保护、适用和整合资源的能力是企业竞争优势的深层次来源，是企业成长为世界一流企业的成功基因①。国有企业集团治理应当注重集团公司在资源配置能力与信息控制能力等方面的突出优势，通过现代公司治理制度的构建来突出集团管控下的规模经济效益、专业化协同效益，控制经营风险，提升集团整体的竞争力。② 南方电网公司拥有 700 余家分子公司，整体竞争力的提升离不开集团整体资源调配与管控。优化法人层级治理模式，是推动南方电网公司实现"成为具有全球竞争力的世界一流企业"战略目标的必由之路。

　　南方电网公司作为大型商业二类国有集团，经济属性与政治属性并重，如何将传统"行政型治理"与管资本路径下"经济型治理"协调好，是法人层级治理需要解决的突出问题之一。南方电网公司结合战略定位、分子企业发展特点，探索出了因企施策精准授权、"管理型+治理型"分类行权的管控模式。南方电网公司法人层级治理模式的探索经验不仅利于助推本身高质量发展，也利于为国有企业法人层级治理现代化贡献智慧。

第一节　以法人层级治理凝聚集团力量

一、确定法人层级治理功能定位

　　法人层级治理，是指作为管理主体的母公司，为了实现集团战略、目标，通

---

① 黄速建，肖红军，王欣. 论国有企业高质量发展 [J]. 中国工业经济，2018 (10)：19-41.
② 黄辉. 国企改革背景下母子公司债务责任问题的规制逻辑和进路 [J]. 中外法学，2017 (6)：1526-1545；武常岐，钱婷. 集团控制与国有企业治理 [J]. 经济研究，2011，46 (6)：93-104.

过一系列制度来分配、管理及控制母子公司之间权力与责任的过程。以法人层级治理视角观察南方电网公司集团，其呈现出如下几点突出特征：第一，金字塔式架构，组织结构呈现多法人性与多层次性。总公司通过股权架构设计，衍生出700余家子、孙企业，共同为实现南方电网公司总的战略目标服务。多法人性与多层次性下，子、孙企业的性质也在行业类别、产权关系、发展阶段等多个视角呈现出异质性。第二，企业间存在内在的、紧密的经济技术关系，且常需要协调行动。如南网财务公司的主业是为南方电网公司及其成员单位提供金融服务，南网科研院主要发展目的在于在经济、技术应用、学术品牌、社会等方面支撑南方电网公司主营和新兴业务价值创造。第三，以"资本"链接为纽带。集团对子、孙企业的实质控股比例是对子、孙企业可实施的管控力度大小的基础因素，如果集团对某企业仅为参股股东，并不具有实质控制权，则集团一般围绕投资回报或稳定协作关系参与公司治理，在该类企业中的行权自然不能复制在全资子企业或控股子企业中的模式中。第四，具有传统电力行业行政性管控的管理惯性。南方电网公司所处的能源电力行业，关乎国计民生安全，原采用"管人管事管资产"的管理模式自上而下地统一管控下属企业，以保障服务民生、服务国家经济安全的具体措施执行到位。因此，在国有企业深化改革的新阶段，在以"管资本"为主转变管理理念的背景下，管控转型为"行政性管控的管理惯性"所掣肘。

南方电网公司法人层级治理应当与整体战略目标相一致，"战略定位决定战略内容、战略内容决定组织结构、组织结构决定企业运行效率"[1]，法人层级治理本质在于服务企业战略定位，以科学化组织管控模式实现企业战略目标。

南方电网公司发展战略纲要在深入分析了公司内外部环境的深刻变化后，认为在新发展阶段应当以习近平新时代中国特色社会主义思想为指导，以推动高质量发展为主题，以深化供给侧结构性改革为主线，以满足人民美好生活的多样化、多层次、高质量用能用电需求为目的，树立"成为具有全球竞争力的世界一流企业"的战略目标。配合战略目标，南方电网公司确立了"以集约化提高资源配置效率，以专业化提升发展质量，以数字化赋能转型升级，以市场化激发活力动力，以国际化增强全球竞争力，协调推动公司高质量发展"的战略路径，将总部公司定位于"五中心"——战略决策中心、资源配置中心、资本运作中心、监督控制中心、调度指挥中心，主要承担"战略、评价、激励、监督、服务"等职能，同时实施"七统一"管控策略，统一战略管理、要素配置、人财政策、

---

① 黄群慧，余菁. 新时代的新思路：国有企业分类改革与治理［J］. 中国工业经济，2013（11）：5-17.

标准体系、监督控制、信息平台和企业文化管理。

在南方电网公司发展战略纲要所规划的战略框架中，法人层级治理视角战略目标如下：以集约化、专业化、数字化、市场化、国际化为导向，坚持总部"五中心"定位和"七统一"管控策略，提升公司现代化治理，推进公司高质量发展。同时，结合南方电网公司法人层级治理整体特征呈现的治理需求，在法人层级治理具体落实层面，应注重"三项协调"：协调多法人性与多层次性下凸显的子、孙企业异质性；协调好集团内部企业间的合作；在以"资本"链接为纽带和"管资本"为主的新治理理念下，协调南方电网公司作为商业二类国有企业兼具的经济属性与政治属性。

二、明晰法人层级治理精准授权原则

建立符合南方电网公司特质的法人层级治理模式，也即建立符合法人层级治理战略定位、符合南方电网公司特征的企业集团治理模式。根据前文的分析，需依次讨论三个问题：一是结合国家相关政策南方电网公司法人层级治理模式应当遵循的原则；二是在基本原则的指引下，总部"五中心"定位和"七统一"管控策略是否意味着总部管控可扩大至全部事项，管控边界应当如何确定；三是"三项协调"的管控需求可以在怎样的路径下予以满足。

首先，关于结合国家相关政策南方电网公司法人层级治理模式应当遵循的原则，2019年《国务院关于印发改革国有资本授权经营体制方案的通知》中明确指出"优化集团管控，确保各项授权放权接得住、行得稳"；2019年，国务院印发《改革国有资本授权经营体制方案》中确立了四项授权放权的原则：坚持党的领导、坚持政企分开政资分开、坚持权责明晰分类授权、坚持放管结合完善机制；2022年3月，国务院国企改革领导小组办公室召开的完善公司治理机制、提升运转质量效能专题推进会中，对于集团公司对子企业要合理授权放权提出要主动向治理型管控转变，要因企施策授权放权，为子企业公司治理运作决策留足空间。综合以上政策指引，南方电网公司进行法人层级治理改革时，重点围绕如何有效落实"三坚持三结合"：①坚持加强党的领导和完善公司治理相结合。全面落实习近平总书记关于两个"一以贯之"的重要指示要求，将党的领导融入公司治理各环节。②坚持因企施策授权放权，为子企业公司治理运作决策留足空间。尊重出资企业实际情况，落实子企业董事会职权，充分授权经理层日常经营事项，做到"该放的放权到位"。同时考虑企业实际情况，"一企一策"优化管控事项。③坚持激发活力和加强监督相结合。对于市场化程度高、治理机制成熟、行权能力强的企业，应"能放尽放"，全面激发企业活力，实现授权放得下，但不能"一放了之"，必须加强监督，推动授权接得住、行得稳。

其次，坚持总部"五中心"定位和"七统一"管控策略是否意味着总部管控可扩大至全部事项，管控边界应当如何确定。法人层级治理中，母公司与子公司之间的权利配置，一个极端是子公司仅为管理需求或者基于长期发展的考虑，其董事会在治理中没有任何实权；另一个极端是子公司有着很强的自主决策权，母公司像一个距离遥远的外部股东。在这两个极端之间，法人层级治理有着多种治理模式可供选择。[①] 依据集团发展目的、子公司战略位置等的不同，母公司对子公司的控制方式可以分为：直接控制、间接控制和混合控制三种。[②] 将总部管控范围扩大至全部事项，则相当于采用"直接控制"模式，以"下级服从上级"为核心逻辑，子公司决策需要层层报批。在这种管控模式下，子公司独立性遭遇诘难，集团发展可能陷入"刺穿公司面纱"的巨大系统性风险，如海航集团321家公司合并重整案，虽然321家公司各自登记为独立的法人主体，但均受海航集团实际控制（"海航集团—事业部/产业集团—单体公司"三层管理结构），在行政管理、财务管理、人员管理、经营管理等方面无独立性，缺乏财务管理权和决策权，资产、资金被统一调配，无法自主决定签订合同、对外担保等事项，由此，海南省高级人民法院认定海航集团等321家公司在财务、业务、人员、管理等方面均存在混同事实，实施合并重整。诚然，采用何种企业管控模式，一定程度上都是企业自治行为，但出于企业经营管理风险管控需要，尊重子公司独立性才能避免连带责任引发的巨大系统性风险，才能保障公司具有持续创造价值的能力。在南方电网公司法人层级治理中，应当结合市场化需求，以遵循公司法为根本，规划对子企业的授权与放权，为参与市场竞争的子企业公司治理运作决策留足空间，提升南方电网公司的核心竞争力。

---

① 李维安. 公司治理学［M］. 4 版. 北京：高等教育出版社，2020：258.
② 直接控制模式中，母公司对子公司财务、人事和经营活动进行全面控制，子公司董事会成员均为来自母公司的执行董事，母公司董事会直接提名子公司高管层，母公司职能部门对子公司相关职能实施控制和管理。间接控制模式中，母公司的控制力则仅在董事会这一层次体现出来，且来自母公司的董事均为非执行董事，母公司通过取得子公司董事会的人数优势或表决优势而获得对子公司的控制权，在子公司重大经营活动及管理层的聘用上起到控制作用。混合控制模式中，母公司为子公司管理人员配置股权，子公司管理人员进入股东会及董事会等决策机构，母公司与子公司的管理人员在经营决策及子公司的经营总目标制定方面共同研究决策。此外，学界还有着多种分类理论，如：Williamson（1984）着眼于母子公司间的结构关系，分为单一型、控股公司型、多部门型、过渡多部门型、集权化多部门型及混合型。Goold（1994）依据母公司对子公司管控的紧密程度，分为财务管控、战略管控和操作管控；陈志军（2006）结合治理理论提出行政控制型、治理型和管理型。

┤专栏├

国有企业被法院认定存在"过度支配与控制"的案例

表 5-1 列举的为国有企业被法院认定为母公司对子公司存在"过度支配与控制"的案例，"过度支配与控制"一般指母公司事无巨细地对子公司进行全方位经营管控，子公司只有在接受母公司的指令、安排或是批准后才能实施相应的经营行为。该类行为极易成为法院认定为"子公司不具备独立法人人格"的事由。

表 5-1　国有企业被法院认定存在"过度支配与控制"的案例

序号	案号	法院认定"过度支配与控制"的理由
1	（2018）云33民初13号	交通小区江西农贸市场的招售方案、房屋销售方案、商铺租金及租期均由交运集团制定和实施，购房款也由交运集团支配，江怡地产完全受交运集团的实际控制，处于从属公司的地位，双方公司管理人员混同，公司之间关联紧密，关系难以厘清
2	（2018）鲁0112民初217号	一建集团作为一建集团二公司的股东，直至全资股东，一直对一建集团二公司高度控制，从办公场所安排，人员任职、调配，到公司资金财务管控，再到经营生产行为的开展和结算，一建集团二公司均需要接受一建集团的指令、安排和控制，并不具备公司法人应当具备的独立人格
3	（2019）晋10民终1294号	根据被上诉人贾某某提供的临运公司的文件及作为工资发放依据的职工考勤表等证据可体现神龙公司的经营决策形式是通过向股东临运公司请示，经报批后才能实施，财务支出也要经过临运公司审核批准后才能支出，故可认定临运公司对神龙公司进行过度支配和控制，神龙公司不能完全自主经营，而经营决策对公司的经营状况具有决定性作用
4	（2020）鲁民终804号	德信公司的法定代表人杨某某向一审法院提出书面申请的内容、一审法院向杨某某所做调查内容以及鲁银公司关于直接委派工作人员代表德信公司参与中泰公司经营管理活动等事实，可以证明鲁银公司持有德信公司公章及法定代表人私章且鲁银公司对于德信公司存在高度控制

国有企业集团"刺破公司面纱"的原因统计①（2004—2022 年）如表 5-2 所示。

表 5-2　国有企业集团"刺破公司面纱"的原因统计

混同类别	案件数/件	否定人格原因占比
财产混同	44	61.11%
人员混同	35	48.61%
业务混同	19	26.39%
过度控制或支配	6	8.33%
欺诈或不当行为	2	2.78%
资本显著不足	1	1.39%

资料来源：依据"小包公"（https：//www.xiaobaogong.com/）中裁判文书整理。

最后，"三项协调"的管控需求可以在怎样的路径下予以满足。多法人性与多层次性下凸显的子、孙企业异质性，体现的需求为集团管控方式应当具备多样性，可根据企业不同特质匹配不同的管控方式；集团内部企业间合作的协调需要总公司作为顶层调配者进行资源配对，相应地，即需要对影响集团整体协作的重要事项由总部掌握分配与决策权，防止企业陷入"集而不团，大而不强"的困境；对于经济属性与政治属性二者的协调，应从政治属性的核心需求出发，以保障政治属性的实现为界，保障总公司对于"落实党、国家重大战略和重大决策部署"等政策性事项的管控权力，其余事项则具备由市场调配，由子公司自行决策的可能性，以保障企业经济属性的实现。该等需求折射出管控路径和集团管控与"坚持加强党的领导和完善公司治理相结合；坚持因企施策授权放权，为子企业公司治理运作决策留足空间；坚持激发活力和加强监督相结合"的基本原则是相契合的。

因此，在保障子企业"经济属性"进行授权放权时，以《公司法》规范层面的合规为底线；在保障集团整体"政治属性"实现时，以"落实党、国家重大战略和重大决策部署"为底线，而这两条线之间集团授权放权的空间，正是国有集团治理模式需科学衡量的"张与弛"。南方电网公司遵循国家相关政策指引的授权放权原则，在这两条线之间，总结子、孙企业异质性的特点，构建六大维

① 2004—2022 年间，国有企业被认定为应当"刺破公司面纱"，由母公司承担连带责任的案例，共筛选得 72 件。表格中刺破理由各对应案件数相加大于 72 件的原因在于，同一件案子中法官经常认定被诉公司涉及多类混同，尤其是财产混同、人员混同、业务混同三类经常并列出现。

度精准授权模型，实施因企施策的差异化授权，以期通过授权与监管相结合、放活与管好相统一的授权路径，促进南方电网公司高质量发展。

三、理顺法人层级治理分类行权逻辑

"精准授权模型"明确了"总公司管什么"的问题，该问题递延出的下一个问题是"总公司通过什么路径管"，即按照"精准授权模型"区分出哪些事项由总公司管控，哪些事项由子企业自主决策后，仍然需要进一步明确总公司管控应当如何实现，子企业自主决策时如何体现总公司的监管作用。

南方电网公司作为商业二类国有企业，处于公共利益与市场经济彼此交互的双元场域。公共利益场域主要围绕南方电网公司的主业，即为广东、广西、云南、贵州、海南五省区和港、澳地区提供电力供应服务保障，因电力安全是关系国家经济社会发展的全局性、战略性问题，对国家繁荣发展、人民生活改善、社会长治久安至关重要，所以对该场域内的事项，南方电网公司必须以非经济的公共利益因素为优先。南方电网公司市场经济场域主要为围绕主业展开的新兴业务、国际业务、产业金融业务等，该等业务均追求市场竞争力的提升，以产业金融业务为例，其发展的战略方向为"积极发展绿色金融、供应链金融、科技金融等业务，增强投融资、保险、融资租赁、私募股权等细分领域竞争优势，构建与公司业务规模相适应、体现国有资本影响力控制力的产业金融体系"，该业务面向市场，以资本增值为目的，如遇减损国有资本的情况，需积极调整企业运营方式。

公共利益场域需要强调保障管控力度，以确保在关乎国计民生的事务中，总公司作为政策传导与执行层，能够有力、有效地自上而下地执行企业公共利益使命，同时防止子企业为了保值增值而作出短视行为，在子公司面临该场域内的决策时，需要向上级单位报批，接受上级单位的监督与实际控制。这种由总公司自上而下地部署执行事项，或由总公司审核批复的行权路线，可称为"管理型行权"。在市场经济场域中，则需要配置适应市场决策专业能力、决策效率的制度，因市场瞬息万变，专业且快速的反应能力是把握市场机遇的重要能力。正如第三章中"国有企业治理现代化改革的新举措"部分所论及的"由上至下行政化管理方式需要'听见号角的人'在作出市场判断后，层层上报，企业市场反应效率低下"，因此，应当依托子公司本身治理结构进行专业且快速的市场决策，提升子企业市场反应效率与市场竞争力。这与前文中为保障集团不陷入"刺破公司面纱"系统性风险，为子企业公司治理决策留足空间也是相吻合的，在这个空间

内，子企业得以依托自身治理结构进行决策，可称之为"治理型行权"。

并非所有市场经济场域中的决策事项均为"治理型行权"，市场经济场域中依据"精准授权模型"逻辑归属于总公司管控的事项，依然应当执行"管理型行权"。"精准授权模型"分配权责应充分考量总公司战略定位，如"五中心"定位和"七统一"管理策略所涉及事项应当由总公司统一管控；同时，"精准授权模型"也应充分考量子公司是否具备相应专业能力，若赋予其自主决策权也无法发挥"听见号角的人"的决策优势，则总公司应该参与决策以增强决策科学性。

为子公司决策留足空间，由子企业进行"治理型行权"的同时，也应当注意避免因决策空间不当而引发的子企业失控现象。集团公司若缺乏有效监管，缺乏股东表达意志的途径，无法调动子公司积极参与集团内的经营协作行为，子公司很有可能为了自身利益而不配合集团资本协作，滥用集团所赋予的资源，一旦经营失败，则会给母公司带来巨大损失。[①] 如 2004 年的"中航油事件"，由于新加坡公司擅自盲目开展石油期货业务，给中航油整个集团带来了 5.5 亿美元的巨额损失。所以，"治理型行权"中也应当嵌入股东意志表达的合适路径，一方面保障集团重大经营事项需要子企业协作时，股东有合理途径实现资源调动；另一方面对子企业的重大决策事项进行监管，避免子企业作出过度背离集团战略的经营决策。

第二节　因企施策落地精准授权

一、构建精准授权理论模型

制定精准化授权模型，首先需要分析影响授权模型构建的子企业异质性因素。通过筛选出影响母子公司间权力分配的因素，进行多影响因素组合，确定出既能包容子企业差异性，又利于提升集团管控效率的类别化授权路径。

影响母子公司间权力分配的因素既包括集团内部因素，也包括集团外部环境因素，内部因素既需要考量母公司特征因素、子公司特征因素，也需要考量母子

---

① 刘媛媛. 探索大型国企集团治理转型与管控模式的新思路 [J]. 宏观经济研究，2015（3）：63-69.

公司关系因素。[①] 该等因素在影响授权模型构建时的故事线可以描述为：母公司是否应该授权—出资企业是否需要授权—母公司是否有能力管理（见图 5-1），即在分析母子公司关系的基础上，对子公司特征因素进行评价，并结合母公司相对于该子公司所呈现出的特征因素来选择相应的授权模式，集团外部环境因素如法律规范、政策方向等，则起调节作用。

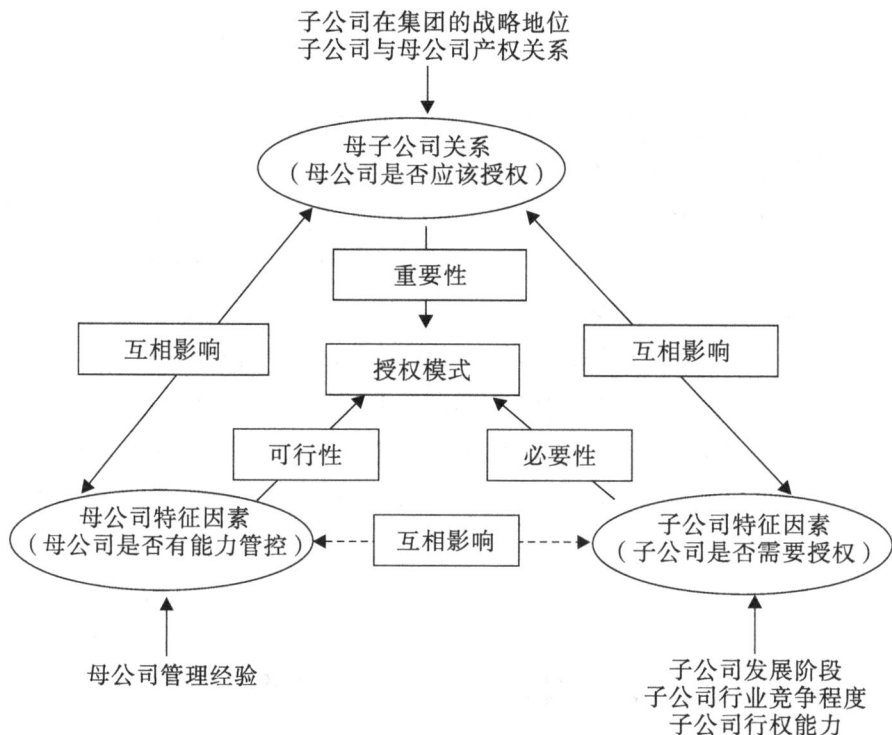

图 5-1　国有企业法人层级间授权模型构建的关键影响因素理论模型

资料来源：朱方伟，宋昊阳，王鹏，等．国有集团母子公司管控模式的选择：多关键因素识别与组合影响［J］．南开管理评论，2018，21（1）．

　　母公司特征因素主要包括：①集团规模：一般来说，集团规模较小时，组织结构相对简单，直接管控模式更富有效率；集团规模不断扩大，组织结构会愈加

---

　　① 郭培民．基于企业资源论的母子公司性质及管理策略研究［D］．杭州：浙江大学，2001；CHEN-HALL R H. Management control systems design within its organizational context: findings from contingency-based research and directions for the future［J］. Accounting organizations & society, 2003；乔雪莲．母子公司管控模式设计及其影响因素的实证研究［D］．天津：天津大学，2011；朱方伟，宋昊阳，王鹏，等．国有集团母子公司管控模式的选择：多关键因素识别与组合影响［J］．南开管理评论，2018，21（1）：75-87.

复杂，需决策事项也会愈加繁杂，直接管控模式会影响集团决策速度与质量，则需要集团公司进行授权。研究表明，母公司的规模与母子公司管控程度呈负相关。[①] ②母公司管理经验：母公司对于集团主业的管理经验一般较为丰富，但对于新兴业务的管理经验相对较弱。对于管理经验丰富的事项，母公司更倾向于直接管理，但对于管理经验相对薄弱的事项，则更倾向于授权给子公司进行管理与探索。③集团战略多元化程度：企业不同战略阶段及不同战略风格均会对企业结构产生决定性影响。实证研究证实，集团战略多元化程度越高，越倾向于向子公司授权，子公司自主性越强。[②] ④集团战略形态：战略形态一般分为发展型、稳定型、紧缩型三种，发展型战略对开拓与创新的需求度高，风险的接纳程度也较高，倾向于赋予子企业更多的独立性；稳定型战略倾向于保持生产的效率与稳定，构建严密的生产与管理流程，更趋向直接管控；紧缩型的风险偏好居于二者之间，对子公司的管控程度混合了二者的特点。[③] ⑤集团组织结构：集团为 H 型结构时，各子公司从事的产业差异大，集团倾向于高度授权；为 M 型结构时，母公司对子公司的管理与监督分解到事业部，各子公司拥有较大的经营自主权，因此母公司可对之统分结合的母子公司管控模式；为 U 型结构时，子公司虽然具有独立的法人地位，但实质上更类似于分公司，由母公司直接控制。

子公司特征因素主要包括：①子公司发展阶段：企业的生命周期一般可分为创业阶段（诞生）、集合阶段（成长）、成熟阶段（规范化或精细）和衰退阶段。子公司在创业阶段需要更多地依赖母公司在财务、人员及业务运营上的资源，母公司更多采用直接管控模式；在集合阶段，子公司的组织结构日益规范化，管理制度初步成型，对母公司的依赖性逐渐减弱，独立性增强，母公司授权力度可以增加；在成熟阶段，子公司独立决策、独立管理公司事项的能力均已成熟，母公司可以赋予其足够的独立行权事项；在衰退阶段，基于子公司退出对于集团的影响，母公司更适宜对其进行直接管控。②子公司行业竞争程度：子公司所处行业竞争程度越高，市场化程度越高，对决策效率的要求就越高，子企业直接决策的需求就越大，就越应当有更广泛的授权。③子公司行权能力：子公司行权能力较弱时，其对于母公司的依赖性会增强，母公司扩大直接管控的范围会比子公司独立行权更利于集团整体利益的发展；子公司行权能力强则反之。

母子公司关系因素是指子公司在集团中的战略地位、子公司与母公司产权关

①　郭培民 . 基于企业资源论的母子公司性质及管理策略研究 ［D］. 杭州：浙江大学，2001.

②　汪建康 . 基于子公司主导行为的企业集团母子公司治理研究 ［D］. 哈尔滨：哈尔滨工程大学，2007.

③　乔雪莲 . 母子公司管控模式设计及其影响因素的实证研究 ［D］. 天津：天津大学，2011.

系的紧密程度。①子公司在集团的战略地位，可以从子公司在集团中的重要性程度、子公司与母公司战略的一致性、子公司的规模及市场占有率等角度分析。子公司战略地位越重要，母公司掌控子公司发展方向以保障集团整体利益的动力越充足，则母公司越倾向于直接管控，减少对子公司的授权。②子公司与母公司产权关系，主要是指母公司对子公司的控股比例，母公司拥有子公司股权越少，影响子公司决策的集团外权力越多，母公司可以采用直接管控的可能性就越小，采用间接控制的可能性越大；拥有子公司股权越多，则反之。

若从集团外部视角考察不同集团应采取怎样的授权模式，需将以上母公司、子公司特征因素均作为影响授权模型构建的变量，但若从集团内部考察如何对本集团子公司进行授权，则子公司间的共性因素可以作为前提性条件进行统一分析，将差异性因素作为变量，进入测算授权模式的公式。子公司特征因素、母子公司关系因素属于变量因素，母公司特征因素中除管理经验会因子公司业务的不同而出现差异以外，其他诸如集团规模、战略多元化程度、组织结构等则为共性因素，不会随公司的变化而变化。综上，影响南方电网公司授权模型构建的因素为：母公司管理经验、子公司发展阶段、子公司行业竞争程度、子公司行权能力、子公司在集团的战略地位、子公司与母公司产权关系。依据"集团是否应该授权—出资企业是否需要授权—总部是否有能力管理"的分析线路，授权模型构建的关键因素结构如图5-2所示。

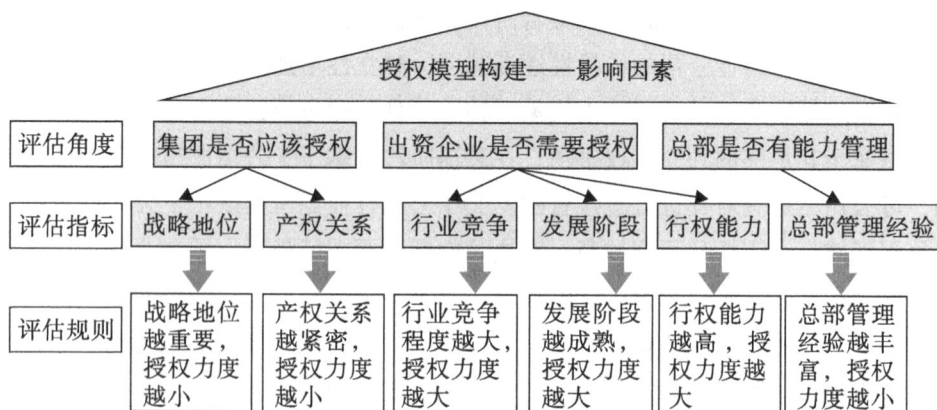

图5-2 南方电网公司法人层级授权模型的构建

资料来源：南方电网公司提供。

南方电网公司对如上战略地位、产权关系、行业竞争、发展阶段、行权能力、总部管理经验 6 项评估指标，依据各指标特征、与应否授权的正负相关性对指标呈现的不同层次进行 1~4 的赋分。综合得分越高者，其所需要的授权力度就越大。但当"产权关系"为母公司对子公司为参股股东时，母公司对子公司不具有实质控制权，无论决策为何，均不能对该子公司产生实际影响，直接采用充分授权。

《南方电网公司优化法人层级授权工作方案（2021 年版）》中，依据如上授权评估模型（见表 5-3），对 6 项评估指标的综合得分进行了分类，既照顾了子企业的异质性，也降低了过度细化分类造成的总部管控逻辑混淆。对子企业评分通过企业自评和专家评估相结合的方法，6 项指标得分相加计算出综合评估值后，分类如下：

综合评估值 $6 \leqslant X < 12$，采用一般授权；

综合评估值 $12 \leqslant X < 18$，采用适度授权；

综合评估值 $18 \leqslant X < 24$，采用高度授权。

子公司为参股企业，采用充分授权。

表 5-3　南方电网公司授权评估综合打分及授权结果示例

序号	企业名称	战略地位		产权关系		行业竞争		发展阶段		行权能力		总部管理经验		综合得分	授权结果
		情况	得分	情况	得分	情况	得分	情况	得分	情况	得分	情况	得分		
1	A	营收占比大，战略地位非常重要	1	全资	1	行业竞争小	1	初创期	1	行权能力弱	1	总部管理经验丰富	1	6	一般授权
2	B	营收占比较大，战略地位重要	2	绝对控股	2	行业竞争较小	2	成长初期	2	行权能力较弱	2	总部管理经验较为丰富	2	12	适度授权

（续上表）

序号	企业名称	战略地位		产权关系		行业竞争		发展阶段		行权能力		总部管理经验		综合得分	授权结果
		情况	得分	情况	得分	情况	得分	情况	得分	情况	得分	情况	得分		
3	C	营收占比较小，战略地位一般	3	相对控股	3	行业竞争较大	3	成长中后期	3	行权能力较强	3	总部管理经验不丰富	3	18	高度授权
4	D	为财务投资，战略地位不重要	4	参股	4	行业竞争大	4	成熟期	4	行权能力强	4	总部缺乏相关管理经验	4	24	充分授权

资料来源：南方电网公司提供。

二、配置精准授权实践清单

精准授权模型下不同授权类别落实至具体权责事项时，需要明确哪些事项应当统一管控，哪些事项需要分类施策。根据前文所述，在保障子企业"经济属性"进行授权放权时，以《公司法》规范层面合规为底线；在保障集团整体"政治属性"实现时，以"落实党、国家重大战略和重大决策部署"为底线，不同类别的授权正是对这两条线之间的空间进行划分。由此，南方电网公司结合战略规划，管控事项分配逻辑为：对于落实党、国家重大战略和重大决策部署事项，以及总部"五中心"定位和"七统一"管控策略，实施集中统一管控，强化总部管控职能，原则上不授放权，"确保该管的管住管好"；尊重出资企业实际情况，对于日常经营事项，大力开展授放权，全面激发企业活力，"做到该放的放权到位"；筛选出"两条线"之间的差异化授放权重点领域：投资管理、人力资源、创新管理、生产运维、安全管理、数字化管理及企业文化等，细化授权路径。

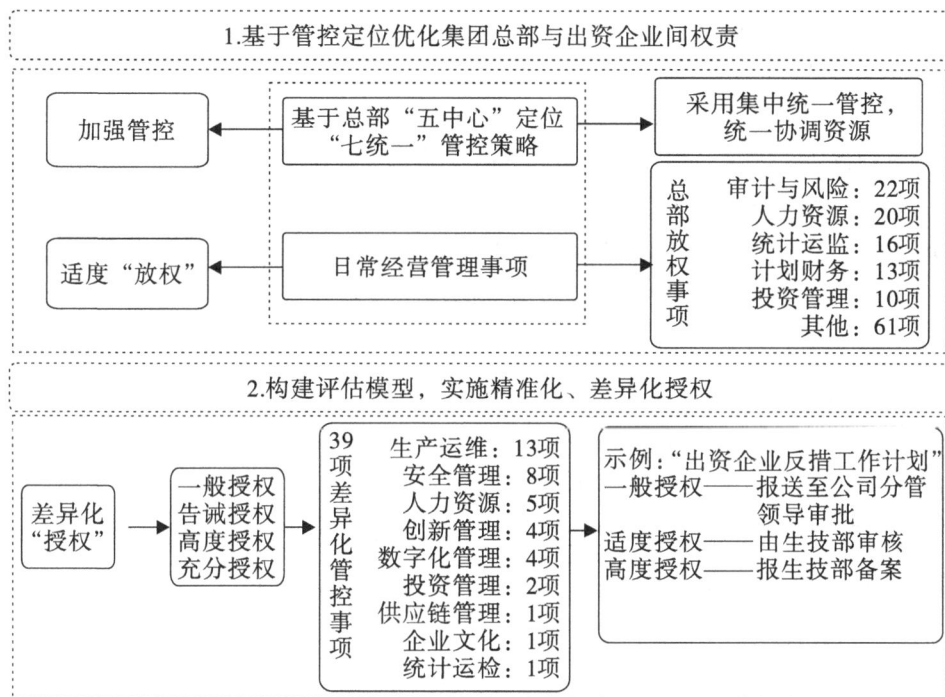

图 5-3 南方电网公司法人层级治理：权力事项分配路径

同时，因授权事项分配需明确集团运行所涉事务如何具体地在母子公司间流转，以"清单化"呈现，利于将无序的治理事务转变为条理清晰的信息要素，推进权力可视化运行，提升集团权力事项运转效率。由此，精准授权权力分配路径以"清单化"为实施手段，具体如下（见图5-3）：

一是在加强管控方面，坚持总部"五中心"定位和"七统一"管控策略，采用集中统一管控，统一协调资源，形成合力。2022年，在2021年新增74项管控事项的基础上，进一步新增5项，调整24项。例如根据《上市公司国有股权监督管理办法》等规定，新增"控股上市公司股份在集团内部的无偿划转、非公开协议转让"等涉及股权变动事项，由产业金融管理部门审核，资产证券化领导小组审议；根据公司业务实际，调整"子公司首发上市、重组上市、分拆上市、收购上市公司、控股上市公司重大资产重组执行方案"，由资本运作部门审核，资产证券化领导小组审议。

二是在适度放权方面，根据公司治理机制建设情况，对出资企业日常经营管理事项开展授放权，做到"该放的放权到位"，释放出资企业活力。其中，审计与风险领域下放权限22项，人力资源领域下放权限20项，统计运监领域下放权限 16 项，计划财务领域下放权限 13 项，投资管理领域下放权限 10 项，其他领域下放权限 61 项。通过修订《南方电网公司法人层级权责清单（2022 年版）》，南方电网公司进一步加大授放权力度，总部下放权限事项 142 项，总部审核审批权限事项仅为 128 项，放权比例达到 53%，全面激发子企业活力。

三是在差异化授权方面，《南方电网公司法人层级权责清单（2022 年版）》（见表 5-4）根据出资企业授权评价情况，针对规划、生技、安监、人资、供应链、创新等职能部门，对 39 项管控事项明确了分类施策要求。其中，生技部门 14 项，人资部门 5 项，创新部门 4 项，其余部门 16 项。如，对"出资企业反措工作计划"，一般授权单位需报送至公司分管领导审批；适度授权单位需由生技部审核；高度授权单位报生技部备案即可。在此基础上，南方电网公司因企施策精准授权，进一步考虑出资企业特质和实际需求，规划、人资、安监等职能部门，在 12 项管控事项上针对特定的不同出资企业明确了特别授权事项，进一步简化了审批程序。

表5-4 南方电网公司法人层级权责清单（2022年版）

需经公司治理主体决策事项

序号	业务领域	一级业务	具体权责事项	是否属于三重一大事项	三重一大编号	授权对象	管控承办部门	非公司治理主体决策					公司治理主体决策				行权路径			依据	
								分管领导	总经理	董事长（党组书记）	议事机构	党组	董事会			股东会	依托股东权利管控事项	依托外部董事管控事项	依托总部职能管控事项	外部法规文件	内部制度文件
													授权总经理（总经理办公会）	授权董事长（董事长专题会）	董事会						
	党的建设	党建工作责任制管理	分子公司基层党组织书记述职评议考核	是	D15	不区分	党建工作部门	—	—	—	—	决定	—	—	—	—	—	—	√	中央企业党建工作责任制有关管理办法	公司党建工作责任实施及考评价管理规定

资料来源：南方电网公司提供。

第三节　依决策事项类别执行分类行权

依据规范南方电网公司法人层级治理的分类行权逻辑，公共利益场域事项采取"管理型行权"，市场经济场域事项以"治理型行权"为主，其中结合授权模型归属于总公司管控的事项，执行"管理型行权"。"管理型+治理型"的结合将"管资本"理念贯彻至公司内部，是当前深化国有企业改革、克服治理结构"有形无神"的创新举措。同时，依据授权类别的不同，子企业中"管理型行权""治理型行权"各自对应的权责事项也有差异，南方电网公司将这种行权差异融合在《南方电网公司治理主体权责清单》《南方电网公司法人层级权责清单（2022年版）》中，标明每一项权责事项的行权环节，以保障"管理型+治理型"分类行权在差异化中实现规范化与科学化，赋能整体高质量发展。

一、优化"管理型行权"路径

"管理型行权"事项落实至南方电网公司法人层级治理的事项分类中，主要表现为公共利益型事项与总公司管控事项。就进一步细化而言，公共利益型事项包括"民生电力安全"与"落实党和国家重大战略和重大决策部署"，公司统一管控事项主要包括国资委管控事项、总部"五中心"与"七统一"所涉事项、依据授权层次不同而归属于总公司管控的差异性事项。其中，"五中心"中的"战略决策中心、调度指挥中心"① 包括了对南方五省区及港、澳地区电力供应、电网运行安全的集中管控。所以，南方电网公司"管理型行权"事项可以包括四类：一是落实党和国家重大战略和重大决策部署，二是国资委管控事项，三是"五中心"与"七统一"管控事项，四是依据授权层次不同梳理出差异性总公司管控事项。

落实党和国家重大战略和重大决策部署事项、国资委管控事项属于公司外部因素，集团难以影响其具体内容；与授权层次相对应的差异性总公司管控事项在上一节的"构建精准授权理论模型"中已作分析，本部分重点论述"五中心"与"七统一"所涉及事项类型。归类整理，事项如下：①战略管理：坚持"统

---

① 战略决策中心：负责公司发展战略、发展规划、政策研究、重大改革方案、重大项目、重大投融资、重要干部任免等重大事项的决策和管理；调度指挥中心：依据国家法律法规，负责对南方区域电力系统实施统一调度、分级管理，保障电网安全运行。

一管理、分级实施",健全战略管理体系,实现战略与规划、计划、预算、考核、监督、审计等环节相互衔接的闭环运行。②调度指挥:对南方区域电力系统实施统一调度、分级管理,保障电网安全运行。③要素配置:明确物资、科技、土地、数据等生产要素统一配置范围;建立统一配置生产要素的管理体系,完善需求计划、合同、质量控制策略及标准等管理。④人、财等资源配置:构建统一的人力资源规划、制度、标准、监督管理体系;统一业务规范,强化财务管理、监督和控制。负责公司资产、资金、物资、人力资源、科技等核心资源在公司范围统一管理和优化配置,负责南方五省区以及关联区域电力和能源的优化配置。负责公司重大资本投资管理、债权、股权、资产重组、企业并购,实现资金统一归集。⑤监督控制:对公司日常生产经营实施动态监督与控制;建立统一的大监督体系,实现审计监督的统一管理和全覆盖;升级公司内控管理体系,深化合规管理,实行全面风险管理,保障公司经营安全。⑥数字化管理:按照"统一规划、统一标准、统一建设、统一管理",建设统一的南方电网公司云平台,强化数据资产管理,深化互联网运用,构建完善电网管理、客户服务、生产运行、战略管控等数字化平台,支撑公司向数字电网运营商、能源价值链整合商和能源生态服务商转型。⑦企业文化管理:统一公司价值理念,加强价值观引领;统一标识,形成企业、员工统一的外在视觉形象;统一行为规范,严格执行并形成习惯。

"管理型行权"基于母公司及出资企业的隶属关系,实施上下级企业垂直管理行权的模式。具体三种行权路径如图5-4所示。

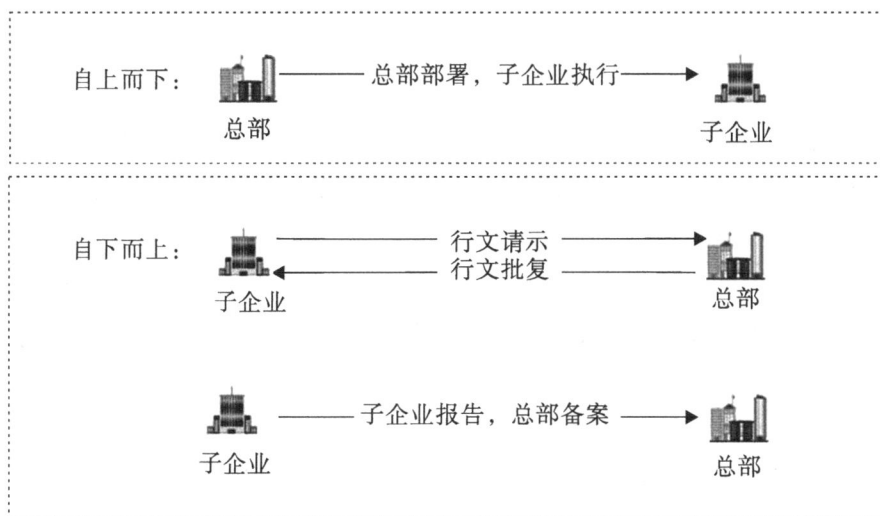

图5-4 南方电网公司法人层级治理"管理型行权"的三种路径

2021年，南方电网公司完善加强对"管理型行权"的改革，梳理出"管理型行权"事项186项，较原清单大幅减少38%，其中审批、审核事项84项，较原清单减少17%，备案类事项102项，大幅增加了70%。2022年，南方电网公司继续修订《南方电网公司法人层级权责清单（2022年版）》，"管理型行权"事项在2021年的基础上继续下降12%，为子企业权责配置留足空间。精简的"管理型行权"事项清单有利于集团把握主业，提高行权效率，维护公共利益场域的政治属性。2022年，受经济稳中向好驱动和持续高温天气影响，南方五省区用电需求旺盛，负荷屡创新高，叠加来水偏枯、电煤供应严重不足，社会电力供需形势较为严峻。面对挑战，公司以"管理型行权"方式自上而下地坚决贯彻落实党中央、国务院决策部署，落实国家部委有关工作要求，将保障电力供应作为阶段性最重要的政治任务，按照"保民生、保公用、保重点"的原则，精准施策，提升电力供应能力，保障电网安全稳定运行和经济社会平稳健康发展。

二、创设"治理型行权"路径

"治理型行权"事项落实至南方电网公司治理的事项分类中，主要表现为依据授权模型由子企业独立决策的事项因授权层次不同而在不同子企业中产生差异。因分公司不具备董事会，缺乏独立决策的能力，所以"治理型行权"应用在子公司中。

"治理型行权"是"管资本"理念在集团内部的落实，行权方式为总公司在《公司法》及子公司章程的框架下，通过股东会、董事会等治理机构对相关事项进行表决，表达股东意志，同时依据《公司法》行权可降低集团被"刺破公司面纱"的系统性风险。

"治理型行权"具体路径可分为两种：依托股东权利管控，依托外部董事管控。南方电网公司对"治理型行权"的两种类型进行了具体化梳理，以保障行权效能落实到位（见图5-5）。

一是依托股东权利管控。指对于出资企业股东或者股东（大）会职权内事项，公司通过派出股东代表表决（单一股东公司可直接出具股东决定），实现对子公司的管控。依据《股权多元化中央企业股东会工作指引（试行）》和《南方电网公司法人层级权责清单（2022年版）》，该行权路径具体化为：出资企业相关事项履行党组织前置研究讨论程序后，将依托股东权利管控事项议案、外部董事意见建议、党组织会议纪要、董事会专门委员会会议纪要（如有）等支撑材料报送至公司股东行权归口管理部门。公司股东行权归口管理部门做好议案记录，明确承办部门和办理时限，承办部门履行公司审核程序和决策程序后，由公司股东行权归口管理部门反馈审核意见至外部董事召集人，外部董事严格按照公司审核意见在董事会表决，并认真审核会议记录和决议。对于全资子公司，出资企业董事会工作部门应当在董事会会议结束后 5 个工作日内，将董事会审议结果反馈至公司股东行权归口管理部门，公司股东行权归口管理部门出具股东决定。对于控股子公司，出资企业董事会工作部门应当在董事会会议结束后 5 个工作日内，将董事会审议结果反馈至公司股东行权归口管理部门，董事会未对公司审核意见进行重大修改的，由公司股东行权归口管理部门出具股东表决意见；董事会对公司审核意见进行重大修改的，需再次履行股东审核流程后出具股东表决意见。当外部董事召集人为股东代表时，外部董事召集人需接收股东表决意见。行权路径如图 5-6 所示。

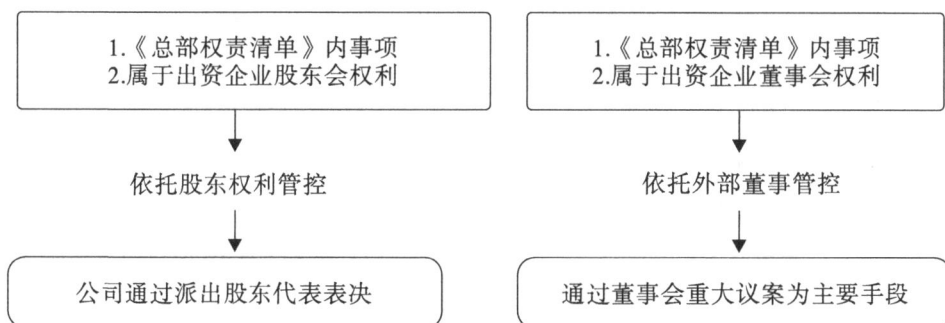

图 5-5　南方电网公司法人层级治理"治理型行权"的两种类型

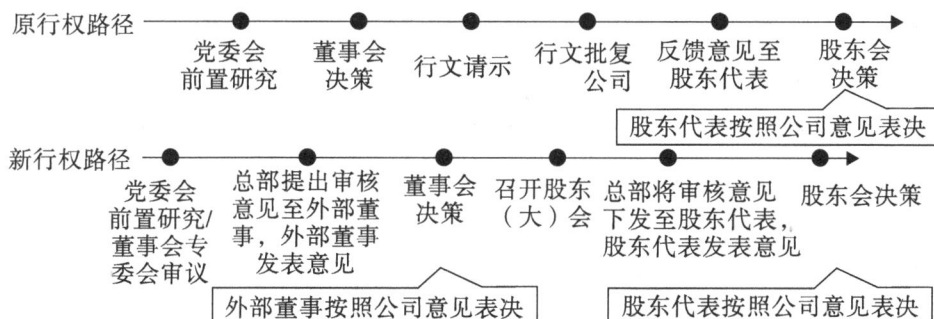

图 5-6　南方电网公司依托股东权利管控行权路径示例

资料来源：南方电网公司提供。

二是依托外部董事管控。指属于出资企业董事会职权内事项，且公司需要管控的，公司通过出资企业外部董事按照公司审核意见在出资企业董事会表决，实现对子公司的管控。依据加强中央企业董事会建设相关文件和《南方电网公司法人层级权责清单（2022年版）》，该行权路径具体化为：出资企业相关事项履行党组织前置研究讨论程序后，将依托外部董事管控事项议案、外部董事意见建议、党组织会议纪要等支撑材料报送至公司股东行权归口管理部门。公司股东行权归口管理部门做好议案记录，明确承办部门和办理时限。承办部门履行公司审核程序和决策程序后，由公司股东行权归口管理部门反馈审核意见至外部董事召集人，外部董事严格按照公司审核意见在董事会表决并认真审核会议记录和决议。行权路径如图5-7所示。

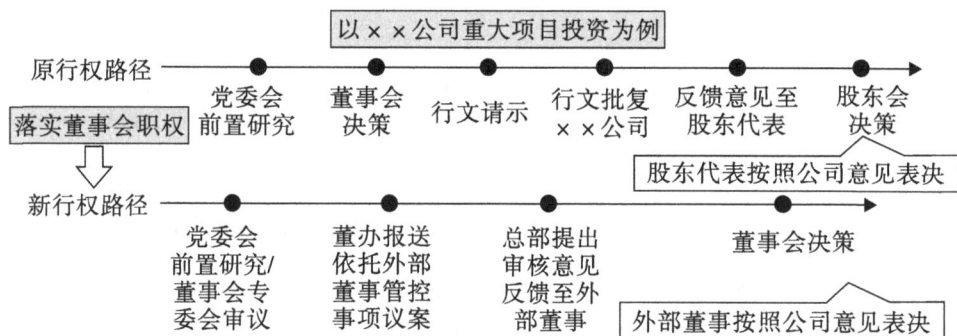

图5-7　南方电网公司依托外部董事管控行权路径示例

资料来源：南方电网公司提供。

"治理型行权"激活了南方电网公司的新兴业务、国际业务、金融业务等，市场化决策方式使得这些业务具备更强的决策自主性，如在新兴业务中，业务布局向能源产业价值链高端迈进，2021年南方电网公司能源实现首发上市，南网科技公司成为能源电力领域首个在科创板上市的科改示范企业；在国际业务中，融入共建"一带一路"高质量发展，积极开拓国际市场，深化与周边国家的电力合作，提升了公司国际化发展水平和全球竞争力。

第六章

强化南方电网公司治理制度

运行制度是指公司各层级企业之间、各治理主体之间相互衔接制衡的制度，为更好地实现企业治理目的，其既依赖于建立权力流转的规范化程序性机制，也依赖于可以有效激发各主体治理积极性与自律性的激励约束机制。以往国有企业治理制度，无论是治理主体决策过程还是治理主体激励约束，都有着浓厚的行政性传统，新时代国有企业高质量发展需要打破这种思维和行为的"行政惯性枷锁"，建立高效灵活的市场化制度。

南方电网公司在运行制度探索过程中，审视在中国特色现代企业制度落地见效上普遍存在的"上热中温下凉"情况，创造性地建设"范本制度"，落实现代企业制度在基层企业的改革。同时，以突出正向激励与长效激励的激励机制来调动各治理主体的治理活力，以"大监督格局"来规范国有企业所有者缺位带来的特殊代理问题。总体上，运行制度在南方电网公司现代化治理体系与治理能力建设中作为推动企业效率变革、能力再造的具体化举措，为南方电网公司高质量发展贡献了价值驱动、绩效导向、追求卓越的内在动力。

第一节　首创不同治理结构公司治理范本

自国有企业"现代企业制度"改革开始，国有企业整体上虽取得了突出成绩，但实际进度与预期长期存在差距①。不少企业急于求成，热衷于简单改制翻牌，出现了重外部改革、轻内部机制和管理的现象。甚至不少试点企业从开始就没有建立严格遵循制度的规则，而是通过各种变通做法来回避矛盾，如董事长、总经理"一肩挑"，本应相互监督、相互制约的层面，人员配置却高度重合，企业的"新三会"形同虚设，在决策机制和运行方式上换汤不换药，制衡关系变成了"内部人"对自己的监督，使"内部人控制"难以避免②。纵然国有企业改革在实然与应然层面形成差距的原因众多，但水流不到头的"上热中温下冷"现象在制度推行中是突出问题。现代企业制度自上而下推行，大中型骨干国有企业在集团层面执行时，已经对制度初衷与设计的执行进行了打折，而制度在其下设的二级、三级、四级分子公司层层传导中，自然也是层层失温。

避免制度执行层面"上热中温下冷"现象，一方面，应当在集团层面不打折扣地贯彻现代企业制度，防止在集团总公司层面形成政策制度与基层落实之间的隔热层，若集团层面对现代企业制度的执行已经打折，下级分子企业必然会再层层打折。另一方面，集团层面作为推进政策落实到基层的关键，不能单纯停留在指令下达、政策传递的角色上，应当建立合理的内部机制，指引下级企业，尤其是基层企业落实现代企业制度。于此，南方电网公司首创不同治理结构公司治理范本，选取20家基层单位进行试点探索，及时总结、提炼、形成不同治理结构的治理范本，通过制度设计将"点"上的经验做法上升为"面"上的共同行动，最终推动基层企业治理水平的全面提升，助力南方电网公司集团整体上走向高质量发展。

一、体系化编制不同治理结构公司治理范本

南方电网公司系统梳理《公司法》《中央企业公司章程指引（试行）》《关于进一步推进国有企业贯彻落实"三重一大"决策制度的意见》《中央企业董事会授权管理指引》《中央企业党委（党组）前置研究讨论重大经营管理事项清单

---

① 1994年底，100家大中型国有企业进行试点，2 714家各级各地区国有企业进行试点，国务院提出争取用三年时间完成对大多数大中型骨干国有企业进行改制，初步建立现代企业制度。1999年，党的十五届四中全会提出"到2010年建立比较完善的现代企业制度"。2004年，国有大型企业中有近一半未进行改制，建立股东会、董事会、监事会和经理层的企业仅占31.7%。2015年，在"2010年建立比较完善的现代企业制度"的预期提出15年之后，《关于深化国有企业改革的指导意见》中仍将"一些企业市场主体地位尚未真正确立，现代企业制度还不健全"作为"国有企业仍然存在的亟待解决的突出矛盾和问题"之一。2017年7月，尚有69家中央企业（占当时央企总数的68.3%）没有改制登记，依然以全民所有制企业组织形式存在。

② 邵宁. 国有企业改革实录（1978—2008）［M］. 北京：经济科学出版社，2014：378.

示范文本（试行）》《关于中央企业加强子企业董事会建设有关事项的通知》等
文件的要求，形成了以公司章程范本为核心，以"三重一大"事项清单和治理
主体权责清单、治理主体议事规则和内设机构党支部议事清单等范本为支撑的不
同治理结构公司治理文件范本体系，子公司、分公司治理制度可直接依据范本进
行建设与完善。具体见图6-1。

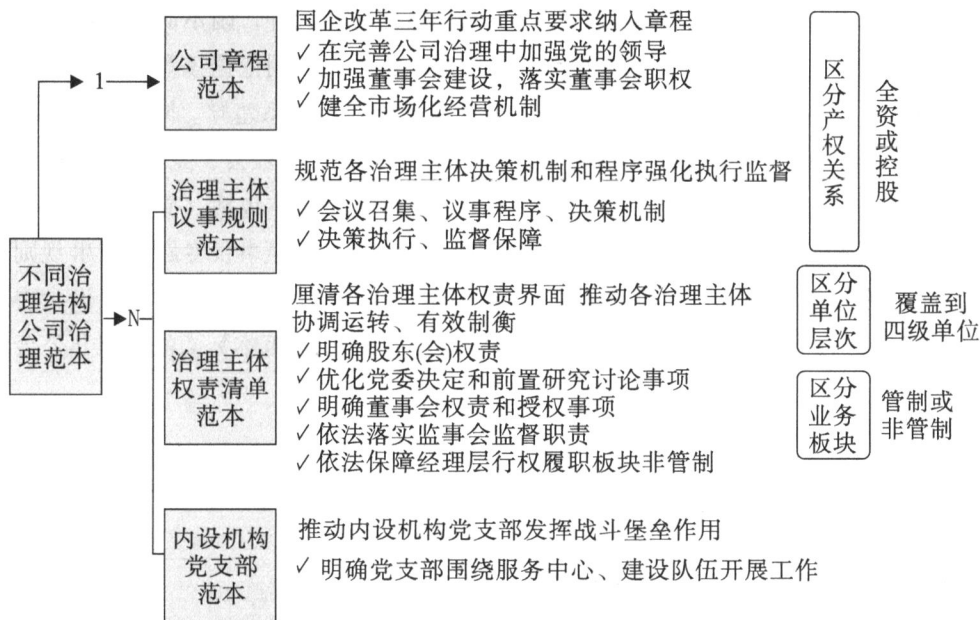

图6-1 南方电网公司不同治理结构公司治理范本体系

资料来源：南方电网公司提供。

"1"是指公司章程范本。公司章程是公司治理的"宪章"，其对股东协商确
定的公司目的、资本总额、出资形式、资本构成等内容的记载，是公司物质基础
完备性与独立性的保障；对公司组织结构的选择，是公司搭建基本公司治理结构
的基础；对股东会、董事会、监事会等职权、议事流程的规定，是各治理主体权
力行使的指南与保障。[①] 南方电网公司从自身特点出发，结合两个"一以贯之"，
在章程范本中着重落实"党建入章"，其编制主要参考《中国共产党章程》《公
司法》《中央企业公司章程指引（试行）》《中国共产党国有企业基层组织工作
条例（试行）》等。公司章程范本并不是指子公司均采用同一范本，考虑到不

---

① 常健. 论公司章程的功能及其发展趋势［J］. 法学家，2011（2）：76-90，178.

同治理结构权责分配、议事规则等的差异，章程范本可区分为多种类型，依据母公司对子公司控制权的差异，着重区分"全资子公司与控股子公司"，同时在"党委/党（总）支部、股东/股东会、董事/执行董事"等章节作区分处理。

"N"包括"三重一大"事项清单、治理主体权责清单和议事规则等。该等制度范本一方面有利于降低各层级企业改革时政策解读与落实成本，提升在企业经营细节中落实现代企业制度精神的效率；另一方面也有利于为各层级企业提供细致的协同机制范本，保障决策合规，提升决策效率。此外，因不同治理结构中治理主体权责分配、权责协同存在差异，所以南方电网公司依据该等差异，针对不同情景分类给予范本。例如，表6-1与表6-2的范本体系差异。同时，不同结构企业所配置的范本数量也可能存在差异。例如，对于股东会、党委、董事会、经理层、监事会等治理机构完善的子公司，其议事规则范本包括《党委议事规则范本》《股东会议事规则范本》《董事会议事规则范本》《董事长专题会议议事规则范本》《总经理办公会议事规则范本》《监事会议事规则范本》，而对于仅设党委和经理层分公司，议事规则范本亦仅包括《党委议事规则范本》《总经理办公会议事规则范本》。

表6-1　设股东会、党委、董事会、经理层、监事会的子公司治理范本体系示例

1. 章程范本
（1）设党委、董事会全资子公司章程范本
（2）设党委、董事会控股子公司章程范本
2. "三重一大"事项清单范本
设党委、董事会、经理层的子公司"三重一大"事项清单范本
3. 治理主体"权责清单"范本
设党委、董事会、经理层的子公司治理主体权责清单范本
4. 治理主体"议事规则"范本
（1）党委议事规则范本
（2）股东会议事规则范本（适用于控股子公司）
（3）董事会议事规则范本（适用于全资子公司）
（4）董事会议事规则范本（适用于控股子公司）
（5）董事长专题会议议事规则范本
（6）总经理办公会议事规则范本
（7）监事会议事规则范本

资料来源：依据南方电网公司资料编制。

表 6-2　设党委和经理层分公司治理范本体系示例①

1. "三重一大"事项清单范本
设党委、经理层的分公司"三重一大"事项清单范本
2. 治理主体权责清单范本
设党委、经理层的分公司治理主体权责清单范本
3. 治理主体议事规则范本
（1）党委议事规则范本
（2）总经理办公会议事规则范本

资料来源：依据南方电网公司资料编制。

┫拓展┣

南方电网公司治理范本的编制过程

第一步：全面调查研究，摸清治理现状形成范本。

对内调研方面，总结 20 家试点企业经验，收集公司所属 708 家分子公司治理现状数据和有关资料。样本涵盖管制、新兴、金融、国际、共享五大战略单元，覆盖股权结构、章程内容、领导体制、权责划分、议题管理、授权管理等维度。对外调研方面，与华润集团、中国商飞、中国宝武等中央和地方国有企业就公司治理有关问题开展交流，吸收借鉴其他央企治理实践经验。调研工作启动以来，公司共访谈各层级相关人员 87 人次、召开专题研讨座谈会 12 场次，深入了解各级公司治理现状、存在的困难和相关诉求，初步形成治理调研清单。

第二步：吃透文件精神，确保中央要求融入范本。

公司认真梳理党中央、国务院有关公司治理和现代企业管理的政策文件，完整理解文件精神要义，汇编公司治理相关法律法规和规章制度 74 份，将涉及在完善公司治理中加强党的领导、落实董事会六项职权、规范董事会授权管理、中央企业公司章程指引等文件内容要求在治理范本中进行固化，确保治理范本的规范性和严谨性。

第三步：总结运行经验，持续迭代提升范本。

在编制 2021 年版时，公司选取 7 家典型试点企业近两年来全部 1 165 项议题开展穿行测试，确保治理范本对议题全覆盖，符合分子公司实际。在修订 2022

---

① 因为分公司不具备独立法人资格，所以不需要设置公司章程。

年版时，结合各分子公司实际运行情况，收集采纳意见433条，同时邀请25位专家开展专业评审，聘请律师事务所对合法合规性进行把关，推动各分子公司的迭代提升。

二、差异化配置不同治理结构公司治理范本

前文关于不同治理结构治理范本体系的表述，重点在于厘清范本体系中包括哪些文件。那么，这些文件范本在做具体内容上的差异化处理时，差异究竟体现在哪里？南方电网公司根据集团实践，以"股东（大）会、党委、董事会、经理层、监事会"标准治理结构公司为基准，聚焦"子公司和分公司、党委和党支部、董事会和执行董事、上市公司和非上市公司"四种区别在实践中表现出的治理风险差异，对症下药，有针对性地进行制度建设。

（一）标准治理结构治理范本的构建原则

治理主体为股东会、党委、董事会、经理层、监事会的企业，治理主体完备，制度建设也最能体现公司治理体系与治理能力的现代化，故南方电网公司将此类企业确定为标准治理结构公司，作为判定公司治理结构类型的"基准公式"，也作为公司推动治理能力现代化的发展方向。对于此类标准治理结构，南方电网公司范本制度建设的重点在于完善领导机制，明确权责机制，推动党委与各治理主体协同运转：

第一，完善领导机制。南方电网公司全面推行外部董事占多数的董事会制度，企业内部人员进入董事会的一般为董事长、党委书记、总经理、党委专职副书记和职工代表。规范党委设置，党委一般由5~9人组成，最多不超过11人。完善和落实"双向进入、交叉任职"领导体制，全面推行党委书记、董事长由一人担任，党员总经理担任党委副书记并进入董事会，党委专职副书记进入董事会且不在经理层任职。

第二，明确权责机制。南方电网公司明确治理主体权责事项共145项，其中"三重一大"事项137项，既确保党委发挥领导作用，又推动股东会、董事会、经理层等依法行权履职。严格按照《公司法（2018）》配置股东（会）权责事项，兼顾保障股东（会）行权履职和提高运作效率。制定党委权责清单，区分党委直接决定和前置研究讨论事项，确保党委既把好方向又不包办代替。制定董事会权责清单，33项事项由董事会决策，充分发挥董事会"定战略、作决策、

防风险"作用。同时，为适应市场快速变化特点，统筹考虑决策质量与效率，制定董事会授权事项清单，明确 46 项事项可授权董事长或总经理决策。明确经理层权责 22 项，依法保障经理层行权履职，更好发挥经理层谋经营、抓落实、强管理的作用。

（二）其他不同治理结构治理范本的调整要点

标准治理结构公司的治理范本是其他治理结构进行差异化调整的蓝本，不同治理结构的企业需要结合自身治理主体、治理风险的独特之处，在该蓝本的基础上进行调整。

1. 设执行董事企业

由于股东人数较少或规模较小，为了精简业务执行机构、提高运营效率，部分企业不设董事会，只设一名执行董事。虽然执行董事的法律地位与董事会相同，但一名执行董事行使职权毕竟与董事会集体决策、集体行使职权不同，如将董事会职权机械套用至执行董事，容易出现执行董事"个人说了算"的问题，导致党的领导作用弱化。

南方电网公司集团中未设董事会，仅设置一名执行董事；设置"党委、执行董事、经理层"治理结构的子公司共有 23 家，占比 3.3%；设置"党支部、执行董事、经理层"治理结构的子公司共有 17 家，占比 2.4%。南方电网公司调研发现，部分设执行董事的子公司直接将董事会权责移植至执行董事，重大经营管理事项经党组织前置研究讨论后由执行董事个人决定，不符合"三重一大"事项集体决策的要求；部分企业执行董事并不实际履行职责，没有发挥作用。因此，南方电网公司党组坚定落实"三重一大"决策制度，优化设执行董事企业的治理模式，以"两个统筹"强化党的领导作用，科学分配执行董事权责。

第一，统筹"党组织书记和执行董事"。明确党组织书记和执行董事一般由一人担任，更好发挥党的领导作用。总经理单设且是党员的，应担任党组织副书记。在特殊情况下，党组织书记、执行董事和总经理由一人担任的，一般应配备分管党建工作的副书记，且不在经理层任职。其他经理层成员符合条件的党员可以按照有关规定和程序进入党组织，实现适度交叉，避免高度重叠。

第二，统筹"法律地位和政策要求"。将经理层选聘权、业绩考核权、薪酬管理权等不适合经理层自身决策的事项提级至出资人决策。重大经营管理事项经党组织前置研究讨论后由经理层决定。"三重一大"以外的事项由执行董事负责。公司通过区分权责配置，着力推动党组织在重大经营决策中发挥把关定向作用。

2. 设分公司

南方电网公司集团内各层级分公司共计 566 家，占比达到 80%，其中设置"党委、经理层"的分公司共有 487 家，占比 68.8%；设置"党支部、经理层"的分公司共有 79 家，占比 11.2%。按照决策权限，部分分公司资源较丰富、决策事项较多，具备较强的"法人特性"，例如超高压公司、地市供电局；部分分公司决策事项少，更倾向于执行，例如鼎和保险分公司。与具备较强"法人特性"的分公司形成反差的是，分公司通常依照法律规定不设董事会和执行董事，只设党组织和经理层两个治理主体，因此，法人结构中的董事会或执行董事的"定战略、作决策、防风险"相关权责如何在党组织与经理层之间分配，需要进一步明确。

调研发现，分公司进行治理主体权责分配的主要问题在于，推行"双向进入、交叉任职"时，将经理层中的党员干部一揽子提名为党组织领导班子成员，从而导致党组织领导班子成员和经理层成员高度甚至完全重叠，同一拨人对同一问题重复研究，部分党组织直接成为企业生产经营的决策和指挥中心，与中央要求不符。由此，南方电网公司以"两个适度"确保分公司的党组织总揽不包揽、到位不越位。

第一，推行党组织成员和经理层适度交叉。分公司党组织成员与经理层成员一般重叠，其党组织在参与企业重大决策时容易"事无巨细"，直接成为企业生产经营的决策和指挥中心。为确保分公司在总公司授权范围内科学运行，应区分党组织与经理层功能作用，科学配置党组织和经理层成员，避免高度重叠。坚持"宜兼则兼，宜分则分"原则，根据经营规模、供电范围等统筹确定党组织书记和总经理是否分设，分设的则明确党组织书记为"一把手"并担任副总经理，党员总经理担任党组织副书记。

第二，注重党组织发挥领导作用与支持经理层依法行权履职适度平衡，重大经营管理事项经党组织前置研究讨论后由经理层决定。对于未设董事会的企业，经理层既是经营决策主体，又是执行机构。企业党组织则发挥领导作用，重大经营管理事项经党组织前置研究讨论后再由经理层以集体形式决定。公司经营方针、年度计划预算、经理层任期制契约化管理的重大事项等由总公司决定。同时，将内部监督控制相关权责事项决策权赋予党组织，增强党组织对经理层的监督制约。

3. 设党支部企业

由于企业规模较小、党员人数较少，部分分公司、子公司未设党委，仅设党支部或党总支。出于"基层组织"的身份考虑，一些企业党支部在围绕生产经营开展工作、参与重大经营管理事项等方面自我定位较低、参与程度不高，未充分发挥党组织在基层治理中的作用。对此，南方电网公司党组积极探索党支部参与基层治理的路径，以"两个推动"打通贯彻落实党中央决策部署的"最后一公里"。

第一，推动具有人财物重大事项决策权企业的党支部"把关定向"。明确党支部权责事项，如党支部年度工作报告等党的建设事项由党支部委员会审议，党员大会决定；党建责任制考核等事项由党支部委员会审议后提交上级党委决定；其他党的建设事项由党支部委员会决定；重大经营管理事项及干部管理权限范围内的人事任免事项由党支部委员会前置研究讨论，有效解决党支部参与治理"虚化弱化"问题。

第二，推动内设机构党支部发挥"战斗堡垒"作用。制定职能部门党支部议事清单范本，明确职能部门党支部围绕服务中心、建设队伍开展工作，研究讨论本业务领域管理制度、培养开发科技领军人才等13类部门重大决策事项。制定基层班站所党支部议事清单范本，明确基层班站所党支部在基层工作中唱主角、打头阵、挑大梁，研究讨论巡视巡查、审计监督重要问题及其整改、年度绩效考核及工资分配等11类班站所重大决策事项。通过建立基层党支部议事清单范本，推进党支部工作与"三基"建设、业务工作深度融合，打通贯彻落实党中央决策部署的"最后一公里"。

4. 控股上市公司

截至2023年5月，南方电网公司控股的上市公司包括南网能源公司、南网储能公司和南网科技公司三家。它们既是国有企业又是上市公司，如何实现国有企业性质与上市企业性质的有效融合，需要以党内法规、国家法律法规、国资监管、证券监管规范及公司战略纲要为准绳，兼顾国资和证券监管要求，科学界定上市公司治理相关方权责。因此，对于控股上市公司，南方电网公司以"两个坚持"建立健全具有中国特色的国有控股上市公司治理机制。

第一，坚持融合国资与证券监管要求。以上市公司章程指引以及监管规则为蓝本，系统融入党的建设、落实董事会职权等中央企业国资监管内容。在章程范本中增加央企党建专属条款，将"党组织建设、前置研究讨论和决定企业重大事项"等党建条款严格纳入章程，确保上市公司"党建入章"落实到位。明确"提请股东大会审议事项，依照法律法规或者有权机关授权履行国有资本出资人职责的，应按要求履行相关程序"，确保国资监管要求落实到位。

第二，坚持推动上市公司差异化治理。考虑上市公司特点，区分股东大会普通决议与特别决议程序，例如"重大资产重组、证券发行方案、重大资金、资本运作、因减少注册资本回购股份"等事项需经股东大会特别决议。明确董事会特别决议事项，例如"制订公司增加或者减少注册资本的方案"需经董事会特别决议。标注需经独立董事认可事项，例如"达到一定条件的重大关联交易需事先取得独立董事认可"。细化监事会职权，落实上市公司信息披露要求，明确"公司定期报告、股权激励计划"等10项事项需经监事会审议，并发表意见。增加独立董事工作规则，充分发挥独立董事作用，促进独立董事尽责履职。

（三）不同治理结构治理范本的适用

以上关于聚焦"子公司和分公司、党委和党支部、董事会和执行董事、上市公司和非上市公司"四种区别，一共组合出七类不同的治理结构：①设党委、董事会、经理层子公司；②设党支部、董事会、经理层子公司；③设党委、执行董事、经理层子公司；④设党支部、执行董事、经理层子公司；⑤设党委、经理层分公司；⑥设党支部、经理层分公司；⑦上市公司。该等治理结构可能同时具备"设执行董事"和"设党支部"两种特点，或同时具备"分公司"和"设党支部"两种特点，因此在建设范本时，必要条件下要兼顾两种特点调整要点。

同时，为确保范本在不同治理结构的企业中有效落地，南方电网公司从权责事项、适用方式、行权路径等方面规范治理范本的适用：一是细化配置原则。明确权责事项"强制适用"和"灵活选用"两种方式，"强制适用"条款必须落实权责配置原则，"灵活选用"条款可根据自身实际进行修编选用。二是规范化行权路径。创新设计"依托股东权利管控""依托外部董事管控""依托本部职能管控"三种行权路径，为各层级分子公司有效落实治理型行权和管理型行权提供科学方法。同时，明确各层级分子公司在应用范本时，可作个性化处理，但需要作出说明并报上级备案。三是优化行权方式。按照RACI模型（谁负责、谁把关、谁批准、通知谁），规范和统一包括拟订、制订、审核、审议、建议、前置研究讨论、审批、决定、制定、听取、备案11种具体行权方式（见表6-3），确保权责事项落地的可操作性，也为决策行权的标准化、数字化应用创造条件。

表 6-3　RACI 责任分配矩阵

	模型	责任	行权方式	行权主体
1	谁负责（R=Responsible）	定位：负责执行任务的人员，具体负责操控项目、解决问题　责任：直接责任，对权责事项的真实性、完整性和有效性负责	拟订：公司经理层或各部门岗位起草制度、方案、计划等的初稿，并对其进行修改完善	各部门岗位、经理层
2			制订：公司董事会、监事会起草制度、方案、计划等的初稿，并对其进行修改完善	董事会/执行董事、监事（会）
3	谁把关（C=Consulted）	定位：拥有项目所需的信息或能力的人员　责任：把关责任，对严格审核、充分研究和合理建议负责	审核：对制度、方案、计划的内容、数据、逻辑关系等进行核实，并提交下一环节审批	主要领导、分管领导、部门领导
4			审议：对制度、方案或计划进行审查、研究和讨论，并将讨论结果提交下一环节决定	党组织、董事会/执行董事、经理层、监事（会）、专门委员会、职工代表大会、议事机构
5			建议：开展研究后，提出合理化建议	各岗位
6			前置研究讨论：党委对重大经营管理事项事先研究，并提出意见	党组织

（续上表）

	模型	责任	行权方式	行权主体
7	谁批准（A=Accountable）	定位：只有经其同意或签署之后，项目才能得以继续进行 责任：决策责任，拥有决定权和否决权，对项目负最终责任	审批：审核批准后，制度、方案、计划即可实施	主要领导、分管领导、部门领导
8			决定：审议确定后，制度、方案、计划即可实施	股东/股东（大）会、党组织、董事会/执行董事、经理层、职工代表大会
9			制定：定出（法律、规程、政策等）	党组织、董事会/执行董事、经理层
10	通知谁（I=Informed）	定位：决策、进展、结果等应该及时被告知，但无须向其征求意见或获取其批准 责任：备案责任	听取：把情况通过书面形式在会上报告，听取其意见或建议	所有岗位
11			备案：把情况通过书面形式报告，供存档备查	各部门岗位

资料来源：南方电网公司提供。

第二节　建立以人为本、因人制宜的激励制度

员工的素质能力、心智模式、积极性、创造性和企业领导的企业家精神是实现国有企业高质量发展的决定因素之一[①]。注重企业发展人本因素，最大限度地培育高端引领、结构合理、素质优良、开拓创新的企业工作队伍，需要深化劳动、人事、分配制度的改革，以有效的激励机制来激发与释放员工的生产力。当前，国有企业激励制度改革的基本方向为去行政化、去刚性化、市场化，通过真正建立管理人员能上能下、员工能进能出、收入能增能减的市场化用工和收入分

[①] 肖红军.面向"十四五"的国有企业高质量发展［J］.经济体制改革，2020（5）：22—29.

配机制，形成对国有企业员工的有效激励约束。南方电网公司以高质量发展战略为目标，坚持市场化改革方向，以"效果决定用人、效率决定用工、效益决定薪酬"理念为指引，构建以"正向激励+长效机制"为核心的激励约束制度，提升人力资源效能。

一、全面化建设绩效正向激励机制

正向激励是指通过制定一系列行为标准，以及与之配套的人事激励政策，如加薪、表扬、升职、提拔等，鼓励员工更加积极主动地工作的激励方式。与负向激励相比，正向激励具有更强的预告性，可通过事先告知员工工作绩效与所获利益之间的正向相关关系，让员工产生正向预期与正向行动力；负向激励则是通过批评教育、责备处罚、降职降薪等威胁性行为对员工行为进行负面强化，以减少不利于公司发展行为的再度发生[①]。两相对比，正向激励更利于员工以较为愉悦的工作状态保持长期的工作积极性、主动性与能动性。

随着国有企业改革的不断深化，国有企业的激励制度从工业时代的"胡萝卜加大棒"式逐渐转为提升内在驱动力的正向激励机制。2016 年，习近平总书记在全国国有企业党的建设工作会议上强调"对国有企业领导人员，既要从严管理，又要关心爱护，树立正向激励的鲜明导向，让他们放开手脚干事，甩开膀子创业"。2021 年 7 月，国资委召开"国有企业强化正向激励专题推进会"，强调不能把正向激励理解为"高水平大锅饭"，而必须是有压力、有活力的激励，正向激励要与实现"能上能下、能进能出、能增能减"协同推进，与推行经理层成员任期制和契约化、管理人员竞聘、末等调整和不胜任退出协同推进。

2020 年，南方电网公司印发《三项制度改革三年行动方案（2020—2022年）》，其针对国有企业人员流动性差，"能上不能下、能进不能出、能增不能减"对员工约束与激励作用有限等问题，重点强调管理人员"能下"、员工"能出"、收入"能减"。其中，关于管理人员"能下"，着重完善管理人员考评和资格认证体系，加速推行职业经理人制度和经理层任期制契约化管理，运用考核结果促进能者上、优者奖、庸者下、劣者汰；关于推进人员"能出"，是以劳动合同为核心实施契约化管理，持续完善竞争上岗机制，促进人员能进能出，合理流动。将落实市场化用工管理，全面推行公开招聘，完善技术技能人才评价机制。

在以市场化方式激活员工流动性后，南方电网公司结合电网企业特点、主营

---

① 王纪平，邓可欣. 正向激励：国企高质量发展的内在驱动力［J］. 管理会计研究，2021，4（6）：68-74，88.

业务特性、激励分配可操作性等因素，坚持"以业绩贡献定薪酬"，突出"凭业绩和贡献取酬"，全面提速绩效管理，加大绩效工资占比，凸显正向激励提质增效的作用。

（一）深度重构工资基数

工资基数是工资总额最重要的组成部分，原有工资基数基于历史基数逐年滚存，与业绩和效率关联度不高，"绩优未必多得"，缺乏相对公平性和激励性，亟须进行变革，而变革的关键是如何建立一套与业绩和效率强关联的工资基数核算规则去打破这一困局。

一是"定模型"。以广东电网公司为例，深入分析电网企业特点、主营业务特性、分配可操作性等因素，从企业规模、企业效益、地缘因素等维度（共13项关键指标）[①]，建立供电企业竞争力评价指标体系，并应用多种数学函数和历史样本数据进行反复测算，拟合分析企业竞争力与工资水平的关系，构建基于企业竞争力的工资水平分析模型。

二是"定标杆"。根据工资水平分析模型量化测算所属供电企业的竞争力，在此基础上引入"S函数"测算企业理论工资水平，综合企业定员情况确定理论工资基数，作为企业自身工资基数调整的标杆，实行一年一核定。企业竞争力和人员效率越高，理论工资基数越高，引导各单位提升竞争力和人员效率。

三是"定基数"。根据上年工资基数与理论工资基数对标情况分类确定实际工资基数。对于上年工资基数高于理论工资基数的，逐步调减至理论工资基数，推动企业内部挖潜、提质、增效；对于上年工资总额低于理论工资基数的，逐步提高至理论工资基数，激发企业持续提升价值创造能力。

（二）精准投放工资增量

工资增量是工资基数的有效补充，引入赫兹伯格双因素激励理论，分配时既兼顾物价上涨等保障因素，又突出业绩贡献激励因素。工资增量分为基本增量和绩效增量，基本增量根据CPI增幅和整体工资增量情况进行核定，对于上年工资总额已高于理论工资基数的企业，原则上不核定基本增量；绩效增量与所属供电企业业绩贡献情况紧密挂钩，分为业绩奖励金和专项奖励金两部分。其中，业绩

---

① 企业规模包括总资产、售电量、用户数和营业面积四项指标；企业效益包括组织绩效考核得分、人均售电量、营业收入贡献率、全员劳动生产率、人事费用率五项指标；地缘因素包括城镇常住居民可支配收入、城镇常住居民消费支出、居民消费价格指数和社平工资四项指标。

奖励金根据奖励基数和奖励系数确定。奖励基数取理论工资基数和实际工资基数的孰低值，奖励系数根据各单位年度业绩考核结果确定，最高 1.2、最低 0.8，绩效优的比绩效差的多拿 50%，实现绩优者厚得。专项奖励金与业绩贡献挂钩，根据年度重点目标任务完成情况，精准激励在改革发展中勇于担当、攻坚克难、开拓创新的员工，如 2020 年设置专项考核激励，有效牵引所属各单位的员工千方百计增供扩销，坚决完成经营目标任务。

━┫案例┣━

南方电网公司的职业经理人激励规则

一是"岗位联动"机制。南方电网公司改变传统薪酬兑现看"身份""级别"的管理思维，将职业经理人所在企业经营情况、所在岗位职责与薪酬进行挂钩。在薪酬构成中加入"企业调节系数"与"岗位责任系数"，企业调节系数根据企业经营规模、行业特点来判断，岗位责任系数则依据岗位职责、岗位价值来确定。以某省级电网公司为例，其借鉴美世国际职位评价法①，从"影响力、沟通难度、解决问题能力、任职条件、风险大小"五个维度评估所有经理层岗位价值，仅从岗位出发，拉开 10% 的薪酬差距（见表 6-4）。

表 6-4　经理层岗位和岗位系数示例

序号	岗位	岗位系数
1	总经理	1.1
2	副总经理、总会计师（分管新兴业务和财务）	1.05
3	副总经理（分管科技创新及法规业务）	1
4	副总经理（分管市场及配网管理）	1
5	副总经理（分管安全生产）	1.05
6	副总经理（分管规划工程）	1.05

二是业绩联动机制。针对以往经理层成员的薪酬结构不规范、兑现不够刚性

---

① 由美世咨询公司（Mercer）开发的职位评估工具，该工具是通过"因素提取"并给予评分的职位价值测量工具，这套职位评估系统共有 4+1 个因素，是指：影响（Impact）、沟通（Communication）、创新（Innovation）、知识（Knowledge）和危险性（Risk）；其中危险性因素是可选项。相对应地，上述因素可以进一步区分出 10+2 个纬度，63+7 个刻度；形成总分值 1 210+35 分的评分结果，并将最终的职位等级结果划分为 48 个级别。

的问题，南方电网公司坚持"绩优厚得，绩差少得，甚至不得"的价值导向，合理拉开收入差距，不搞"普涨行情"。考核评价分为优秀、称职、基本称职及不称职四个等级，经子公司董事会与党委综合研判确定。严格设置"优秀"等级的条件和比例，对于任职企业年度经营业绩考核结果为 A 的，可适当增加职业经理人中年度考核评价"优秀"等级的比例；任职企业年度经营业绩考核结果为 C 的，职业经理人年度考核原则上不能评定为"优秀"。且设置"强制扣绩效"规则，年度、任期考核不合格的，扣减全部绩效薪金、任期激励。

三是鼓励经理层不断"摸高"机制。为激励经理层不断"摸高"，南方电网公司鼓励对标世界一流企业，自上而下建立"三基准、三衔接"的考核指标"摸高"机制。"三基准"为"历史值、标杆值、规划值"，"三衔接"对应"三基准"，分别构建指标基本值、满分值、挑战值。具体而言，"基本值"以历史经营业绩为基准，与上级下达指标有效衔接；"满分值"以行业标杆为基准，与同业水平有效衔接；"挑战值"以发展规划为基准，与中长期发展目标有效衔接。以某省级电网公司为例，个人满分值一般不低于单位满分值的 110%，个人挑战值一般为个人满分值的 130%，不同目标档位匹配相应的考核计分与薪酬分配规则。指标完成值达到基本值得 80 分，达到满分值得 90 分，达到挑战值得 100 分。当经理层"努力干"达到挑战值时，年薪均增 40%；若只达到基本值，年薪仅为同级绩优者 70%。

（三）划小工资分配单元

"划小工资分配单元"是全面落实以业绩为导向的工资分配机制的重要抓手，是"人力资源部门+直线经理"管理模式的重要体现。

一是让直线经理拥有"分配权"。逐级厘清工资分配关系，明确上下级组织联动工作机制，将绩效工资总额预算逐级分解下达至内部各层级组织，并充分授予直线经理自主分配权，由其制定考核分配规则，根据员工量化考核结果分配到个人。以佛山供电局为例，各级直线经理对员工月度、年度绩效工资自主分配比例达到 100%，对其他绩效工资自主分配比例达到 50% 以上，各级直线经理根据管理实际针对安全管理、客户服务等关键领域和核心指标，自主制定多样化的考核分配规则，如发现重大安全隐患最高奖励可达 2 万元，用活用好绩效工资，合理拉开分配差距，为直线经理带队伍、抓管理提供有力抓手。

二是让直线经理用好"分配权"。出台划小工资分配单元操作指引，提供目标薪酬（按考核等级兑现）、量化薪酬（按考核得分兑现）和混合薪酬（按考核等级和得分综合兑现）三种分配模式供直线经理参考，推动其建立健全适合本团队的内部分配机制。如针对班组内勤员工日常工作难以逐一量化的问题，部分班组长选择了对内勤人员的工作实行薪酬量化"包干制"，按月核定；部分班组长选择了混合薪酬模式，对可量化的工作主要根据考核得分兑现，对难以量化的工作主要根据考核等级兑现，解决了以往核算方法单一、分配模式固化，难以精确体现员工业绩的问题。

二、多元化丰富中长期激励机制

企业中长期激励为正向激励"工具箱"中的重要组成，是指将企业成员利益与企业长远（一般为 3~5 年）发展相联系，对企业成员较长期内的经营业绩和贡献给予回报的激励方式。这种激励方式将职工利益与企业利益相统一、职工目标与企业目标相统一。激励相容是降低企业代理成本、提升企业内生动力的有效方法，同时也是将人才"拉上战车"、有效绑定人才的有效方式。功以才成，当前不少优秀民营企业以优厚的薪酬来吸引国内外高阶管理人才、科技人才，如果国有企业对薪酬激励以及激励方式的重视程度不够，可能导致大量人才流失，降低企业发展活力。

（一）中长期激励机制的适用对象

南方电网公司为推动符合条件企业灵活开展多种方式的中长期激励，发布《关于进一步建立健全中长期激励机制的通知》，明确了中长期激励的主要对象应当聚焦核心骨干人才队伍，一般应为与本企业签订劳动合同、对企业经营发展和改革创新有直接贡献的管理、技术和业务骨干，而非面向全体职工。以南方电网公司科研院的激励对象为例，其精准激励在自主创新和成果转化中发挥主要作用的"关键核心技术人员"，连续 3 年累计精准激励核心人员 339 人，人均分红额近 10 万元，薪酬水平平均提高 15.36%。岗位分红中，关键核心技术攻关团队年轻骨干成员分红超过团队管理层，真正实现不唯学历、不唯职称、不唯岗级的人才评价机制，推动科技成果转化业务持续快速发展。

（二）中长期激励机制的激励方式

关于激励方式，南方电网公司根据不同成员企业实际情况，有针对性地推进：①针对科技型企业，符合条件的，应当在 1 年内实施股权或分红激励。对于科技成果转化收益高、盈利能力强的企业，可以大力实施岗位分红、项目收益分红。对于处于孵化期、资金压力较大的企业，可以通过股权、期权实现科技人员与企业利益共享、风险共担。②针对上市公司，可按照相关规定研究实施股票期权、限制性股票和股票增值权等股权激励计划，按照"成熟一个推进一个"的原则稳妥推进，在实现关键岗位核心人才激励的同时，推动上市公司业绩和市值双增长，实现股东利益、企业利益和激励对象利益相互协调促进。③针对管制业务单位，应当大力推行科技成果转化项目收益分红；试点开展高质量发展激励。④针对新兴国际金融业务企业及其他充分竞争类的企业，应当以价值创造为导向，聚焦关键岗位核心人才，全面建立超额利润分享机制；可探索实施虚拟股权激励等方式。⑤针对共享平台单位，应当结合业务特点和激励体系现状，参照管制业务单位或新兴国际金融业务企业，有序实施中长期激励。

2021年，南方电网公司9家符合条件的科技型企业100%实施分红激励，既鼓励科研人员潜心研究、多出成果，又引导科研人员扩大技术影响力，推动成果转化。2021年，集团内股权激励、项目跟投实现"零的突破"，接下来将加大力度探索在集团控股上市公司建立股权激励机制以及在集团混合所有制企业中建立员工持股机制。

（三）中长期激励机制的约束体系

南方电网公司明确应当建立与激励机制相统一的考核约束体系：①建立中长期激励考核评价体系。按照市场化原则，实行业绩薪酬双对标，明确激励企业、激励人员的业绩要求和考核标准，将考核评价结果作为激励兑现的必要条件，未达到规定条件的不得激励。②推行"收益共享、风险共担"机制。以高业绩匹配高激励，对于创造新增利润、增量价值的核心骨干和高端、稀缺人才可加大激励力度，薪酬水平（含中长期激励）可高于所在企业负责人。实行延期支付、追索扣回等约束机制，明确扣减或处罚规则，做到有奖有罚、奖罚分明。③健全责任追究机制。对违规违纪违法或出现损害企业利益、对企业形象有重大负面影响等行为的，通过弄虚作假或用其他手段恶意骗取奖励的，依规依纪依法取消有关人员的激励资格并追缴激励报酬，追究相关人员责任。

┤专栏┝

中央层面关于建立激励约束长效机制的政策文件

2015 年中共中央、国务院《关于深化国有企业改革的指导意见》中明确探索实行混合所有制企业员工持股，通过实行员工持股建立激励约束长效机制，此后，多份改革配套政策文件提及促进股权激励、分红激励等长效激励机制（见表6-5）。当前，依据政策，长效激励机制在国有企业中的应用主要分为三类：国有控股上市公司股权激励、国有科技型企业分红和股权激励以及国有控股混合所有制企业员工持股。

表 6-5　关于深化国有企业改革配套政策文件列表

出台时间	文件名称	相关描述或主要内容
2015 年	《关于深化国有企业改革的指导意见》	探索实行混合所有制企业员工持股，通过实行员工持股建立激励约束长效机制
2016 年	《关于国有控股混合所有制企业开展员工持股试点的意见》	主要采取增资扩股、出资新设方式开展员工持股，并保证国有资本处于控股地位。建立健全激励约束长效机制，符合条件的员工自愿入股，入股员工与企业共享改革发展成果，共担市场竞争风险。员工持股要体现爱岗敬业的导向，与岗位和业绩紧密挂钩，支持关键技术岗位、管理岗位和业务岗位人员持股。建立健全股权内部流转和退出机制，避免持股固化僵化
2016 年	《国有科技型企业股权和分红激励暂行办法》	国有科技型企业负责拟订股权和分红激励方案，履行内部审议和决策程序，报经履行出资人职责或国有资产监管职责的部门、机构、企业审核后，对符合条件的激励对象实施激励
2016 年	《关于做好中央科技型企业股权和分红激励工作的通知》	提出要"充分认识实施股权和分红激励的重要性""科学制定股权和分红激励实施方案""全面加强股权和分红激励的组织管理"
2018 年	《关于扩大国有科技型企业股权和分红激励暂行办法实施范围等有关事项的通知》	将国有科技型中小企业、国有控股上市公司所出资的各级未上市科技子企业、转制院所企业投资的科技企业纳入激励实施范围

（续上表）

出台时间	文件名称	相关描述或主要内容
2019 年	《国务院关于印发改革国有资本授权经营体制方案的通知》	授权国有资本投资、运营公司董事会审批子企业股权激励方案，支持所出资企业依法合规采用股票期权、股票增值权、限制性股票、分红权、员工持股以及其他方式开展股权激励，股权激励预期收益作为投资性收入，不与其薪酬总水平挂钩
2019 年	《中央企业混合所有制改革操作指引》	中央企业控股上市公司应按照证监会和国资委有关规定规范实施股权激励，建立健全长效激励约束机制，充分调动核心骨干人才创新创业的积极性。股权激励对象要聚焦核心骨干人才队伍……中小市值上市公司及科技创新型上市公司，首次实施股权激励计划授予的权益数量占公司股本总额的比重，最高可以由 1%上浮至 3%……股权激励对象实际获得的收益不再设置调控上限
2019 年	《关于进一步做好中央企业控股上市公司股权激励工作有关事项的通知》	要求为"积极支持中央企业控股上市公司建立健全长效激励约束机制，充分调动核心骨干人才的积极性，推动中央企业实现高质量发展"，应"科学制定股权激励计划""完善股权激励业绩考核"
2020 年	《中央企业控股上市公司实施股权激励工作指引》	对于央企控股上市公司实施股权激励的详细操作过程予以指引

第三节　构建常态长效内部监督制度

"十四五"规划强调完善党和国家监督体系，以党内监督为主导，推动各类监督贯通协调，形成常态长效的监督合力，使监督体系更好地融入国家治理体系。国有企业是党执政兴国的重要支柱和依靠力量，国有企业内部监督体系是党和国家监督体系的重要组成部分，完善国有企业监督体系应当结合国家治理理念。在国家治理理念与两个"一以贯之"的指引下，我国初步形成了纪检监察、行业监管、审计监督、巡视巡察等相结合的国有企业监督体系，党内监督与企业法人治理结构监督、业务监督、民主监督共同构成了当前国有企业内部监督格局。相对于外部监督而言，内部监督更易获得企业内部的详细资料，更加了解企业内部可能存在的舞弊行为，在企业监督中发挥着关键作用，因此，为了防范"内部人控制"，加强国有企业内部监督体系建设尤为重要。①

一、统筹分配内部各类监督主体监督职权

2018 年 3 月，国有企业外派监事会制度取消，相关职能划入审计署；2018 年 11 月，《关于深化中央纪委国家监委派驻机构改革的意见》开始实施，中央企业内设纪委改为中央纪委国家监察委派驻机构，性质为企业内设纪检机构，受中央纪委国家监委和企业党委（党组）的双重领导。2019 年国务院国资委密集地颁布了《关于进一步推动构建国资监管大格局有关工作的通知》《关于以管资本为主加快国有资产监管职能转变的实施意见》《关于加强中央企业内部控制体系建设与监督工作的实施意见》《关于做好中央企业违规经营投资责任追究工作体系建设有关事项的通知》等一系列国资国企监管重要文件，完善了国资国企全链条监管体系②。由此，国有企业的监督初步形成了由党内监督、出资人监督、法定专职业务监督、社会监督等构成的综合监督体系。

南方电网公司贯彻落实党和国家监督体系的精神，系统谋划部署，强化对权力运行的制约和监督。针对过去监督主体多元化、沟通协调效率不高、监督工作质量不高等现象，建立起党组统一领导，监督委员会直接指挥，各监督主体具体执行的工作机制，将公司财务、法律、审计、干部、巡视巡察、纪检监察等各种监督力量有效整合贯通起来，进一步完善大监督工作格局见图 6-2，确保实现监督全覆盖，推动公司治理体系和治理能力现代化，为南方电网公司高质量发展保驾护航。

---

① 房巧玲，刘明硕，崔宏．国有企业内部监督体系研究：理论渊源、现实困境与实施路径［J］．财会通讯，2022（14）：3-8.

② 朱珊珊．国有企业监督制度的困局与策略［J］．经济体制改革，2020（1）：29-35.

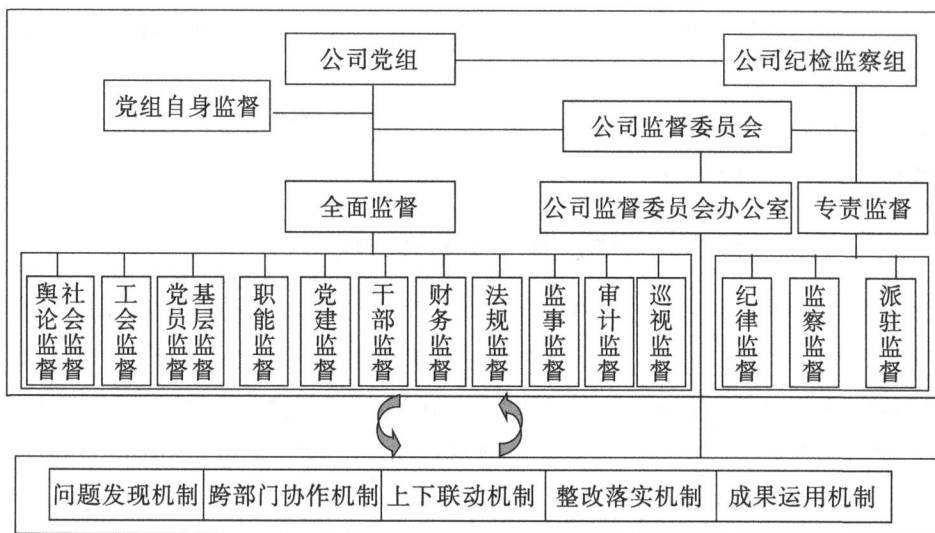

图6-2 南方电网公司集团内部监督权分配体系

资料来源：南方电网公司提供。

（一）党组织：承担全面监督责任

对于党组织而言，其应当承担全面监督责任。

一是党组对监督工作负主体责任。党组书记是第一责任人，党组成员按照"一岗双责"履行监督职责。党组及其领导班子成员应当将落实全面从严治党责任情况作为年度民主生活会对照检查内容，深入查摆存在的问题，开展严肃认真的批评和自我批评，提出务实管用的整改措施。党组书记每半年向中央纪委国家监委报告履行全面从严治党主体责任及推进党风廉政建设和反腐败工作情况。班子成员每年对照全面从严治党主体责任清单进行自查，向党组报告本人履行全面从严治党"一岗双责"的情况。

二是旗帜鲜明惩治腐败。党组至少每半年专题研究一次公司全面从严治党、党风廉政建设和反腐败工作。按照公司政治生态评价指标体系指引，每年分析研判、准确把握公司系统政治生态情况。

三是坚持民主集中制。凡属"三重一大"事项都要按照集体领导、民主集中、个别酝酿、会议决定的原则，由党组会议集体讨论、前置研究或作出决定；党组成员要根据集体决定和分工，切实履行自己的职责。

四是坚持党的组织生活、谈心谈话、执行干部考察考核、领导干部个人有关事项报告、领导干部插手干预重大事项记录等制度：①严格执行组织生活制度。

遇到重要或者普遍性问题及时召开党组民主生活会。党组成员应当在会上把群众反映、巡视反馈、组织约谈函询的问题说清楚、谈透彻，严肃开展批评和自我批评，提出整改措施，接受组织监督。严格落实述职制度，公司领导班子和班子成员应当每年在开展年度（任期）综合考核评价时进行述职，接受评议。②贯彻落实谈心谈话制度，加强相互监督提醒。党组成员出现工作变动、不良反映、履职不力、违规违纪、遇挫遇难、生活困难、精神不振、矛盾冲突等情况时，党组主要负责人应当及时约谈、提醒告诫、关心帮助。党组成员发现主要负责人或其他班子成员存在问题，应当及时向其提出，必要时可以直接向上级党组织报告。③严格执行干部考察考核制度，全面考察德、能、勤、绩、廉表现。考察考核中党组成员应当对其他班子成员实事求是地作出评价。落实党组织主要负责人在干部选任、考察、决策等各个环节的责任，对失察失责的成员应当严肃追究责任。④严格落实领导干部个人有关事项报告制度，党组成员应当按规定如实报告个人有关事项，及时报告个人及家庭重大情况，事先请示报告离开岗位或者工作所在地等情况。⑤建立健全领导干部插手干预重大事项记录制度，发现党组成员利用职务便利违规插手干预干部选拔任用、员工招聘录用、物资采购、工程承发包、用电报装、大额资金使用及其他重大经营活动等问题，及时向本人提出，予以纠正；涉嫌违纪违法的问题线索，及时向中央纪委国家监委相关部门报告。

（二）监督委员会：负责协调指挥公司监督工作

监督委员会的主要职责体现在协调研究党和国家关于国有企业监督工作的部署要求，提出贯彻落实意见；协调落实公司党组、董事会关于监督工作的要求；协调落实公司重大监督任务；协调研究公司监督工作中遇到的重大问题。

监督委员会的日常工作机构为监督委员会办公室，办公室主任由公司党组专职副书记兼任，副主任由党建工作部、人力资源部、党组巡视办主要负责人担任，公司纪检监察组副组长（1名）、公司总部各部门主要负责人为成员。

监督委员会办公室主要任务，一是在公司党组、监督委员会领导下，协调各监督责任主体，做好监督重点工作任务分解，做到全年重点工作监督全覆盖。统筹整合监督工作计划、监督内容，统筹监督力量开展联合监督。二是督促各监督责任主体实施公司年度监督工作要点、重点监督工作计划，定期做好分析总结。三是协调"五项机制"（问题发现机制、跨部门协作机制、上下联动机制、整改落实机制、成果运用机制）有效运转。四是提出研究解决监督工作中遇到重大问题的意见或建议，协调落实监督发现问题整改及成果运用。五是组织召开监督委员会会议，组织开展监督工作考核，压实各监督主体责任。

（三）纪检监察组：专责监督

纪检监察组全面履行党章赋予的职责，根据《中国共产党党内监督条例》和国家监委有关规定认真履行监察职责，聚焦主责主业，深化转职能、转方式、转作风，开展纪律监督、监察监督、派驻监督。

一是开展纪律监督，主要履行好以下职权：协助公司党组推进全面从严治党、加强党风廉政建设和反腐败工作；强化政治监督，督促推动公司党组坚决做到"两个维护"；强化日常监督，抓住"关键少数"，督促推动落实"两个责任"；加大对公司党组管理人员的监督执纪力度，有效运用监督执纪"四种形态"；依纪依法开展问责；加强对直属纪委和各分、子公司纪委的领导，落实"三个为主"。

二是开展监察监督，主要履行好以下职权：对公司系统监察对象依法履职、秉公用权、廉洁从业以及道德操守情况进行监督检查；对公司非中央管理的监察对象涉嫌职务违法和职务犯罪案件进行调查；对违法的公司非中央管理的监察对象依法作出政务处分；对履行职责不力、失职失责的公司非中央管理的监察对象依据权限进行问责，或者向有权作出问责决定的党组织（单位）提出问责建议。

三是开展派驻监督。派驻纪检组是驻在单位党内监督专责机构，重点监督驻在单位党委领导班子及其成员和三级副以上领导干部。全面履行监督执纪问责职责，协助驻在单位党委推进全面从严治党、加强党风廉政建设和反腐败工作。

（四）专业监督、职能部门业务监督：权责范围内进行风险防控

专业监督、职能部门业务监督，主要体现在相应职能部门在自己工作权责范围内进行风险防控。

一是审计监督。通过开展对落实党和国家政策以及重大决策部署，公司重要决策、重要工作安排情况审计，企业负责人经济责任审计，固定资产投资全过程管理和竣工决算审计，内部控制建设与执行情况审计，重要经营管理事项或经济活动审计等，发现被审计单位存在的问题及风险隐患，提出审计意见及整改要求，促进被审计单位完善治理，实现经营管理目标。

二是监事会监督。以财务监督为核心，通过听取汇报，查阅、核查、调查企业财务、资产状况和经营管理情况，列席企业有关会议等方式，对企业的财务活动及企业负责人的经营管理行为进行监督，作出企业财务以及经营管理情况评价、企业负责人经营管理业绩评价以及奖惩、任免建议，提出企业存在问题的处

理建议，确保国有资产及其权益不受侵犯。

三是合规监督。通过对公司重大事项决策、规章制度制定与执行、重大项目运营、日常业务活动等经营行为开展合规风险识别和预警、合规审查、合规检查、受理违规举报与调查违规事件、督促违规整改、考核评价工作，确保公司各级组织、各项业务及全体员工行为合规。

四是财务监督。依据国家财经法律法规、会计法律法规和国家统一会计制度、公司各项财务管理制度规定，通过审核原始凭证、资金收支、财产清查、计划预算执行等，对重大对外投资、资产处置、资金调度和其他重要经济业务事项进行财务监督，对经济业务事项的经办人员、审批人员、财物保管人员以及会计事项的审批人员、记账人员职责程序相互分离、相互制约情况进行监督，督促各单位严格遵守国家财经法规，改善经营管理，促进经营目标实现。

五是工会监督。通过职工代表大会及其联席会议等方式，组织职工参与公司生产经营管理重大事项决策、涉及职工切身利益的规章制度制定，监督劳动法律法规和规章制度的执行情况，参与公司领导班子成员履行职责和廉洁自律民主评议，维护和保障职工合法权益。

此外，公司总部其他部门按照"业务谁主管、监督谁负责"的原则，主动发挥职能监督作用，并设立兼职廉政监督员。各党支部履行日常监督职责，负责收集党员、群众意见和诉求，并向上级反映，发现党员、干部违反纪律问题及时教育或者处理。要畅通监督渠道，自觉接受社会监督、舆论监督，保障社会公众的知情权和监督权。

二、常态化协同内部各类监督主体监督合力

南方电网公司准确把握系统集成、协同高效的要求，增强监督主动性、严肃性、协同性、有效性、权威性。充分运用"问题发现、跨部门协作、上下联动、整改落实、成果运用"五项机制，促进各类监督在信息、资源、力量、手段、成果上有机贯通、相互协调、形成合力。

（一）问题发现机制

认真落实"该发现没发现就是失职，发现问题不处置不报告就是渎职"的要求，建立健全问题发现"立体监督网"，着力提高问题发现能力。

一是党组自身监督发现问题。党组应当加强对领导班子成员的日常管理监督，把监督体现在时时处处事事，用好民主生活会、谈心谈话、干部考察考核、

述职述廉、领导干部个人有关事项报告等各种日常监督制度，发现问题，及时提醒告诫。

二是全面监督发现问题。监督检查以发现问题为主，党组巡视办、审计部门、监事会、法规部门、财务部门、人力资源部门、党建工作部门、工会办公室等部门发挥专业（职能）监督作用，各职能管理部门按规定和计划组织开展本业务领域监督检查，有效发现问题。

三是专责监督发现问题。纪检监察组发挥监督再监督作用，督促各级党组织、党员干部认真落实管党治党主体责任。做实做细监督职责，创新监督方式方法，实施精准监督。进一步拓宽畅通"信""访""邮""网""电"监督举报渠道，接受广大干部员工、社会群众信访举报。

四是各有关部门在监督工作中发现问题。填写"各监督主体发现问题（职责范围之内解决）报备表"向监督委员会办公室报备；在监督工作中遇到需要跨部门解决的重大问题，填写"请求跨部门协作申请表"报送给监督委员会办公室，由监督委员会办公室研究提出解决的意见或建议，必要时提交监督委员会研究决定。

（二）跨部门协作机制

一是协调监督计划实施。各有关部门每年初填写"各监督主体20××年度监督计划表"报送监督委员会办公室统筹。各部门在组织实施监督检查工作前需制订监督检查方案，提前联系监督委员会办公室，了解掌握其他部门在开展监督工作中发现的问题情况，做到综合施策，有的放矢。

二是开展联合监督。遇到干部考察考核、经营管理、作风建设、专项治理等需要其他部门配合的监督事项，由主办部门提出需求，监督委员会办公室统筹，整合纪检监察、财务、审计、人力资源等监督力量，开展联合监督，提高监督实效。

三是违规问题移交。各有关部门在监督工作中，发现非本部门职责权限处理的违规问题，填写"各监督主体发现违规问题移交表"，并按如下分工移送：①涉及违反公司选人用人、任职回避、领导干部配偶子女及其配偶经商办企业、个人有关事项报告、因私出国（境）等制度规定的问题应向人力资源部门移送；②涉及违规经营投资造成损失的问题，应向审计部门移送；③涉及法律纠纷案件和违反公司合规管理规定的问题，应向法规部门移送；④涉及被巡视单位需要提醒巡视组关注的问题，在巡视进驻前应向巡视组移送；⑤涉及党的建设缺失，以及落实党建责任制、意识形态责任制主要任务不力的问题，应向党建工作部门移送；⑥涉及违反公司安全生产制度规定的问题，应向安全监管部门移送；⑦其他涉及违反公司经营管理制度规定的问题，按公司部门职责分工移送。

四是违纪违法问题线索移交。各有关部门在监督工作中，发现涉嫌违反党的六大纪律、中央八项规定精神、国家法律法规等违纪违法的问题线索，在做好保密的同时，填写"发现违纪违法问题线索移送表"，移交公司纪检监察组处理。

五是违规问题查处。违规问题的调查处理按照公司《合规管理规定》有关条款执行。处理结果抄送相关部门按规定兑现奖惩，并填报"问题和线索处置结果报送和兑现奖惩表"反馈给问题移交部门，同时抄送监督委员会办公室。

六是违纪违法问题查处。对涉嫌违纪违法的问题由公司纪检监察组查处。纪检监察组依纪依法对有关党组织、党员和监察对象作出党纪、政务处分的建议，提交公司党组讨论决定。处理结果抄送相关部门按规定兑现奖惩，并填报"问题和线索处置结果报送和兑现奖惩表"反馈给问题移交部门。对涉嫌犯罪的，移送司法机关处理。

（三）上下联动机制

一是完善计划任务联动机制。各有关部门结合年度重点工作，制订监督工作计划、专项治理方案、监督检查方案等，在公司系统内一体推进、同步开展监督检查，做到监督内容、监督方法和监督标准一致，实现同频共振、监督到位。

二是畅通问题请示报告回复机制。各基层单位针对监督检查发现的重大问题，填写"监督工作请示报告表"并报送公司相关职能部门、监督委员会办公室；公司相关职能部门对基层单位报送的问题进行综合分析研判，对于共性问题组织开展公司系统全面自查自纠、整改落实，形成叠加效应，实现监督上下联动。

三是统筹培养使用监督人才机制。通过下派上挂、交叉使用、交流锻炼等方式，搭建交流平台，统筹监督资源，实现监督人才使用一盘棋。

（四）整改落实机制

一是坚持"边督边改、即知即改"。对监督部门在监督工作过程中指出的问题，被监督单位（部门，下同）应立即安排整改，能够当下改的，明确时限和要求，按期整改到位；一时解决不了的，明确阶段目标，持续整改。

二是落实"双反馈、双督促"。监督部门在完成监督任务后填写"监督发现问题整改任务表"反馈给被监督单位，并召开反馈会，向被监督单位反馈监督发现的问题，当面交责压责，并将问题反馈给公司分管领导和相关职能部门，共同督促被监督单位建立问题、任务、责任清单。被监督单位应当真改实改、全面整改，并在规定时间内完成整改并将整改情况报告报送监督部门和监督委员会办公室。

三是做好整改"后半篇文章"。针对监督检查发现的制度缺失、普遍性、系统性问题，监督委员会办公室要督促相关职能部门组织开展专项整治，举一反三，推动公司系统全面整改，完善管理制度，建立长效机制。建立纪检监察机构和人力资源部门对巡视整改的日常监督协调机制。

（五）成果运用机制

纪检监察组及总部各部门应在每半年末填写"监督工作情况表"，并报送监督委员会办公室。监督委员会办公室在监督委员会会议上通报监督发现的普遍性、系统性问题，提出需要共同关注的事项，实现监督问题信息共享。监督委员会办公室定期收集整理监督成果，对成果运用作出安排，督促相关部门、单位改进管理，开展员工教育、警示教育。对典型案件通报曝光，发挥以案为鉴、以案促改作用。纪检监察组应当充分运用监督成果，涉及领导干部廉洁自律问题的，应将监督成果和整改情况列入领导干部廉洁情况"活页夹"，并以适当方式将监督成果运用情况向监督委员会报告。同时，精准有效运用监督执纪"四种形态"，把思想政治工作贯穿监督全过程，抓早抓小，防微杜渐。人力资源部门应当充分运用监督成果，将其作为考核、任免、奖惩领导干部的重要依据，并以适当方式将监督成果运用情况向监督委员会报告。

案例

广东电网公司：建立"探针"监测机制 做好制度建设后半篇文章

双管齐下，系统提升制度建设质量。广东电网公司制度"探针"监测机制围绕"体系清晰、制度简明、执行到位"三大目标，选取若干单位作为试点，重点从制度设计和制度执行两方面对公司制度进行监测。运用公司规章制度管理办法中规定的制度改进建议书和制度执行四类监督成果，使相关机制有效运转。一手抓制度设计改进，明确以一份制度对应一份制度管理改进建议书的形式提出建议，提升制度设计质量；一手抓制度执行监督，充分运用制度起草部门、制度管理部门、巡察审计内控管理部门和纪检监督机构等主体开展的四类监督检查结果，查找执行问题，并分析原因提出改进措施，强化制度执行效果。

求真务实，充分发挥"探针"监测效果。"探针"监测机制坚持以问题为导向，深挖制度建设存在的提升空间，将制度建设提升落到实处。一是放置"探针"深入基层，面向执行制度的地市局、县区局和基层班站所员工，以问卷调研、现场访谈等形式开展制度设计评价，打通制度执行"最后一公里"障碍。二是保证"探针"监测结果有效闭环，基层形成的制度改进建议合理可行的，及时纳入公司 2022 年制度"废改立"计划的年中调整；制度执行问题查找过程中发现制度设计问题的，滚动更新制度改进建议。三是强调制度执行问题立行立改，给予制度执行问题改进措施检验时间，改进措施效果不理想的，及时修正措施内容，确保措施切实有效。四是建立制度管理反馈机制，公司直面基层制度模块适用性问题，回应基层制度培训需求，压实制度流程固化检查责任。

本篇小结

南方电网公司治理改革实效

高质量发展阶段中国特色国有企业现代公司治理实践路径的三个原则"坚持党的领导与公司治理相统一、坚持依法管控与激发活力相统一、坚持企业共性与个性治理相统一"在南方电网公司治理实践中体现为"积极探索完善法人内部治理、建立健全法人层级治理授权体系、编制并推广应用不同治理结构公司治理范本、完善市场化激励约束制度"等举措，该等举措切实地激发了南方电网公司经营活力，助力南方电网公司逐步实现公司治理能力和治理体系现代化，向高质量发展迈进，并为中国特色国有企业建设贡献南方电网公司经验。

一、公司治理现代化助推企业竞争力提升

（一）*治理体系与治理能力现代化基本实现*

公司治理体系和治理能力现代化既包括各法人内部实现"权责法定、权责透明、协调运转、有效制衡"，也包括集团母子公司间权责分明，协调有度。"国企改革三年行动"期间，南方电网公司全面落实部署两个"一以贯之"，基本建设完善南方电网公司现代企业制度。在 2021 年度中央企业改革三年行动重点任

务考核中公司位居第二，2022 年度中央企业改革三年行动重点任务考核中排名第一，在国务院国资委 2022 年度专项考核中，公司所属 10 家"双百企业""科改企业"获评"9 标杆、1 优秀"。

一是基本实现"权责法定、权责透明"。"国企改革三年行动"期间，系统梳理 73 部党内法规、法律法规、规范性文件、公司章程和 318 份管理制度要求，精准分配权责，确保权责法定；清单化明确 25 个领域事项的权责边界，其中总部内部管控事项 90 项，总部对出资企业管控事项 248 项，明晰各主体权限范围、权力边界，确保"隐形权力显性化""清单之外无权力"，使权力在阳光下运行，实现权责透明。

二是基本实现"协调运转、有效制衡"。以制定各治理主体权责清单为突破口，既确保党组织发挥领导作用，又推动董事会、经理层依法行权履职。"国企改革三年行动"期间，制定《党组权责清单》，35 项党的建设等重大事项由党组决定，55 项重大经营管理事项由党组前置研究讨论，确保党组既把好方向又不包办代替。制定《董事会权责清单及授权清单》，40 项重大事项由董事会决策，53 项一般性、多发性事项由董事会授权给董事长或总经理决策，既保证董事会有效发挥作用，提高决策质量，又适应市场快速变化特点，提高决策效率。制定《经理层权责清单》，明确经理层权责 48 项，依法保障经理层行权履职。公司新增和修订了一系列关于干部"能上能下"、员工"能进能出"、薪酬"能增能减"的管理办法和指引，有效激发全体员工干事创业热情，实现活力之变。

三是基本实现法人层级治理因企施策精准授权。构建精准授权模型，分为四种类型实施授权：对主要从事管制类业务的 8 家企业实施"一般授权"；对主要从事非管制类业务的 15 家企业进行"适度授权"；对市场化程度高、治理机制成熟、行权能力较强的 1 家企业进行"高度授权"；对 3 家参股公司进行"充分授权"。修订《公司法人层级权责清单》，进一步加大授放权力度，总部下放权限事项 142 项，总部审核审批事项仅为 128 项，放权比例达到 53%，全面激发子企业活力。同时，依托精准授权模型，明确分类施策管控事项 39 项，特别授权事项 12 项。

（二）企业核心竞争力与核心功能不断增强

南方电网公司将中国特色现代企业制度建设作为统领公司改革发展的基础性工作，切实将制度优势转化为治理效能，将治理效能体现为治理实绩，在建设具有全球竞争力的世界一流企业征程上迈出了重大步伐。

　　企业核心竞争力稳中有进、稳中提质，持续巩固经济效益恢复性增长良好态势。2022 年南方电网公司完成营业收入 7 647 亿元，同比增长 13.90%；净利润 162 亿元，同比增长 20.65%；资产总额 11 451 亿元，同比增长 5.81%（见表 6-6）。2021 年，南方电网公司运营的 11 条直流线路综合能量可用率达 96.46%，连续 10 年保持国际领先水平。2022 年，全面完成国务院国资委经营业绩考核目标，连续 16 年荣获年度考核 A 级，连续 4 个任期荣获任期考核 A 级。世界 500 强排名跃升至 89 位（见图 6-3）。

表 6-6　南方电网公司 2019—2022 年经营效率　　　　　　　　单位：亿元

项目	2019 年		2020 年		2021 年		2022 年	
	金额	增速	金额	增速	金额	增速	金额	增速
资产总计	9 336	14.56%	10 124	8.44%	10 822	6.89%	11 451	5.81%
营业收入	5 633	5.76%	5 744	1.96%	6 683	16.36%	7 647	13.90%
所有者权益	3 784	17.33%	4 070	7.57%	4 195	3.07%	4 413	5.20%
利润总额	180	8.32%	111	-38.29%①	134	20.98%	162	20.65%

　　资料来源：中国南方电网有限责任公司 2023 年度第五期超短期融资券募集说明书；中国南方电网有限责任公司审计报告（大信审字〔2023〕第 1-04185 号）。

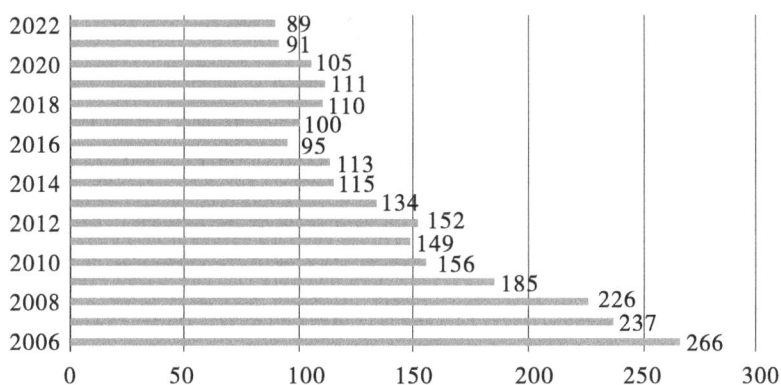

图 6-3　南方电网公司集团世界 500 强排名

数据来源：南方电网公司官网。

---

　　① 2020 年，受新冠疫情影响，南方电网公司执行政策性降电价，同时电网售电量减少。

科技自立自强，创新充分涌流，品牌卓著，彰显行业引领力。科技攻关和重大工程建设成果丰硕，2021 年，南方电网公司提前圆满完成柔直穿墙套管等 5 项国家级攻关项目，首款全国产化电力专用主控芯片"伏羲"实现量产并入选央企"十大国之重器"，"5G+数字电网"荣获通信领域世界级大奖，220 千伏及以下主设备全面实现国产化，投运全国首条自主研制的新型超导电缆，有力彰显了新型体制优势。2022 年，"伏羲"芯片首获中国专利金奖，2 项成果获日内瓦国际发明展金奖，数据管理能力成熟度评估获评国家最高等级。截至 2022 年底，南方电网公司累计获得省部级以上科技奖励 220 余项，获中国电力优质工程奖 93 项，国家级优质工程奖 73 项，其中国家优质工程金质奖 3 项。品牌影响力与行业引领力不断加强，战略性新型业务领域布局拓展，产业结构优化，南网能源公司实现首发上市，南网科技公司成为能源电力领域首个在科创板上市的科改示范企业，在工业互联网、储能、电动汽车充换电设施运营等领域形成一批具有核心竞争力和生态主导力的领军企业，同时，深化与周边国家电力合作，加快提升南方电网公司国际化发展水平和全球影响力。

以人才强企形成能源领域人才国际竞争比较优势。"国企改革三年行动"期间，面向全球成功引进 43 名战略级、领军级海外高层次人才；印发"南网人才 30 条"，落实 143 项人才支持措施；公司专业技术、技能专家总数超一万人①。2022 年，设立"南网高层次人才引进计划""南网高层次人才特殊支持计划"，设立推广"南网人才专享服务计划"。9 名高层次人才入选国家人才计划，6 名员工荣获"中华技能大奖""全国技术能手"称号，"三类三级"专家扩增 28%。同时，南方电网公司"任期制和契约化"管理不断深化。经理层成员任期制和契约化管理制度体系全覆盖并延伸扩面至非经理层，公司推进干部"能上能下"管理办法，提出 55 种干部"下"的具体情形，推动形成了能者上、优者奖、庸者下、劣者汰的良好氛围，打造有活力、有激情的内部人才市场体系。

专注核心功能，践行社会责任，为国民经济发展提供支撑。南方电网公司承担区域电力市场试运行的重任，建设全国首个区域电力市场——南方区域电力市场，推动国家电力市场建设与发展；在国内首创需求响应补偿资金向市场化用户疏导机制，积极支持增量配售电业务市场化改革，全力支持增量配电试点项目公平无歧视接入电网。积极培育售电市场，活跃度全国领先。2021 年，南方电网公司每度电支撑广东、广西、云南、贵州、海南 GDP 产出分别达到 15.2、10.7、

---

① 刘洋洋．年度改革考核，南方电网名列央企第一！ ［EB/OL］．（2023 - 06 - 26）．https：// m. thepaper. cn/baijiahao_23631376.

12.3、11.1、15.2 元。南方电网公司超前研判供需形势，推动建立政企联席、工作专班等机制，加强沟通汇报，积极警示风险、提出建议，形成多方联动、同向发力的工作局面，践行出高度政治自觉和责任担当。2016 年，在"海马""莎莉嘉"等四个强台风侵袭下，南方电网公司主网设备均未受损，配网设备损坏程度同比历史大幅下降 96%；2018 年"山竹"台风期间，10 千伏杆塔受损率大幅降低至 0.069%。2021 年，人均维护线路长度由 2015 年的 29.6 千米增加至 44.5 千米（年均增长 7.2%），线路跳闸率年均降低 10.6%。2022 年，针对云南、贵州电煤紧张情况，多次协调国家有关部委及省区政府、发电企业加大电煤保障力度，最大限度提升供电能力。

二、高质量发展不断满足人民追求美好生活的能源电力需要

"国之大者铭于心，万家灯火践于行。"建设完善中国特色现代企业制度，实现公司治理体系和治理能力现代化的根本目标在于实现企业高质量发展，在高质量发展中满足人民对于美好生活的需求。南方电网公司治理机制完善的过程，也是追求满足人民能源电力需要的过程。南方电网公司治理机制改革牢牢把握电网基础设施关系国计民生和国家能源安全的重要属性，始终把人民利益放在最高位置，践行"人民电业为人民"，满足人民群众追求美好生活的能源电力需要。

坚持提升供电能力，保障正常用电。能源安全是关系国家经济社会发展的全局性、战略性问题，对国家繁荣发展、人民生活改善、社会长治久安至关重要。南方电网公司自觉把工作放在党和国家事业全局中谋划推进，切实发挥国家队、主力军作用。发挥大电网平台作用，统筹供给与需求、送出与受入、电力电量平衡与安全生产、有序用电与能耗"双控"，打出电力保供"组合拳"。南方电网公司供电可靠性保持全国领先，公司经营区域城市中心区客户年平均停电时间由 2017 年的 2.14 小时/户锐降至 2021 年的 0.40 小时/户（见表 6-7）；业扩投资界面进一步延伸，为客户节约投资 267 亿元；广东电网公司、深圳供电局基本建成现代供电服务体系。南方电网公司还基于用户价值视角，为客户打造"基础+增值"服务产品体系和研发体系，实现了从为客户提供单一基础服务产品向多元化服务产品的转变，为南方五省区的广大用户提供可靠、便捷、高效、智慧的新型供电服务。

表 6-7 南方电网公司近年"电力供应"情况

	2017 年	2018 年	2019 年	2020 年	2021 年
中心城区停电时间（小时/户）	2.14	1.05	0.57	0.49	0.40
电网建设投资（亿元）	817	874	1 060	907	995
110 千伏及以上输电线路长度（千米）	212 251	222 954.5	236 573.2	248 532.1	261 886
110 千伏及以上电网变电容星（万千伏安）	97 429	102 105	106 587	111 349	112 654
统调最大负荷（万千瓦）	16 297	16 853	18 671	19 977.7	21 618.8

资料来源：《南方电网公司 2021 年企业社会责任报告》。

坚持"解放用户"，优化营商环境。"获得电力"是评价营商环境的重要指标，作为责任央企，南方电网公司持续优化用电营商环境，加快构建现代供电服务体系，让客户成为产品和服务的最终评判者。为进一步降低客户接电成本，南方电网公司坚决执行降电价等政策，全年累计降低用户用电成本 200 亿元；进一步提高低压小微企业接入范围和容量上限标准，实行粤港澳大湾区地市报装容量 200 千瓦及以下、海南全省用电报装容量 160 千瓦及以下和其他城市地区用电报装容量 160 千瓦以下、农村地区 100 千瓦以下小微企业用电报装"零投资"。为持续提升客户满意度，南方电网公司进一步完善《中国南方电网公司客户关系管理细则》，明确营销策划、客户信息、客户分群、客户满意度管理方法，全面深入分析 12398 及 95598 诉求工单，全方位、多视角、深层次对照分析，找差距、补短板、堵漏洞，力争达到"发现一个投诉，分析一个投诉，解决一类问题"的效果。2021 年，深圳、广州"获得电力"指标领跑全国，广东、广西电网公司和深圳供电局连续多年在地方公共服务评价中名列第一。

服务乡村振兴，助力共同富裕。南方电网公司始终怀有高度的使命感与责任感，做好乡村振兴衔接工作，充分利用企业优势参与扶贫助困，扎实推进现代化农村电网建设，提升城乡供电服务均等化水平。南方电网公司印发《公司关于实现巩固拓展脱贫攻坚成果同乡村振兴有效衔接的实施意见》，明确助力脱贫地区乡村产业、人才、文化、生态、组织等全面振兴共 22 条举措。2021 年，投资 406.5 亿元建设现代化农村电网，农村及偏远地区频繁停电、长时间故障停电用户数分别下降 75%、67%；编制"十四五"现代化农村电网规划，计划投资 1 900 亿元建设现代化农村电网；发行全国规模最大的乡村振兴债券，募集资金 50 亿元；与中国扶贫基金会共同设立 1.5 亿元南方电网公司知行教育发展基金，建成 152 间"南方电网公司知行"书屋，让乡村学子更好地享受公平教育。

推动能源绿色低碳转型，落实"双碳"目标。"十四五"是碳达峰的关键期、窗口期。实现"双碳"目标，能源是主战场，电力是主力军。南方电网公司把落实"双碳"纳入工作全局，系统谋划、统筹推进。在新型电力系统建设方面，2021 年，南方区域可再生能源发电利用率达 99.8%，风电、光伏发电基本全额消纳，非化石能源电量占比达 48.9%，远高于全国平均水平。在现代能源体系方面，南方电网公司贯彻落实西电东送国家战略，坚持将清洁能源最大化消纳列为仅次于电网安全的优先调度约束，同时切实做好光伏、风电等新能源的接入和并网服务，推动清洁能源市场化交易，首次启动南方区域绿色电力交易，全年成交绿色电量达 15.9 亿千瓦时。此外，积极倡导低碳生活，进一步健全充电基础设施网络。2021 年，公司充电桩保有量达 7.3 万支，县级及以上城市实现充电桩全覆盖、乡镇覆盖率达 60%；新增电能替代项目 16 935 个，实现电能替代电量 359 亿千瓦时；绿色金融全年业务规模达 215 亿元，发行全国首批碳中和债券和首单碳中和资产支持票据。

三、为国有企业现代化治理贡献样本智慧

南方电网公司持续深化改革创新，着力破解发展难题、增强发展动力、厚植发展优势，将改革"试验田"深耕为"示范田"，为中国特色国有企业建设贡献南方电网公司经验，助力中国特色国有企业现代公司治理现代化走向更深层次的改革之路。"国企改革三年行动"入选国务院国企改革领导小组办公室"学先进、抓落实、促改革"典型标杆，2022 年度改革考核排名央企第一。2022 年，公司入选国务院国资委首批"国有企业公司治理示范企业"，治理经验做法先后在国资委《国企改革三年行动简报》《国有企业改革动态》、中组部《央企情况》刊登，并被《人民日报》《人民政协报》及"学习强国"等央媒广泛宣传报道，治理示范能力和实践经验获得良好口碑。

创新探索党组织前置研究讨论方式，成为"国企三年改革"的典型案例。2021 年《关于中央企业在完善公司治理中加强党的领导的意见》中明确提出，中央企业党组、党委要根据决策的具体事项，结合实际，把握前置研究讨论的程序，要做到既科学规范又简便高效。南方电网公司于 2020 年创新的"制度审议、综合审议、一事一议"三种党组前置研究讨论方式，与中央文件所含的精神高度契合，迅速得到国资委认可，作为国资委"国企三年改革"的典型案例。

创新"范本治理"机制，打造国有集团基层治理的"南方电网公司样本"。

南方电网公司结合基层企业不同治理结构，创新明确具体路径，编制《南方电网不同治理结构公司治理范本》，进一步规范各层级、各类型分子公司治理模式，将党的领导落实到全系统、各环节、最基层。"治理范本"是中央企业中首家体系化地编制并推广应用的创新举措，2022年2月入选国资委"国企三年改革"的典型案例，以机制创新助推党的全面领导在制度上有规定、程序上有保障、实践中有落实。

创新推进混改，打造全国混改领域三项第一。深圳前海蛇口自贸区供电有限公司由合作五方共同出资，于2015年11月挂牌成立，成为全国首家增量配电业务混合所有制企业，先后纳入全国首批增量配电业务改革试点、首批重要领域国有企业混改试点。南方电网公司能源2019年入选国家第四批混改试点企业，2021年1月在深圳证券交易所上市，在全国率先实现了综合能源服务领域企业混改上市突破。南方电网公司科技首创股份制改造和引入战略投资者交叉进行、同步推进，2021年12月在科创板上市，成为电力行业首家科创板上市公司。

创新集团法人层级治理授权放权精准化模式，为国有集团授权放权由原则化向精准化转型提供新思路、新策略。南方电网公司2021年6月出台《南方电网公司优化法人层级授权工作方案（2021年版）》，用"模型+清单"开展精准授权，基于"集团是否应该""出资企业是否需要""总部是否有能力"三个视角，选取战略地位、产权关系、行业竞争、发展阶段、行权能力、管理经验六个维度，进行综合评价，对出资企业实施精准化授权，解决权责配置"一刀切"问题。

创新建立"重奖、保障、津贴"等多重激励体系，11个案例入选国务院国资委改革办印发的任期制契约化管理50个参考示例。公司全面推行经理层任期制和契约化管理，新增和修订了一系列关于干部"能上能下"、员工"能进能出"、薪酬"能增能减"的管理办法和指引，有效激发全体员工干事创业热情。2021年，公司系统866家各级分子公司、3 290名经理层成员全面完成契约签订；员工市场化退出3 200余人，降岗降级13 000余人，人数为历年最多。新聘管理人员竞争上岗率73.1%，各级管理人员退出率10.2%，居央企前列；9家符合条件的科技型企业100%实施分红激励；长周期安全生产专项奖励覆盖14.7万人；股权激励、项目跟投实现"零的突破"。以"零缺陷"通过国务院国资委改革办第三批专项抽查（20家央企中共4家通过）。

第七章　结语

党的二十大报告提出，"从现在起，中国共产党的中心任务就是团结带领全国各族人民全面建成社会主义现代化强国、实现第二个百年奋斗目标，以中国式现代化全面推进中华民族伟大复兴"，同时强调"高质量发展是全面建设社会主义现代化国家的首要任务"。对于国有企业而言，在以中国式现代化全面推进中华民族伟大复兴的新征程中，必须强化建设中国式现代化的使命担当，以"国有企业高质量发展"为新一轮深化改革的目标和方向，在这一目标的指引下国有企业需要持续完善中国特色现代企业制度。

本书理论篇沿着国有企业改革的历史脉络，分析在习近平新时代中国特色国有企业现代公司治理制度的基本原则与实现路径。综合而言，可以从三个层面进行阐释：第一，坚持党的领导与公司治理相统一。这是中国特色国有企业现代公司治理最鲜明的特色，将党组织纳入公司治理结构，建立起新的制衡结构，创建公司治理的新均衡，更好地实现企业的政治性和经济性目标。第二，坚持依法管控与激发活力相统一，只有科学且稳定的制度作为指引，企业运行才能有序且高效。但依法管控并不意味着严管、死管，而是要做到依法管控与激发活力相统一，既要该管的管住管好，也要该放的放足放活。第三，坚持企业共性与个性治理相统一，把握公司治理理论基础、治理结构、治理要素等共通性以建立起企业治理体系，但针对不同类型的企业而言，应当尊重其所处行业、环境的差异，对症下药，确立差异化治理框架。

明确了中国特色国有企业现代公司治理制度的实现路径之后，我们选取国务院国资委首批"国有企业公司治理示范企业"、关系国家安全和国民经济命脉的特大型国有重点骨干企业——南方电网公司为研究对象，设置路径篇，分析其成为"国有企业公司治理示范企业"、多项企业治理实践被选入"国企三年改革的典型案例"且获得国资委宣传推广的原因所在，并在分析过程中将南方电网公司实践与公司治理理论相结合，提炼既具有理论基础，又具备实践支撑的"中国特色国有企业现代公司治理的南方电网公司范本"。

整体上，南方电网公司坚持以习近平新时代中国特色社会主义思想为指导，全面落实两个"一以贯之"，坚持问题导向、目标导向和结果导向，确立"成为具有全球竞争力的世界一流企业"战略目标，梳理出"系统谋划与战略定位对标、顶层设计与基层创新互动、内部治理与层级治理相嵌、改革推进与范本建设协同"的整体改革思路，积极探索完善法人内部治理，建立健全法人层级治理授权体系，编制并推广应用不同治理结构公司治理范本，完善市场化激励约束制度，切实把中国特色现代企业制度优势转化为治理效能。

一、南方电网公司法人内部治理

企业作为组织体，实现战略目标依赖于构成组织体的各治理主体的具体行动，各主体间治理权责如何分配与协调，是保障企业持续稳定运营的内生动力。南方电网公司立足于建立健全产权清晰、权责明确、政企分开、管理科学的现代企业制度目标，积极适应国有企业改革新形势新要求，坚持党的领导、加强党的建设，完善体制机制，依法规范权责，根据功能分类，进一步健全权责法定、权责透明、协调运转、有效制衡的公司治理机制，形成如下改革路径：

第一，党的全面领导落实至公司治理。南方电网公司从"制度、组织、决策"三重维度系统性梳理改革措施，依次回应：党的领导在国有企业治理结构中的定位如何保障，党的领导如何与各治理主体实现融合，党的全面领导如何通过治理制度在公司决策中发挥作用。推动党的领导以"制度层面：明确地位，界定权责""组织层面：双向进入，交叉任职""决策层面：前置研究讨论"的格局落实至公司治理。关于前置研究讨论，南方电网公司创新探索"制度审议""综合审议""一事一议"三种方式，得到国资委认可，并作典型案例予以推广。

第二，聚合股东会多元结构资源优势。为避免改革囿于"混合"表层，南方电网公司以"适配战略投资者—设计多元股东结构—规范股东会运行"为主线，形成三个层次的改革策略：一是借助"资源效应"形成资本参与方间的资源禀赋互补之势，依托社会资本灵活的市场机制、高效的运营效率，延伸国有企业价值链；二是通过"制衡效应"保障社会资本参与方拥有参与经营管理的"话语权"，发挥其在市场化经营理念与管理经验中的专业性；三是依托股东会运作表达国有股东意志，构建国有企业由行政型治理向经济型治理的结构基础与机制保障，夯实国有企业混合所有制改革高质量运行的企业内部制度基础。

第三，夯实董事会经营决策主体地位。南方电网公司聚焦"优化完善董事会结构、建设外部董事队伍、规范董事会运行"三个重点，促进董事会"定战略、作决策、防风险"的重要作用得到更好发挥。"优化完善董事会结构"着重体现在"应建尽建"，优化内部组成，设立战略与投资委员会、提名委员会、薪酬与考核委员会、审计委员会等专门委员会，提升董事会决策的专业性；"建设外部董事队伍"突出外部董事选聘、管理与监督；"规范董事会运行"则围绕董事会经营决策主体地位，压实董事会履行决策把关、内部管理、风险防范等职责，严格推行集体审议、独立表决、个人负责的决策制度。

第四，激活经理层经营管理作用。国有企业经理层改革主要面临两方面的挑战：一是行政管理模式下国有企业经理层契约化管理的缺失，经理层长期延续党政干部行政管理模式，由上级主管部门直接行政任命；二是国有企业经理人具备"亦官亦商"双重身份，有着天然的国有身份保护伞，无须担忧经营业绩不佳时丢失"编制"，冲淡了现代企业制度"委托代理关系"中董事会对经理层本应有的控制与监督。于此，南方电网公司一方面加强董事会向经理层授权，强化经理层与企业之间的委托代理关系；另一方面，职业经理人契约化管理，在选聘、考核、退出等环节全面嵌入市场化机制。

第五，协调治理主体权责衔接。党组织、股东会、董事会、监事会及经理层等治理主体定位不同，利益需求不同，并不能自发地保持有利于企业战略发展的方式行动。所以，通过公司治理协同制度使得各主体相互协调、配合，相互促进，保持有序运行。南方电网公司以"一张清单"统筹治理主体权责，《南方电网公司治理主体权责清单》纵向覆盖13个业务领域，横向集成"三重一大"编号、治理主体、行权方式和行权路径、法律文件依据等核心要素，实现"一表在手、一目了然"。以"一套规则"明晰治理主体议事机制，梳理出包括《党组议事规则》《股东会议事规则》《董事会议事规则》《董事长专题会议规则》《总经理办公会议事规则》等在内的一套议事机制，并开发"协同办公系统：决策会议模块"信息化系统，实现权责清单智能检索，随时随地，想查就查。

二、南方电网公司法人层级治理

国有企业集团因组织结构的多法人性与多层次性，子公司往往在行业竞争、产权关系、发展阶段等多个层面呈现出异质性，集团公司与子公司之间的集权或分权模式不应当呈现单元形态，而应当结合子公司的差异性进行差异化授权与放权。在构建法人层级治理的差异化授权治理体系时，应当以"两条线"为基准：在保障子企业"市场经济属性"进行授权放权时，以公司法规范层面的合规为底线；在保障集团整体"公共利益属性"实现时，以"落实党、国家重大战略和重大决策部署"为底线。精准化授权模型构建是在两条线之间依据子企业特点寻找治理模式的"张与驰"。

影响法人层级治理精准化授权模型的集团内部因素既需要考量母公司特征因素、子公司特征因素，也需要考量母子公司关系因素。该等因素在影响授权模型构建时的故事线可以描述为：母公司是否应该授权—出资企业是否需要授权—母公司是否有能力管理，也即在分析母子公司关系的基础上，对子公司特征因素进行评价，并结合母公司相对于该子公司所呈现出的特征因素来构建集团内部多层次的授权体系。

与精准化授权模型相衔接的问题是，集团公司通过怎样的路径实现对不同授权放权事项的治理，是完全通过子企业意思表示机关行权，还是可以部分集权事项采用自上而下的管控方式。对于像南方电网公司这样的商业二类集团而言，其公共利益场域事项需要强调保障管控力度，集团公司作为政策传导与执行层，应当通过自上而下或审核批复的"管理型行权"控制，但对于市场经济场域中的事项，则应当依托于子公司本身治理结构，尤其是股东会和董事会进行决策，也即"治理型行权"。对于治理型行权事项，依据集团战略，应当由集团统一管控的事项，既可通过加强集团公司对子公司派员来加强股东意志的贯彻，也可在尊重子企业独立性的基础上通过"管理型行权"来实现。"管理型+治理型"两种行权路径配合差异化授权体系的法人层级治理模式，更利于商业二类国有企业平衡好公共利益与市场经济这两种相互交织的属性，以承担起"人民向往"的使命，实现高质量发展。

三、南方电网公司运行制度

南方电网公司在运行制度探索过程中，审视中国特色现代企业制度落地见效上普遍存在的"上热中温下凉"情况，通过首创不同治理结构公司治理范本，将现代企业制度落实到基层企业的改革中。同时，以突出正向激励与长效激励的激励机制来调动各治理主体的治理活力，以"大监督格局"来规范国有企业所有者缺位带来的特殊代理问题。

南方电网公司认识到将党的领导落实到最基层是法人层级治理现代化的突出难点，以"顶层设计与基层创新互动"为原则，选取基层单位试点探索，及时总结提炼形成不同治理结构公司治理范本。不同治理结构公司治理范本按照"定基准、明区别、细分类、优程序"的思路，以"股东会、党委、董事会、经理层、监事会"标准治理结构公司为基准，聚焦"子公司和分公司、党委和党支部、董事会和执行董事、上市公司和非上市公司"四种区别，细分不同治理结构（七种结构）、不同产权关系（全资和控股）、不同法人层级（覆盖到四级单位）、不同业务板块（管制和非管制）的治理需求，形成涵盖公司章程、"三重一大"事项清单和治理主体权责清单、治理主体议事规则和内设机构党支部议事清单的一套文件，推动公司治理体系向更高水平、更深层次迈进，将中国特色现代企业制度优势更好转化为治理效能。

激励制度注重企业发展人本因素，以"去行政化、去刚性化、市场化"为基本方向，以"效果决定用人、效率决定用工、效益决定薪酬"理念为指引，致力于构建管理人员能上能下、员工能进能出、收入能增能减的有效激励机制。一方面，强化正向激励，南方电网公司结合电网企业特点、主营业务特性、激励分配可操作性等因素，重新建立与业绩和效率强关联的工资基数核算规则，确定业绩奖励金根据奖励基数和奖励系数获取的规则，打破原有工资基数基于历史基数逐年滚存的僵化格局，精准激励在改革发展中勇于担当、攻坚克难、开拓创新的员工。另一方面，丰富长效激励机制，南方电网公司以核心骨干人才队伍为中长期激励的主要对象，针对不同的业务领域，创设股票期权、限制性股票和股票增值权等股权激励计划，推行科技成果转化项目收益分红、超额利润分享机制等，将职工利益与企业利益相统一、职工目标与企业目标相统一，激励相容。

监督制度强化对集团内权力运行的制约和监督。南方电网公司系统谋划部署，针对过去监督主体多元化、沟通协调效率不高、监督工作质量不高等现象，建立起党组统一领导、监督委员会直接指挥、各监督主体具体执行的工作机制，将公司财务、法律、审计、干部、巡视巡察、纪检监察等各种监督力量有效整合贯通起来，进一步完善大监督工作格局。同时，把握系统集成、协同高效的要求，充分运用"问题发现、跨部门协作、上下联动、整改落实、成果运用"五项机制，促进各类监督在信息、资源、力量、手段、成果上有机贯通、相互协调、形成合力，确保实现监督全覆盖，推动公司治理体系和治理能力现代化，为南方电网公司高质量发展保驾护航。

同时，与"坚持企业共性与个性治理相统一"原则一致，南方电网公司因企施策，鼓励各级分子公司依据自身实际创新具体治理措施，不少分子公司探索出积极可行、切实有效的企业治理方式，在集团内部形成了良好的示范作用，在"基层实践与顶层设计互动"治理理念中不断丰富、提升南方电网公司现代企业制度的质效。

　　如上，南方电网公司在优化南方电网公司法人内部治理、规范南方电网公司法人层级治理、强化南方电网公司治理运行制度，以及激励分子公司创新实践等方面的改革，纠正了此前治理权责存在错位、治理机制与治理能力存在虚化等问题，克服了以往行政式管理的惯性，建立起符合现代企业制度要求的治理体系，促进治理能力现代化。这些改革举措的效果直接地体现在了南方电网公司运营指标与经营业绩上，也体现在了各类举措被国资委评为"典型案例"、多个分子公司被国资委评为"示范企业"上。

　　中国特色现代企业制度是中国式现代化的企业微观基础制度之一，也是高水平社会主义市场经济体制的企业微观制度基础之一，国有企业应当肩负起持续完善中国特色现代企业制度的责任。综合理论篇、路径篇、案例篇的分析，在新阶段，面对以高质量发展推进中国式现代化建设的重大使命，国有企业确立高质量发展目标，致力于通过全面深化改革来完善中国特色国有企业现代公司治理制度，提升企业核心竞争力，创建世界一流企业。南方电网公司在新时代背景下，坚持党的领导与市场化改革方向，平衡公共利益与市场经济双重场域的利益，确定"成为具有全球竞争力的世界一流企业"的战略目标，进行全方位的公司治理改革。从改革成效来看，其实践可谓是为国有企业深化改革提供了"中国特色国有企业现代公司治理的南方电网公司范本"。不过，改革只有进行时，没有完成时，中国特色国有企业现代公司治理制度改革也永远在路上，期待国有企业在以中国式现代化全面推进中华民族伟大复兴的新征程中，强化使命担当，不断前进。

附录一 案例集萃

中国特色现代国有企业制度的构建原则之一为"坚持企业共性与个性治理相统一"。企业共性是指企业在治理理论、治理结构、治理要素上存在共通性，这种共通性为企业快速建立基础治理架构提供了支持，但同时，因为企业在经营属性、资本结构、企业规模、发展程度等方面存在差异，还需要契合企业特点因事制宜设立差异化治理机制。路径篇中，南方电网公司在公司治理改革的整体安排中重视"基层实践与顶层设计互动"，鼓励各级分子公司敢于"摸着石头过河"，创新改革的具体实施方式。而且，南方电网公司因企施策构建精准授权模型，不同类型的分公司、子公司拥有差异化独立决策范围；南方电网公司在编制"1+N"治理范本时不仅划分出七种不同类型的治理结构，亦强调分公司、子公司可根据自身实际"灵活选用"部分条款。

因此，南方电网公司各层级分子企业在遵循中共中央、国务院关于深化国有企业改革的顶层指导意见、集团总公司关于集团内治理制度刚性设计的基础上，积极探索，围绕完善治理结构、健全制度体系、规范行权机制、提升治理效能等方面，涌现出不少创新举措，加快了权责法定、权责透明、协调运转、有效制衡的公司治理机制的落实。本书为了更加完整地呈现南方电网公司在探索中国特色国有企业现代公司治理过程中的实践，对应路径篇中南方电网公司分子公司七种不同类型的治理结构，设置案例集萃。相较路径篇以南方电网公司作为集团总公司的视角，案例集萃将更为完整地介绍分子公司在不同治理结构中进行的创新举措及其效果，以期进一步拓展中国特色国有企业现代公司治理理论与实践相结合的有效路径。

案例选取依据南方电网公司各层级分子企业择优推荐，对照"治理结构、制度体系、运行机制、支持保障、治理成效及经验模式"五个维度进行统一评价与认定，结合南方电网公司所开展的书面和现场检查，共筛选出公司治理优秀企业15家，作为案例集萃实例。15家分子公司特点鲜明、代表性强，以更加全面的视角反映了南方电网公司作为一家集合了708家分子公司的大型国有企业集团，如何实践中国特色国有企业现代公司治理。这15家公司中，深圳供电局已入选国务院国资委"国有企业公司治理示范企业名单"；超高压输电公司、南方电网科技股份有限公司部分工作经验和做法纳入国资委等有关部委典型案例，取得较好的外部反响；南网储能股份有限公司按照"战略引领、依法合规、平稳过渡"的原则，研究设计公司上市后管理模式；广州电力交易中心基于多元股权，探索建设具有区域电力交易机构特点的公司治理体系；南网融资租赁公司、南网大数据公司基于自身行业特点、发展阶段，探索打造具有行业特色的权责清单，推动科技领军人才代表进入董事会；南网供应链集团、广西新电力投资集团金秀供电公司强化公司范本文件全面、精准落地，完整构建符合自身实际的公司治理体系，探索数字化手段赋能公司治理；广东珠海供电局，广西柳州供电局，云南玉溪供电局，贵州贵阳、凯里麻江供电局，海南三亚供电局积极推动解决分公司党组织成员和经理层人员高度重叠问题，出台并推广应用党组织三种前置研究讨论分类清单，推动了公司治理新机制在基层落地见效的生动实践。

一、确立权责体系：设党委、董事会、经理层子公司

（一）深圳供电局：以创一流排头兵担当　打造公司治理"深圳样本"

1. 基本情况

深圳供电局有限公司（下文简称"深圳供电局"）是中国南方电网有限责任公司的全资子公司，运营管理着我国供电负荷密度最大、供电可靠性领先的超大型城市电网。深圳供电局坚持以习近平新时代中国特色社会主义思想为指导，深入贯彻国务院国资委关于进一步深化法治央企建设工作部署，切实把中国特色现代企业制度优势转化为治理效能，在形成更加成熟定型的中国特色现代企业制度上先行示范，打造公司治理"深圳样本"。2022年，深圳供电局获评国务院国资委"国有企业公司治理示范企业"、国有重点企业管理标杆创建行动"标杆企业"以及南方电网公司治理优秀企业。

2. 治理实践与成效

（1）建章立制，健全以章程为基础的公司治理体系

深圳供电局以规范董事会建设为抓手，构建管制业务企业法人治理新模式，全网率先将"党建"写入章程，进一步明确了党委发挥领导作用及其范畴路径。

一是完善"1+1+N"公司治理制度体系。通过1份公司章程、1份治理主体权责清单，完善董事会议事规则、授权管理细则等N份基本制度，保障公司治理规范高效运作。通过"科学评估、合理配置、科学授权、配套说明"的综合举措，优化公司治理主体权责清单，共覆盖13个业务领域，167项权责事项，确保"隐性权力显性化""清单之外无权力"。

二是健全公司管理制度体系。以制度简明化为抓手，推进改革三年行动要求纳入公司制度，固化制度体系文件75份，改革要求精确匹配1 017条制度条款，将改革举措固化为公司长效管理机制。创先开展制度体系成熟度评价，聚焦"制度是否刚性执行、制度运行是否取得实效"，从"制度建设、制度执行、落实成效"三个维度对治理制度完成情况开展综合评价。探索实践精定位、明标准、实评价、见成效"四步法"，为每一份制度"量身"定制制度检查标准，切实推动治理成效与制度完善互相促进、互相印证、持续提升。

三是落实董事会职权制度建设。2020年6月，率先全网建立外部董事占多数的规范董事会，完善董事会六大重点职权管理制度体系，推动董事会职权管理制度均提交董事会决定。充分发挥外部董事专业多元、经验丰富优势，深入调研论证，上会前充分沟通，做到实际情况提前了解、不同意见提前反馈，实现外部董事"真正到位"、董事会决策"随时在位"、董事会成员"履职到位"，切实提升董事会运作质效。

四是规范董事会授权管理行为。对董事会授权额度进行精密测算，结合公司业务负荷程度、风险控制能力等，科学论证、合理确定授权额度标准，确保董事会决策投资事项金额超过上会决策总金额的20%。定期对授权事项实施动态管理，变更授权范围、标准和要求，保证董事会授权合理、可控、高效，实现公司决策质量及效率双提升。

（2）机制创新，推动公司治理机制规范运作

深圳供电局从强化决策管理的合法性、计划性、科学性着手，切实提升公司治理运转质量效能，把中国特色现代企业制度优势转化为治理效能。

一是规范决策审批程序。准确把握治理主体功能定位，差异化安排治理主体会议，探索建立了"酝酿启动—经理层论证评估—外部董事会前沟通—党委前置把关—董事会专门委员会审查—董事会决策"的议事决策流程，努力做到环环相扣、步步衔接。

二是优化会议管理策略。持续推进本部决策会议"班车制"，综合考虑事项缓急、议题数量、决策效率等因素，结合多年会议实践归纳整理的必审议案清单，科学制订年度议题计划，固定每月各决策主体的会议排期，集中管控议题计划，实现决策会议规范有序、务实高效、均衡排期，决策责任意识普遍增强。通过加强决策会议管理，在决策事项数量大体相当的情况下，2022 年决策会议数量同比减少 20.7%。

三是促进治理规则完善。建立"一问题一分析，一决策一检视"机制，编制《公司治理实践系列专题研究》四期，完成对制度流程衔接、利益回避等七项问题专题分析，综合提出实操问题的解决方案，化解规则执行中的流程衔接不顺、权责事项含义理解分歧等问题，以实践检视促进前端治理规则的完善和治理水平的提升。着力提高问题研究分析的前瞻性，坚持"立足工作要点、聚焦治理难点、打通工作堵点"，对公司治理实践中存在的深层次问题开展专题调查研究，将具有共性和普遍指导意义的经验做法提炼成管理建议，推动公司治理规则进一步完善。

四是建立履职保障体系。建立健全董事会工作机构，构建"指引、联系、服务"三位一体的外部董事履职保障体系，建立"三汇报"机制（即议题预沟通、日常专报和重大事项及时报告），编制《外部董事监事月报》，累计向外部董监事报送履职所需各类信息近 500 条，切实保障董事会行权履职有效性。

（3）精准授权，促进子企业科学精准决策

深圳供电局优化子企业管控模式和路径，明确区分"管理型"行权和"治理型"行权的行权对象和管控方式。

一是做好精准授权，实施分类管控。依托南方电网公司精准授权模型、本地化特色，制定公司对出资企业精准授权评价标准，运用 SPACE 矩阵管理工具，从重要性和风险程度两个维度评估管控事项清单，形成四象限差异化管控策略。动态评估调整授权范围，推进对出资企业管控由"行政审批"到"行权治理"转变，落实"放、管、服"管控要求，纵向差异化对 7 家出资企业实施精准授权，进一步规范了对出资企业的行权路径和管控事项，确保股东行权不缺位、不越位、不错位。

二是加强治理型行权，优化纵向管理。建立出资企业议案办理沟通平台，搭建专业议案办理部门和出资企业的沟通桥梁，及时传递各方意见，推动股东间达成共识。建立治理型行权议题管理台账，完善时效追踪管控机制，实现议案办理全流程跟踪和全过程管控，确保议案按期办结、治理型行权平稳有序运行。编制出资企业议案办理操作指引，理顺议案间的内在逻辑关系和办理顺序，提出优化办理建议，保证治理型行权平稳有序运行。

三是将股东意志转化为出资企业内部管理要求。议案归口管理部门加强议案的审核把关，重点审核涉及股东权利事项，切实保障股东利益。对于一些直接涉及出资企业抢抓市场机遇的事项，进一步明确时限、提高效率，避免出资企业贻误战机。

四是提升出资企业董事监事履职能力。持续选优配强专职董事监事，专职董事监事从 2020 年的 1 人增加至 2022 年的 6 人，专职董事监事增幅达到 500%，并参照经理层成员任期制和契约化管理，推行外部董事监事任期制和契约化管理。按职责对外部董事监事实施考核分类管理。

五是探索分公司党组织成员与经理层成员"适度交叉"。通过扩大党组织领导班子成员的遴选范围，更好地推动党组织发挥作用。深圳盐田供电局打破了党组织领导班子成员基本来源于经理层成员的传统做法，在领导班子职数不变的情况下，在党组织领导班子成员中引入两名内设机构主要负责人，推动更好地发挥党组织作用。盐田供电局党总支和经理层重叠人数降至 2 人，有效避免同一拨人对同一问题重复研究。

（二）南网供应链集团：聚焦"四强"实现南网治理范本高质量落地

1. 基本情况

南方电网供应链集团有限公司（下文简称"南网供应链集团"）是南方电网公司全资子公司，于 2017 年 9 月 30 日注册成立，注册资本金为人民币 3 亿元。作为一家刚成立五年的年轻企业，公司深入贯彻南网决策部署，立足初创期发展实际，紧扣"国企改革三年行动"重点任务，完善治理结构、健全制度体系、规范治理机制、激发治理效能、探索创新模式，聚焦"四强"实现南网治理范本高质量落地，推动公司治理体系与公司改革发展同频共振。

2. 治理实践

南网供应链集团以南网顶层设计"高质量落地"为目标，聚焦强化全面落地、精准落地、纵深落地、高效落地四个维度多向发力，充分激发依法治理效能。

（1）以全员参与为保障，夯实治理体系建设基础，强化"全面落地"

通过思想、机制、工作模式"三板斧"，切实转变各部门对权责清单编制"置身事外"的一贯态度，实现全员参与，为南网治理范本全面落地奠定坚实基础。一是从思想层面入手，通过领导强调、专题宣贯等方式，持续强化"权责清单与每个员工都息息相关"的治理理念。二是从建设机制入手，形成"主要领导亲自部署、分管领导督促跟进、所有部门协同推进"的良好局面。三是从工作模式入手，不再采用法律部门预填写、各部门反馈意见的传统模式，形成由法律部门发布"空白表格+详尽附件（共计19项附件）"，开展专项培训、专题研讨和各部门自行编制权责清单的新模式，让各部门从做"选择题""判断题"变为做"问答题"，促使各岗位员工想清楚、理明白业务权责。通过新工作模式，公司在南网范本事项外结合实际增加权责事项69项，确保事项覆盖全面，最大程度实现南网顶层设计管理意图，推动实现"清单之外无权力"。

（2）以解决问题为导向，丰富细化权责清单内容，强化"精准落地"

锚定健全治理机制改革目标，全面回顾近三年治理主体议题决策情况，走访了解各部门在执行权责清单时存在的困难和困惑，结合公司治理体系规范运转时面临的问题，逐一研究解决办法，提升权责清单应用的精准程度。一是明晰董事会专门委员会职责，明确专委会研究事项38项，将董事会规范运作要求落实落细。二是增加非治理主体行权方式，厘清权责事项从非治理主体到治理主体行权全过程，消除权责清单执行盲点，实现公司治理与职能管理有序衔接。三是同步梳理配套制度建设计划，推动制度体系遵循权责清单同步更新。四是增加"行权流程"要素，描述决策程序履行顺序，降低权责清单理解应用专业门槛，提高权责清单应用准确性。五是区分归口管理部门与事项承办部门，明确职责分工，确保权责对位准确、权责清单落地运转顺畅。

（3）以职能管理为支撑，厘清非治理主体权责，强化"纵深落地"

主动加压编制职能管理权责清单，厘清主要领导、分管领导、议事机构、归口管理部门等非治理主体职责，梳理事项487项，推动南网顶层设计向纵深延伸。一是支撑公司治理体系，公司职能管理清单与治理主体权责清单共用一套框架结构、行权方式术语体系，与治理主体权责清单同步梳理、同步研讨，推动职能管理支撑公司治理规范，实现各层级权责上下贯通、横向协调、落实落地。二是推动公司管理优化，全面问诊所有业务，深入挖掘制度设计缺陷，全方位理顺管理流程、优化管理方式。三是厘清集团化管控思路，优化所属单位管控策略，在"该管的管住管好"与激发集团改革活力中取得平衡。将职能管理权责清单子企业事项与治理主体权责清单子企业事项合并形成法人层级权责清单，完整构建公司治理管理体系。公司治理管理体系如图1所示。

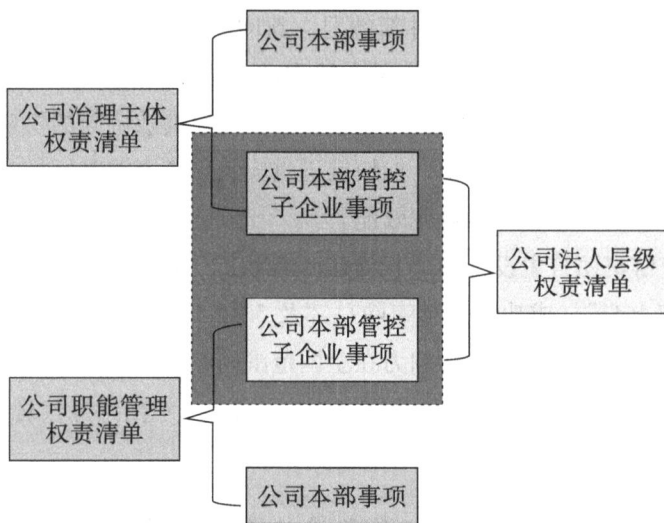

图1 公司治理管理体系示意图

（4）以"权责透明"为目标，探索数字化手段赋能公司治理，强化"高效落地"

创新运用数字化手段推动"权责透明"，在"南网智搜"上线"权责清单模块"，方便干部职员查询最新版权责清单，运用数字化技术打通公司治理落地"最后一公里"。一是广泛调研干部职员应用权责清单的痛点问题，发现以传统文件形式作为应用载体的权责清单存在查找文件慢、检索事项慢、多重筛选慢的"三慢"问题。二是充分借鉴外部成熟经验，学习国家各级政务网站权责清单站点、头部平台（如京东、淘宝）手机端检索筛选界面设计思路，确保模块操作模式符合通用习惯，保证良好使用体验。最终完成"权责清单模块"电脑端V1.0版的设计开发，设置权责清单多重条件"一键检索"、权责卡片信息展示、权责卡片下载保存、历史权责清单查询等功能，实现权责清单应用化繁为简、智能筛选；依托"南网智搜"手机端"权责清单模块"实现权责清单随时随地智能检索。三是深入挖掘模块应用场景，在核心功能基础上拓展进阶功能，目前已上线历年各版本权责清单查询下载功能，便于巡视巡查、审计等监督检查工作迅速获取历史版本权责清单；计划持续升级版本，分批次上线行权依据文件关联、公司治理管理知识普及等进阶功能，拓宽模块应用场景。

3. 治理成效

南网供应链集团作为南方电网供应链改革的主力军，正处于成立初期与改革发展期叠加的特殊时期。面对各种新情况、新问题，公司不等不靠、主动出击、深入思考。通过"四强"举措，公司有效推动南网公司治理顶层设计高质量落地，助力公司全力支撑南网战略目标落地，初步构建高效协同的供应链共享服务平台；稳步打造南网供应链集团，加快推进供应链服务资源跨区域共享，彰显供应链管理改革集约化效益和专业化效能。

南网供应链集团自主设计的"权责清单模块"，在"南网智搜"完成电脑端和手机端"双上线"，成功推广至南网总部及 5 家二级单位，形成可复制、可推广、可借鉴的典型经验。行业影响力在全国范围内亦得到认可，获"中国招标代理行业华表奖""中国招标代理行业综合实力百强""中国招标代理行业典范奖"等国家级荣誉。

（三）广州电力交易中心：聚焦股权多元化以完善公司治理推动交易机构规范运行

1. 基本情况

广州电力交易中心是根据中共中央、国务院《关于进一步深化电力体制改革的若干意见》（中发〔2015〕9 号）要求，经国家发展改革委、国家能源局批准，于 2016 年 3 月 1 日挂牌成立的国家级区域性电力交易机构，主要负责落实国家西电东送战略，开展跨区跨省市场化交易，促进电力资源更大范围的优化配置。

成立初期，广州电力交易中心由电网企业绝对控股，电网持股比例达 66.7%，与电网企业、调度机构的职责界面未完全理顺，交易规则未有效衔接，机构人员、财物、资产也未与电网企业实现管理分离，机构内部治理水平还不够规范，与国家关于电力交易机构独立规范运行的要求还存在差距，一定程度上影响电力交易机构市场运营和服务水平。面对这些困难，广州电力交易中心坚持问题导向，认真贯彻落实国家电力体制改革决策部署，以"国企改革三年行动"为契机，持续完善现代企业制度，统筹推进电力体制改革和国有企业改革，推动交易机构独立规范运行，探索"股东单位参与公司治理、市场主体参与市场运营"的新路径，成为全国首家多元股权电力交易机构，是南方电网公司落实电力市场化改革的窗口单位，改革成果入选中宣部、国家发改委等主办的"砥砺奋进的五年"大型成就展。

2. 治理实践

（1）持续优化股权结构，夯实公司独立规范运行基础

深入推进交易机构股份制改造和融合发展，开辟交易机构独立规范运行的改革新路。

一是实施增资扩股，优化电网股权。主动、密切与国家部委、南方电网公司多次汇报沟通，促成南网公司制定印发南方区域内交易机构股权调整总体方案和相应改革任务清单，并组织实施。通过增资扩股，电网企业持股比例从 66.7% 降至 39%，高于国家要求标准，改革进度、深度均为全国领先。

二是引入股东单位，优化股权结构。妥善设置引入股东单位条件，探索性引入电规总院、水规总院等第三方服务机构，促进市场健康持续发展，创新引入南方区域五省区各省级电力交易机构，促进机构融合发展。通过增资扩股，公司股东单位由 6 家增加至 13 家，类型涵盖中央企业、省属国企、第三方服务机构和电力交易机构，股权构成更加多元、结构更加合理。

三是建立股权纽带，促进机构融合。创新实施南方区域电力交易机构间交叉持股，通过引入省级电力交易机构作为新股东，同时股权投资各省级电力交易机构，建立交易机构间股权纽带关系。在此基础上，牵头建立交易机构季度工作例会、课题协同研究、人员交流培养以及制度联合发布等协同机制，促成南网公司出台南方区域电力交易机构融合发展实施方案，进一步明确交易机构融合发展的方向和路径，推动南方区域内交易机构融合发展。

（2）创新完善治理机制，妥善平衡股东之间利益诉求

基于公司多元化股权结构，妥善处理好控股股东和参股股东的关系，统筹协调股东单位间利益诉求。

一是在引入新股东过程中充分平衡各方利益。2020 年，广州电力交易中心完成增资扩股，股东单位由 6 家增至 13 家，引入的股东单位主要涵盖中央企业、

省属国有企业、第三方机构和省级电力交易机构四种类型，其中，南方电网作为中央企业，主要是落实国家西电东送战略；广东能源等股东作为省属国有企业，主要是考虑各省区在跨省区交易中的利益诉求；电规总院、水规总院作为第三方机构，主要是促进市场健康持续发展；各省级电力交易机构作为股东，主要是促进机构融合发展。

二是在章程设计中充分保障控股股东核心关切。基于多元股权结构，公司在章程设计中重点关注控股股东核心利益，对章程部分核心条款作出差异化设计。例如，适当提高股权转让门槛，保持公司股权结构相对稳定，同时防止参股单位间随意转让股权影响控股股东控制权；妥善设置特别决议条款，严控股东会特别决议事项，除四个法定的事项外其他事项力争不纳入，暂缓执行董事会特别决议事项，以保证控股股东对董事会的控制权；妥善设置和分配公司董事、监事席位，坚决守好"经理层成员全部由控股股东推荐"的底线，充分保障控股股东的核心诉求。

三是在高管席位设置和分配中统筹兼顾各股东诉求。在席位的设置上，因公司股东单位较多，董事会设 7 个席位，监事会设 7 个席位，保持席位规模与股东规模基本一致。考虑到席位过多不利于控股股东的控制权、过少将难以协调股东单位诉求的问题，通过创新建立"固定+轮换"推荐董事、监事的治理机制，由股东单位根据股权份额推荐董事、监事人选，其中股比排名前两位的股东单位固定推荐董事、监事，排名 3~6 位的股东单位按规则轮换推荐董事，其他股东单位按规则轮换推荐监事，在保证控股股东控股地位的同时，保障各方参与公司治理，充分调动股东单位积极性。

（3）充分发挥治理效能，通过治理规范带动运营规范

基于交易机构内部治理和市场运营的双重职能，通过规范内部治理推动市场运营的规范，最大限度发挥治理效能。

一是充分发挥党委把关定向作用。优化完善公司党委权责清单，将提交市场管理委员会审议的市场运营事项（如交易规则、收费方案等）纳入公司党委前置研究讨论范围，将党的领导融入公司治理的同时进一步融入市场运营，把公司党委作为公司治理和市场运营的重要引擎，充分发挥党委的政治核心与领导核心作用，确保与中央有关的电力体制改革要求保持高度一致。

二是将市场运营融入公司治理范畴。修订完善公司章程的董事会授权和经理层的职权条款，将公司拟提交市场管理委员会审议的市场运营重大事项纳入董事

会职权范围，将市场运营中的部分一般事项（如年度交易方案）纳入经理层职权范围。修订完善公司董事会和经理层权责清单，将市场运营中的相关事项纳入权责清单事项范围，从机制层面将市场运营与公司治理充分融合。

3. 治理成效

打造改革标杆示范，为全国市场提供"南网样本"。在全国率先将电网企业持股比例降至50%以下，率先实现电力交易机构之间的交叉持股，率先完成交易机构股权优化工作，得到国家部委高度肯定和社会广泛认可。公司报送的《勇立潮头 电力市场改革的先行者》《对标世界一流央企加速奔跑 为畅通市场循环提供高效电力交易平台》成功入选国资委改革三年行动典型案例。

治理机制规范高效，治理体系运转顺畅。成立以来，累计召开股东会13次、董事会17次、市场管理委员会9次，共审议议题146项，历次会议所有议题全票通过率均为100%。从近年来公司接受的内外部巡视、审计和专项检查反馈来看，公司未出现重大决策失误、违规经营或重大资产损失、重大负面社会影响。

市场机制不断完善，市场运营成效显著。成立以来，广州电力交易中心累计组织交易电量超1.3万亿千瓦时，释放改革红利超1 000亿元。市场满意度始终保持较高水平，连续五年得分在95分以上，2021年度市场主体服务满意度得分达98.52分，创历史新高。2022年7月，南方区域电力市场启动试运行，市场建设步伐走在全国前列。

二、增强董事作用：
设党支部（党总支）、董事会、经理层子公司

（一）南方电网大数据公司：打造科技型董事会　实现科技与公司治理相融合

1. 基本情况

南方电网大数据服务有限公司（下文简称"南方电网大数据公司"）承载着南方电网公司大力发展数字产业化、产业数字化的重要使命，主营大数据运营及服务、新型数字基础设施投资与运营、通信网络投资与运营等业务。2022年，南方电网大数据公司作为"双百企业"，全面落实南方电网公司治理工作要求，在规范公司治理顶层设计的同时又积极探索基层单位治理工具的可操作性，全年

高质量修编公司治理制度文件近 20 份，形成系列精细化管理范本，全年度规范运作决策会议 75 场次、议题 313 个，党的领导全面加强、治理机构完整、基本制度健全、董事会建设成效凸显。

2. 治理实践

（1）优化董事会人才结构，实现科技领军人才进董事会

南方电网数字电网研究院有限公司委派两名科技领军人才进入南方电网大数据公司董事会，发挥专业能力。科技领军专家董事针对董事会工作改进提出两项举措：一是系统梳理需要专家董事重点发表意见的领域，并对公司科技创新、技术路线相关事项提供履职信息支撑和履职支撑服务保障。二是规范公司技术管理与研发等创新相关项目投资管理工作，做强做优公司战略攻关项目，推进公司向产品型、创新型公司转型，建立相应议事协调机构。

对此，公司责任部门建立《专家董事重点议事清单》，明确了专家董事议事范围及重点事项。为进一步强化科技型企业董事会在技术方向把关方面的作用，由专家董事牵头成立技术管理委员会，并邀请外部专家和公司管理层加入，从研发项目的技术方向、造价合理性等方面开展分析评估与把关，最大程度发挥科技人员专业能力，提高科技人员参与公司治理积极性，促进科技与公司治理相融合，推动科技与治理成为公司发展双引擎，并实现对公司治理风险的有效控制，助力公司实现高质量发展。

（2）坚持内外融合，加强董、监事履职保障支撑

公司高度重视外部董、监事履职支撑保障，通过探索建立一系列工作机制，多措并举确保公司董、监事履职到位、行权顺畅，从而有效发挥各方优势，确保股东权益。

一是认真做好外部董、监事调研工作。围绕公司发展战略实施、重大决策执行落实等重点，科学合理制订董事会年度调研计划，组织集中式调研，确保外部董事全面掌握生产经营现状；同时，根据外部董、监事专业背景、关注领域及个人意愿制订专题性调研计划。

二是认真做好信息支撑服务工作。为确保董事会决策的科学性、有效性，公司重视加强对外部董事决策信息支持力度，提供专门办公场所，定期整理上级单位的监管文件、重要会议和指示批复，安排外部董、监事阅读学习。积极拓展公司信息渠道，集各部门之力，向外部董、监事定期报送财务报告、内审报告等资

料，提高内外部董事决策信息对称性，保障董事会科学决策。

三是认真做好重大事项沟通报告。公司董事长高度重视与外部董事的沟通交流，每次召开董事会定期会议前，向外部董事介绍近期改革、重点工作进展等情况，听取外部董事意见建议。积极营造民主务实的董事会文化，支持外部董事充分发表意见、独立判断，对外部董事提出意见较多的事项，内部董事积极听取采纳，并将有关意见作为决议执行的必要条件，确保决策实效。

四是编制"应知应会"题库及手边书。编制公司治理基础知识和董事会工作的应知应会题库，内容涵盖董事会建设运作的政策规定、制度规范、履职要求、实操要点等内容，应用于董事会工作人员能力测试、培训后效果评价等场景，有效提升履职水平。

3. 治理成效

作为数字化、智能化、信息化的高科技企业，公司重视科技人员对公司治理的参与，致力于让科技人员、管理人员相向而行。通过科技领军人才进董事会，最大程度发挥科技人员专业能力和领航作用，提高科技人员参与公司治理积极性，从而实现对公司治理风险的有效控制，确保公司配备专业理论扎实、实践经验丰富、结构科学互补、整体素质优良的董事团队，促进科技与公司治理相融合，推动科技与治理成为公司发展双引擎，助力公司实现高质量发展。

（二）融资租赁公司：建立健全公司治理体系引领绿色金融高质量发展

1. 基本情况

南网融资租赁有限公司（下文简称"融资租赁公司"）成立于 2017 年 9 月，注册资本 35 亿元，定位于服务电网建设，沿电力产业链积极稳健扩展业务，公司业务网络覆盖全国 20 多个省、自治区和直辖市，形成以南方五省区为重点并辐射全国的业务布局。截至 2022 年底，公司资产规模突破 370 亿元，实现营业收入近 15 亿元，综合实力在南沙区 3 000 多家融资租赁企业中稳居前三强。为深入贯彻南方电网公司法治工作的安排部署，公司在治理范本基础上设计融入金融和租赁行业特点，坚持标准化和本地化相结合，形成了一套科学完善的公司治理体系，为引领绿色金融高质量发展、加快推进改革发展提供了坚实的法治保障。

2. 治理实践

(1) 探索设党支部企业治理范本在基层应用的样本

融资租赁公司一直坚持市场化方向，编制公司治理系列文件时，公司在南方电网公司治理范本的基础上，充分考虑市场竞争、行业特性和监管要求，探索设党支部企业治理范本在基层应用的有效路径。

一是打造具有产业金融特色的权责清单。打造一张具有行业特色的既能"管得住"又能"用得好的"治理主体权责清单，对于范本中属于强制适用的权责事项，严格按照范本的权力配置原则进行编制，对于特有的融资租赁业务事项，按照"租前—租中—租后"的全业务流程，梳理明晰涉及各关键环节的治理主体和决策点，并将监管要求纳入权责清单，构建覆盖全业务链条的权责体系和风险管理体系。清单还从项目性质、项目金额等维度建立起分层授权审批机制，对市场化项目公司创新设立总经理（业务审批专题）办公会，会议成员扩大至各部门负责人，就项目在会议上充分发表各自专业判断和意见，有效缩短了业务流程，兼顾了项目决策的效率和风险防控。

二是积极应对市场竞争，决策程序兼顾规范与效率。随着国家"双碳"目标出台，各大金融机构、类金融企业纷纷涌入新能源行业，公司业务直面银行、金融租赁公司的激烈竞争。外部市场的瞬息万变要求公司有更快的响应速度、更高的决策效率，同时也要坚决防范市场风险。为提高决策效能、增强公司市场竞争力，融资租赁公司在充分探讨和征求董事意见后，将董事会定期会议及临时会议材料提交时间分别确定为会议前 5 日和 3 日，较常规时间分别缩短了 5 日和 2日，决策机制更加灵活。

(2) 健全公司治理结构，完善公司治理制度

一是优化"党支部+董事会+经理层"的治理结构，把加强党的领导有效融入公司治理。领导体制落实"双向进入、交叉任职"，实现党支部委员会成员与其他治理主体适当交叉、相对独立、配备科学。董事会成员共 5 名，其中外部董事 3 名，实现外部董事占多数并设立 4 个专门委员会，根据公司规模设立 1 名外部监事。经理层已实行任期制和契约化管理，目前正研究探索职业经理人机制。

二是制订《关于争创公司治理优秀企业的工作方案》，以方案为统领，参照治理范本，结合公司实际情况编制公司治理系列文件。修订公司章程，在章程中完善党建条款，编制公司治理主体权责清单，并配套出台各治理主体议事规则、

编发董事会授权制度，搭建起"1+1+N"的公司治理文件体系。同时，建立起治理文件和管理制度协同联动机制，保证制度与权责清单的一致性，确保"清单之外无权力"。

三是为全面推进治理示范企业创建工作，面向公司全员开展相关文件的培训宣贯，确保公司治理系列文件的落地实施。各治理主体严格按照权责清单行权，协调运转，有效制衡。2022 年，公司董事会召开 16 次，讨论议题 40 余项，其中审议项目金额超 40 亿元，全面落实董事会六大职权。外部董事就公司经营目标、党的建设、风险防控、数字金融等方面内容开展调研 3 次。规范治理型行权，区分董事会清单内外事项，对于公司股东"依托股东权利/外部董事行权事项"，严格按照管理要求规范报送议案材料。

四是高度重视公司治理工作，明确治理职能机构及治理岗位，并在部门职责、岗位说明书中明确相关职责。根据《融资租赁公司关于争创公司治理优秀企业的工作方案》，建立起公司治理工作督办机制，按月向股东汇报工作进度。此外，公司还制定了党支部工作清单，将公司治理纳入其中，保障基层党组织有效参与到公司治理中。

3. 治理成效

公司治理好，探索南方电网公司设党支部企业治理范本在基层的实践应用。形成了"权责法定、权责透明、协调运转、有效制衡"的治理机制，有效促进了中国特色现代企业制度优势转化为治理效能，有效激发释放了公司的内生动力和发展活力，助力公司发展为"公司治理好、经营业绩优、行业认可度高"的融资租赁公司。

经营业绩优，连续三年在绩效考核中获评 A/S 级。规范高效的公司治理体系，作为关键内因支撑了公司经营业绩屡创新高，激发了公司的蓬勃发展动力和活力。2022 年，在利率下行和疫情影响双重压力下，公司完成新签合同额 212 亿元，实现营业收入 14.90 亿元，实现利润总额 5.17 亿元。2022 年末公司资产总额 372.52 亿元，同比增长 28.15%。公司近三年绩效考核分别为 A、S、S。

行业认可度高，绿色金融发展不断取得新突破。高效规范的公司治理体系引领绿色金融实现高质量发展，持续提升公司的行业影响力，融资租赁公司 2022 年绿色金融业务达 90 亿元，实现多个全国首创。公司建立了全国首个碳中和融资租赁服务平台，该平台在"碳达峰、碳中和"路径研讨暨高质量发展创新案例发布会中被评为"高质量发展技术创新解决方案"。2022 年 3 月，广东省地方金融监督管理局发布首批 36 家融资租赁公司监管名单（白名单），公司经过层层遴选，在2 000余家融资租赁公司中脱颖而出，被纳入该名单。绿色金融方面，公司绿色产业领域营收占比已达63%，远超绿色认证标准，被中国融资租赁"腾飞奖"评委会授予"绿色租赁领军企业"称号。

三、重塑执行董事：
设党委、执行董事、经理层子公司

金秀供电公司："三个适度"释放"三大效能"打造设执行董事企业治理范式

1. 基本情况

广西新电力投资集团金秀供电有限公司（下文简称"金秀供电公司"）是广西新电力集团下属控股子公司，是南方电网公司深化国企改革、推动央地融合重组广西40家县级供电企业之一。针对股东较少且规模相对较小的特点，2021年广西电网公司依法将董事会改设为执行董事，形成党委、执行董事、总经理的公司治理模式，治理模式发生历史性转变。

为更好推进中国特色现代企业制度建设，建立"权责法定、权责透明、协调运转、有效制衡"的治理机制，打造"第三类"治理结构示范样板，金秀供电公司深入贯彻落实"国企改革三年行动"和南方电网公司党组关于推进公司治理的决策部署，聚焦党组织领导班子成员和经理层成员高度重叠、治理主体权责不清、执行董事"个人说了算"等问题，通过"三个适度"的举措，做实"规定动作"，积极探索"自选动作"，推进《党委、执行董事、经理层子公司治理范本》落地，充分释放了"三大效能"，有力促进基层治理现代化水平提升，确保党中央路线方针政策、南方电网公司党组决策部署在"最后一公里"落地见效。

2. 治理实践

（1）扩增经理层决策成员，实现治理主体成员"适度交叉"

为推动党委成员和经理层成员适度交叉，探索扩增非班子人员进入总经理办公会参与决策路径，金秀供电公司成立工作领导小组和办公室，开展专题调查研究，拟订扩增总经理办公会决策人员的可行性分析报告，编制出台《扩增总经理办公会决策人员的改革实施方案》。经履行决策程序后，将 1 名熟悉生产经营管理工作的六级职员纳入总经理办公会决策范畴（见图 2），在不调整领导班子职数的前提下，推动党组织领导班子成员和经理层成员重叠率由 100% 下降至 80%，既满足"双向进入、交叉任职"的领导体制要求，又达到人员拉开、有效制衡的效果。

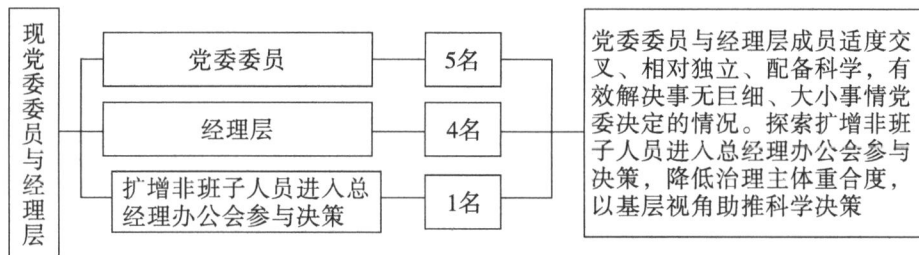

现党委委员与经理层	党委委员	5名	党委委员与经理层成员适度交叉、相对独立、配备科学，有效解决事无巨细、大小事情党委决定的情况。探索扩增非班子人员进入总经理办公会参与决策，降低治理主体重合度，以基层视角助推科学决策
	经理层	4名	
	扩增非班子人员进入总经理办公会参与决策	1名	

图 2　党委与经理层成员适度交叉路径

（2）理清权责清单，实现治理主体权责"适度平衡"

过去由于议事清单不明晰，存在不少"大事小事皆上会""重大经营管理事项直接由党委决定"等问题。2022 年以来，金秀供电公司全面梳理"出资人—党委—执行董事—经理层"权责，党委直接决定 28 项，同比下降 13.6%，前置研究讨论 38 项，同比上升 15.15%；经理层决策或审议 32 项，同比上升 38%；执行董事负责 4 项，各治理主体权责达到适度平衡。

由于党委前置研究讨论事项占总决策事项达 51%，为进一步提高党委前置研究决策效率，避免党委大包大揽，更好发挥党委"把方向、管大局、保落实"作用，运用"一次梳理、两个分析"做法积极探索党委前置研究讨论"三种方式"落地。"一次梳理"即选取党委议事台账，梳理议事事项重复频率较高的 6 大类事项，锁定"综合审议""制度审议"事项范围。"两个分析"即分析议事事项是否纳入年度计划，区分"综合审议"与"制度审议"，分析议事事项是否属于股东会决定（由上级单位决定）；区分"综合审议""制度审议"与"一事一议"（见图 3），进一步明确三种方式的标准界限，明确"根据本单位生产经营管理需要设立的专项奖励方案"等 3 项事项采取"综合审议"，"一定标准以下重大资产损失核销"事项采取"制度审议"，其余采用"一事一议"。2022 年党委把关议题减少了 30%，前置研究讨论不再"事无巨细"，党委谋全局、议大事、抓重点更加聚焦。

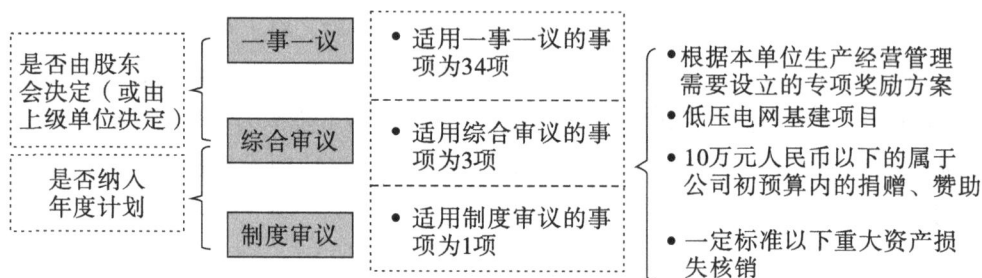

图3 "两个分析"过程

（3）落实"两个统筹"，实现董事会职权向执行董事"适度转变"

一是统筹"党委书记和执行董事"。明确党委书记和执行董事由一人担任，亮出执行董事"党员身份"，既履行好党的全面领导、抓党建第一责任人的责任，又履行好章程赋予执行董事（法定代表人）对企业改革发展、生产经营的管理职责，更好发挥党组织领导作用。同时，基于党委书记和执行董事由同一人担任的实际，持续推动党的领导融入公司治理各环节，坚持"书记抓、抓书记"，健全议事机构辅助决策机制，将党的领导与公司治理有机融合延伸至基层党支部，制定内设党支部议事清单，明确内设党支部研究讨论党建载体建设情况、党员推优、纪律处分等17项重大决策事项，推动10个基层党支部有效参与公司治理，充分发挥党支部的战斗堡垒作用和党员先锋作用。

二是统筹"法律地位和政策要求"。《公司法》赋予执行董事与董事会同等地位，直接将董事会权责移植至执行董事，虽有利于提高运营效率，但不符合"三重一大"事项"集体决策"原则，为防范风险，在权责配置时，依法合规将执行董事履行董事会的职权通过三个路径进行"分权"：路径一，将经理层成员任期制和契约化管理重大事项、经理层成员岗位聘任（任职）协议及经营业绩责任书等不适合由经理层决策的事项交予股东决定，以平衡执行董事与股东间的关系。路径二，重大经营管理事项经党委前置研究讨论后由经理层决定，充分保障经理层行权履职。路径三，"三重一大"以外的事项由执行董事负责，有效化解执行董事个人行权与重大事项集体决策要求之间的冲突。重点厘清了执行董事权责清单的4个具体事项（听取总经理年度工作报告、对经理层成员年度和任期经营业绩考核向股东提出建议、制定执行董事权责清单及授权清单、根据履职情况编写执行董事年度工作报告定期向股东会报告工作），执行董事"审议"环节的功能定位更加清晰，确保执行董事"不缺位""不越位"。

3. 治理成效

党的坚强领导效能充分释放。金秀供电公司连续两年在新电力集团经营业绩考核和党建考核中荣获双"A"级评价，组织绩效综合评级荣获"A+"级评价。2022 年荣获来宾市五一劳动奖状、广西电网公司五一劳动奖状。在 2022 年 2 月抗冰复电中，党委准确把握"保民生、重抢修、精服务"总体方向，成立 37 支党员突击队第一时间投入抗冰复电抢修工作，仅用 10 日实现了 8 条线路的快速复电，客户服务零投诉，得到金秀县委县政府的书面感谢，有力践行"人民电业为人民"的企业宗旨，充分彰显了央企的责任与担当。

各治理主体效能充分释放。治理主体权责明晰后，党委决定"强堡垒、创一流"党支部建设行动计划、干部任免建议等有关党的建设、干部队伍建设议题 208 项，前置研究讨论年度工作报告、执行董事工作报告等议题 64 项，党委"把方向、管大局、保落实"的定位更加凸显，党委总揽不包揽，到位不越位。经理层在股东会管理和监事的监督下，落实党委决定、审议年度工作报告、经营业绩考核等议题 56 项，狠抓 534 项年度重点任务落实。执行董事以党委书记身份参与重大经营管理事项决策，按非"三重一大"权责事项履行职责 8 项，对 4 名经理层成员提出考核建议，将执行董事权责清单及授权清单提交至股东会决策等，有力防范个人决策风险。2022 年，售电量完成 3.45 亿千瓦时，同比增长 24.1%，中、低压客户平均停电时间同比下降 37%、33.14%。

外和内顺效能充分释放。干事创业氛围心齐气顺，人才队伍活力蓬勃，干部职员精神面貌焕然一新。提前圆满完成三项制度改革试点任务，有效解决了历史遗留"两类"用工问题；落实"三能"机制，年内降岗降级 25 人，市场化退出 2 人，竞聘、选聘管理人员及班组长 5 人，适当拉大同岗员工绩效差距，调整一线班组倾斜系数，树立干事创业鲜明导向。建立了良好的政企联动机制。在金秀县委县政府的大力支持下，提前 6 个月完成小股权无偿划转决策程序；开辟"绿色通道"，解决电网建设和线路运维过程中青赔、树障清理等问题，确保了 110 千伏田村变电站的投运，有效化解金秀县城全黑风险，赢得了政府、社会各界以及人民群众的广泛赞誉。

四、界定党委职责：设党委、经理层分公司

（一）超高压公司：构建"一核两元三层"立体式分公司治理体系

1. 基本情况

中国南方电网有限责任公司超高压输电公司（下文简称"超高压公司"），是南方电网公司下辖分公司，承担实施西电东送战略的职责。公司所辖西电东送主网架通道规模为"八交十直"，送电能力5 660万千瓦，东西跨度接近2 000千米。公司下辖16家三级单位，包含12家管制业务分公司、4家南方电网公司控股委托公司代管的子公司（下文简称"代管子公司"）。

由于分公司不属于独立法人企业，治理主体仅有党委、经理层，缺少董事会这一关键的决策主体，与子公司"四会一层"的治理结构有明显区别，分公司实际决策由总公司作出，分公司只是总公司的决策执行机构。随着公司不断做强做优做大，自身盈利能力持续增强，资产规模逐渐增大，南方电网公司在实践中授予了超高压公司很大的经营自主权，赋予分公司很强的"法人特性"。由于分公司数量在全网占比达到80%，在公司系统占比达到75%，分公司治理体系运转效能将对南方电网公司实现战略目标产生关键性影响。因此，如何明确分公司的权利来源，如何区分分公司党委与经理层权责定位，如何规范提升分公司治理行权效率，如何科学设定分公司与所属企业的行权路径等成为分公司治理体系建设亟待解决的问题。

2. 治理实践

（1）精准定位，明确分公司性质、党委职责权限

公司通过开展分公司性质、党委发挥领导作用研究，分析分公司与子公司党委职能定位的差异，明确了分公司党委的职责权限。提出分公司党委除了要履行一般独立法人国有企业党委把方向、管大局、保落实的领导作用，还要充分发挥好三大作用，即当好总公司党委（党组）发挥领导作用的贯彻执行者、总公司监管体系有效运行的维护推动者、同级经理层的分权制衡者。

（2）系统谋划，构建层级清晰的分公司治理体系

公司认真贯彻国资委和南方电网公司关于"国企改革三年行动"的总体部

署，全面推进公司治理体系和治理能力现代化建设，结合公司"分公司性质、子公司管理"的治理现状，系统梳理公司所获授权、规范公司本部治理权责、厘顺公司各层级治理行权，探索构建形成了"一核两元三层"立体式分公司治理体系（见图4）。

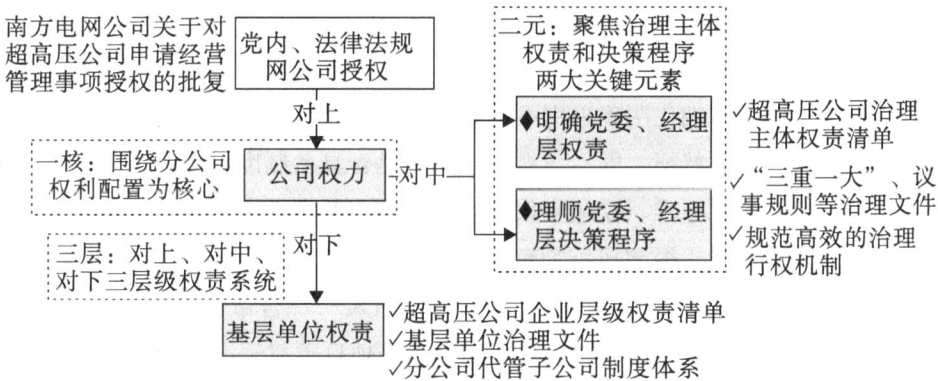

图4 公司"一核两元三层"立体式分公司治理体系框架

一是"对上"明确分公司权利配置核心问题。根据《公司法》《中国南方电网有限责任公司授权委托管理办法》等有关规定，结合公司实际需求，向南方电网公司申请取得了《南方电网公司关于对超高压公司申请经营管理事项授权的批复》（南方电网法规〔2020〕11号），获得在西电东送规划建设运维、工程项目业务权利义务、跨省电力交易、投融资、招标采购5类经营管理权限和公司治理、生产经营、工程建设、劳动关系、法律文书5项具体业务的授权，明确分公司的权利来源，有力支撑公司依法合规对外开展各项经营业务，实现了分公司治理的权责法定。

二是"对中"规范公司治理主体权责和决策程序两大关键元素。规范公司治理主体权责。针对分公司仅有党委、经理层的治理结构特点，落实《关于中央企业在完善公司治理中加强党的领导的意见》（中办发〔2021〕20号），承接修订《治理主体权责清单》，明确党委的法定地位，对重大经营管理事项前置研究讨论，既保证了党委发挥把方向、管大局、保落实的领导作用，又避免了党委直接成为生产经营的决策和指挥中心。权责清单修订后，公司党委决定事项压减了33%，经理层决定事项得到明显提升，确保在党委把关定向的前提下，有效推动经理层行权履职，实现了分公司治理的有效制衡。规范公司治理决策程序。根据公司治理主体的权责配置，坚持系统观念，持续健全以权责清单为基础的内部制度体系，进一步组织修订公司治理系列制度文件，依托制度固化明确分公司各治理主体决策流程，提升议事决策的质量和效率，实现分公司治理的权责透明。

针对系统内各级企业治理主体成员高度重叠、议事机构数量过多等共性问题，公司深入研究南方电网公司关于公司治理行权简化的有效实现形式，从细化党委前置研究讨论事项、精简优化议事机构职能、完善决策会议管理机制三方面探索实践。

细化党委前置研究讨论分类事项。综合运用南方电网公司党组织三类前置研究讨论方式，进一步细化明确采用不同方式的具体判定条件。首先，总结出采用制度审议的 3 类事项特征，即"议题行权流程是否具备制度支撑、议题是否在制度中具备明确的判定标准、议题审议是否具备周期性常态化特点"，通过党委对相关议题的制度审议，提前履行前置研究讨论程序，压减议题上会数量。其次，将年初预算、招标采购计划、投资计划等议题纳入"综合审议"，通过党委对整体计划履行前置研究讨论程序，避免计划内单个项目重复研究讨论。最后，将除上述两种方式之外，偶发、复杂、无明确判定标准的重大经营管理事项统一纳入"一事一议"，履行党委前置研究讨论程序。

精简优化议事机构职能。按照议事机构"因事制宜、辅助决策、协调协作、报告工作"的职能定位及"不要求上下对口"的设立原则，总结出议事机构设立的 4 个条件，即是否具备法律或上级规定的刚性要求、是否满足常态化运转的要求、是否具备牵头组织或跨部门协调的需求、是否与治理主体的权责界面清晰明确。依据以上"四个是否"，对公司议事机构进一步整合压减，压减数量接近 13%，有效解决了议事机构"为开会而开会""空转"等典型问题。

完善决策会议管理机制。一方面，增强全年议题管控的计划性。制定"党委会、总经理办公会议题管控表"，将治理主体权责事项细化分解为可执行的具体议题，明确行权方式、时限要求（周期）、计划上会时间、承办部门等内容，做到提前谋划、统筹安排。另一方面，推动议题管控的关口前移。有效运用"党委会、总经理办公会议题管控表"，根据会议时间提前安排议题报审、会前汇报等工作，保证公司领导、各部门有充足的审核酝酿时间，并合理安排上会议题，做到同一类型权责事项相关议题一并上会，增强议题研讨的广度和深度，进一步提高了会议决策的系统性和办会效率。

三是"对下"厘清公司本部与基层单位权责界面。参照南方电网公司精准授权模型，对公司下辖 16 家三级单位开展授权评定，12 家管制业务分公司评定为一般授权，4 家代管子公司评定为适度授权，做到授放权分类精准，并承接修订《企业层级权责清单》任务，按照分公司和子公司 2 类子清单模式分类行权，共下放 25 项权责，进一步理顺了公司本部与下辖各单位的权责界面。针对分公司代管子公司这一典型治理结构，在权责清单依托股东权利、外部董事及本部职能三类行权方式的基础上，通过制度固化进一步细化"分管子"的行权路径，编制《代管子公司管理办法》，明确公司依托党委会、总经理办公会 2 类治理主体会议，公司代管子公司管理委员会 1 类议事机构会议，分层分级履行代管子公司股东职责的形式和具体流程，构建起"1+2+8+N"的代管子公司制度体系（"1"是公司章程，"2"是《代管子公司管理办法》《代管子公司董事会监事会报告管理细则》，"8"是权责清单、"三重一大"、股东会/党支部/董事会/董事长专题会/总经理办公会议事规则及董事会授权管理制度，"N"是其他重要制度），实现治理模式由单一管理型向"管理+治理型"的转型升级。

3. 治理成效

在南方电网公司党组的坚强领导和南方电网公司法规部的指导帮助下，公司不断完善分公司治理体系建设，持续推动公司治理清单化、制度化和体系化，治理水平显著提升，经营业绩稳步向好。截至 2021 年底，公司同业对标评价结果连续 6 年保持"行业领先"水平，超对标指标 70%，处于行业一流水平之上。公司打造的分公司治理体系改革成果获评中国企业改革发展优秀成果三等奖，并入选南方电网公司"创先进树典型"改革案例汇编。2021 年，公司成功入选国资委国有重点企业管理标杆创建行动标杆企业。

下一步，公司将持续深入贯彻习近平总书记两个"一以贯之"的重要指示精神，在完善公司治理中不断加强党的领导，进一步健全权责法定、权责透明、协调运转、有效制衡的公司治理机制，切实推动国有企业分公司治理体系向更高水平、更深层次迈进。

（二）珠海供电局：构建"1+1"供电局分公司治理机制

1. 基本情况

广东电网有限责任公司珠海供电局（下文简称"珠海供电局"）是广东电网公司直属企业，秉承"人民电业为人民"企业宗旨，传承改革创新基因，牢牢把握四区（经济特区、粤港澳大湾区、自贸区、横琴粤澳深度合作区）叠加历史机遇，坚持以习近平新时代中国特色社会主义思想为指导，牢记"高质量发展是全面建设社会主义现代化国家的首要任务"，在网省公司统一部署下，不断完善中国特色现代企业制度落地见效，全面提升公司治理能力，为服务地方经济社会高质量发展和促进澳门经济多元化发展提供扎实的制度保障。

珠海供电局坚决贯彻习近平总书记两个"一以贯之"重要指示，落实改革三年行动决策部署，着力建立合法合规的分公司治理体制机制。坚持以理论联系实际为指导，配置适当交叉治理主体，以治理主体权责清单为核心，以规范执行为主要抓手，构建"1+1"模式的分公司治理机制，推进议事决策机制高效运转，着力推动公司治理机制和治理体系在基层有效落地、高效运转。

2. 治理实践

（1）探索治理主体适度分离，实现公司治理的有效制衡

坚持"有效制衡"机制，积极推动分公司党组织成员和经理层人员高度重叠。在省公司指导下，按照"双向进入、交叉任职、适度分离"原则，推动部分经理层成员进入党委，避免供电局公司治理主体高度重叠，珠海供电局现有6名经理层成员，其中4名进入党委班子。通过各治理主体的适当交叉、相对独立、配备科学，结合本地化的权责清单，明晰了各治理主体的权责界面，强有力保障党委"把方向、管大局、保落实"和经理层"谋经营、抓落实、强管理"的作用发挥。

（2）搭建"1+1"供电局分公司治理模式，打通支部参与基层治理"最后一公里"

在分公司治理机制构建过程中，探索形成"供电局治理主体权责清单+基层党支部议事清单"的"1+1"管理模式，以治理主体权责清单的完善修编作为公司治理核心基础，将加强党的领导和基层党支部建设相统一，搭建了全链条贯通的公司治理模式。

一是坚持"实事求是"理论，着力构筑支撑公司治理的核心基础。珠海供电局以"实事求是"作为治理主体权责清单本地化修编的理论指导，将治理主体权责清单作为公司治理工作最重要、最核心、最根本的基础性工作，确保公司治理"有据可依""有据必依"。珠海供电局按照"依托范本、专业修订、两级覆盖、集中审核"的工作思路，在治理主体权责清单修订中，秉持"四项原则"进行全面本地化修编，构建公司治理"一张清单"。按照领域划分，统筹考虑治理范本各权责事项在基层单位的适用性，从事项内容、适用范围、行权主体和方式等方面综合考量，保留了44项党委权责事项，做到权责清单范本应用一致性和公司治理本地化的相互统一。统筹市区资源匹配性，收放结合。针对市区两级基层单位在管理权限和资源配置上具有较大的差异性，对资源集中配置在市局层面的事项统一集中后交由市局决策；对区局具有一定人财物决策权的事项尽量放

权由区局决策，增强区局治理主体自主决策能力和行权履职能力。平衡区局管理一致性，使权责对等。从市、区两级治理主体具有的人、财、物重大事项决策权出发，对照市局党委部分事项权责，补足区局党委同类事项的治理权限，既保持上下级之间党委治理权限的一致性，又实现了管理上的规范性。例如，在区局增设了"巡视巡察方面重大事项"等。明确重大投资可操作性，规范有序。为提高权责清单的可操作性，在涉及资金使用的重大经营事项中，明确权责事项具体的资金额度、投资范围等，确保上会决策界限清晰，清单内容明确可执行。例如，明确投资规划范围、资产与产权管理额度等。

二是坚持"支部建在连上"原则，打造"党支部+"治理模式。珠海供电局充分融合上级公司治理工作要求和党建领域支部建设工作要求，贯彻"支部建在连上"重要原则，以基层党支部"战斗堡垒"为纽带，将公司治理和党组织建设在基层贯通融合。将治理主体权责纳入支部议事清单，做好全面承接。对治理主体权责清单中的各类事项，综合考虑专业支撑性、适度公开性等方面因素，从既能发挥职能部门党支部专业优势，又能提升党支部建设成效出发，将计划预算调整、110千伏及以下基建项目调整相关事宜、内控工作报告等涉及业务专业的33个权责事项纳入职能部门党支部议事清单，占权责清单总数的63.4%。从重大决策事项源头做好治理把控，强化专业支撑。严格遵循议事清单内容，通过支部集体讨论，深度参与重大决策事项的前期酝酿，充分发挥职能部门党支部的专业支撑作用，提高重大决策事项的专业性、合理性和操作性，实现"支部建在连上、支部强在连上"的党建与业务深度融合效果。

（3）坚持内化于心、外化于行、固化于制，由内而外完成公司治理规范化转变

在分公司治理机制执行过程中，坚持以"本地化督导指导+系统管理"的方式，不断提升业务运作的规范性和依从性，切实把中国特色现代企业制度优势转化为治理效能。

一是加强议事规范化管理宣贯与督导指导。持续健全长效机制，总结经验形成规律性认识，印发《关于提升治理主体议事规范化管理的通知》。编制《党委会、总经理办公会议事规则的释疑》，作为各单位、部门的实际操作指引。对各单位开展治理主体议事规范化管理督导指导，实现检查全覆盖，并对检查中发现的共性问题和典型问题进行借鉴改进、闭环提升。统筹组织通过党建工作领导小组会议、直属本部党委会议、行政办公领域会议、专责层培训等形式，持续加强

对各层级规范开展治理主体议事的管理宣贯，不断提升规范化水平。

二是不断强化公司治理议事管理的数字化支撑。率先将党委会决策，总经理办公会议决策，党委前置研究、总经理办公会议决策三种行权方式以及对应的权责清单固化至OA系统。从严把关上会议题质量，在上会议题审核流程中，增加党委秘书前置审查环节，提前把关上会议题的行权方式是否正确；增加涉法审核环节，确保议题合法合规；将需要前置研究讨论中的党委会讨论的"四个是否"以及总经理办公会讨论的"四个分析"的原则性要求固化至上会议题中，保障不同治理主体切实发挥各自作用；密切跟进公司治理相关文件的修订，第一时间在相关系统中迭代更新；同步编制《治理主体议事管理OA系统应用指南》，提升系统数字化应用水平。

三、治理成效

党的领导更加明确，高质量将党对国有企业的领导贯穿到最基层。通过建立党委决定和前置研究讨论的权责事项，确立了党的领导在地市局分公司治理中的主体地位。在党支部议事清单中增加部分重大事项的决策前讨论，更进一步将党的领导贯穿到最基层，实现了自上而下全链条贯通，更加有利于党组织在公司治理各环节发挥把方向的重要作用。

公司治理更加规范，高标准符合《公司法》的相关要求。依照《公司法》和公司治理工作要求，改变原有党委会大包大揽的情况，进一步规范了央企基层单位公司治理的合法合规性，在依法治企上展现出了以上率下、示范引领的作用。2022年全年，珠海供电局共召开党委会52次，审议议题共214项，其中前置研究议题共34项，共召开总经理办公会24次，审议议题39项。

行权事项更加清晰，全方位提高基层单位应对能力。治理主体权责清单紧盯业务实际工作，以基层高效运作为核心，清晰明确了各类事项的上会决策标准，更加便于基层参照清单快速发起决策流程，有利于在瞬息万变的市场竞争中采取更加灵活有效的应对策略，提升经营效益。

（三）柳州供电局：以公司治理"3×3乘数效应"打造分公司治理实践样板

1. 基本情况

广西电网有限责任公司柳州供电局（下文简称"柳州供电局"）是广西电网公司所属大型一档企业，连续10年保持全国文明单位荣誉，连续9年稳居柳州公共行业满意度测评第一，连续4年获得广西电网公司经营业绩"A"级评价。柳州供电局下辖 13 家属地管理企业，涵盖 6 类治理结构，公司治理范本应用多元化。

南方电网公司发布不同治理结构公司治理范本，为各三四级单位更好推动中国特色现代企业制度落地提供遵循。柳州供电局坚持问题导向，发挥公司治理"3×3 乘数效应"（见图 5），积极实践党委前置研究讨论"三种方式"，通过"三个适度"推动分公司领导体制和治理机制辩证统一，以"三个优化"重塑规范高效的公司治理运转体系，形成一套可复制、可推广的分公司治理实践模式，为破解落地实践难题提供试点经验，全面推进分公司治理范本精准落地。

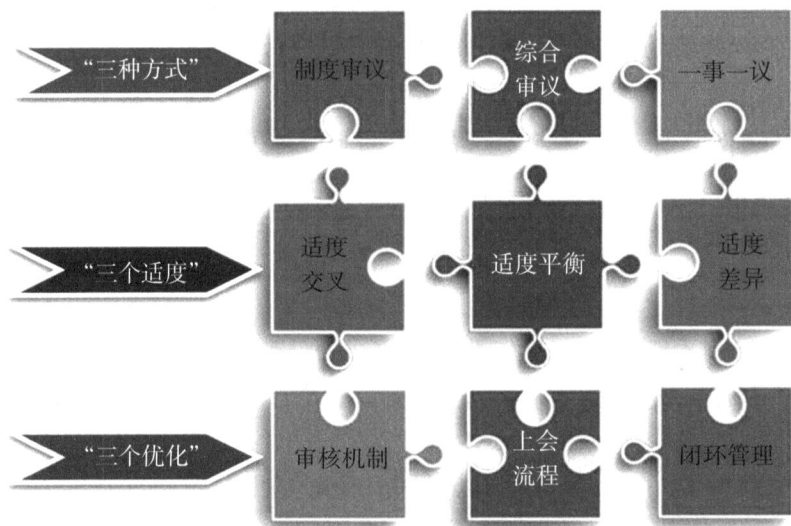

图 5　柳州供电局"3×3 乘数效应"示意图

2. 治理实践

（1）因地制宜突破前置研究"三种方式"落地瓶颈

开展党委前置研究讨论落地实践，明确"制度审议""综合审议""一事一议"三种前置研究讨论方式适用条件，通过对三种方式有关释义的充分研究，分别确定适用条件。

通过明确"制度审议""综合审议""一事一议"的分类规则，确保党委把关定向作用发挥"不留死角"。经过综合研判，梳理"制度审议"事项 3 项，"综合审议"事项 6 项。党委前置研究讨论"三种方式"（见图 6）的落地应用，有效避免了同类同批事项重复审议，在控制风险的同时提高了治理效能，2022年柳州供电局党委年度前置研究讨论议题减少25个，降幅达27%。

（2）以治理行权"三个适度"厘清权责边界

一是治理主体成员"适度交叉"，形成有效制衡。严格落实党委与经理层"双向进入、交叉任职"，试点打造适合三、四级单位的经理层"扩容方案"，在南网系统内率先探索将安全总监（1名）、副总工程师（1名）列为总经理办公会决策人员，柳州供电局总经理办公会决策人员与党委会重叠率从100%降至75%，下属柳江供电局参照"扩容方案"，将总经理办公会与党委会决策人员重叠率从100%降至83%，基本实现党组织领导班子成员和经理层成员适当交叉、适度分离，有效避免同一拨人对同一问题重复研究，推动经理层规范行权，总经理办公会决策更专业高效全面，降低决策"认知偏差"障碍，提升"有限理性"程度。为促进经理层"扩容方案"落地，同步修订了《总经理办公会管理业务指导书》，明确安全总监、副总工程师对总经理办公会议案的研究论证权、审核把关权、决策表决权。

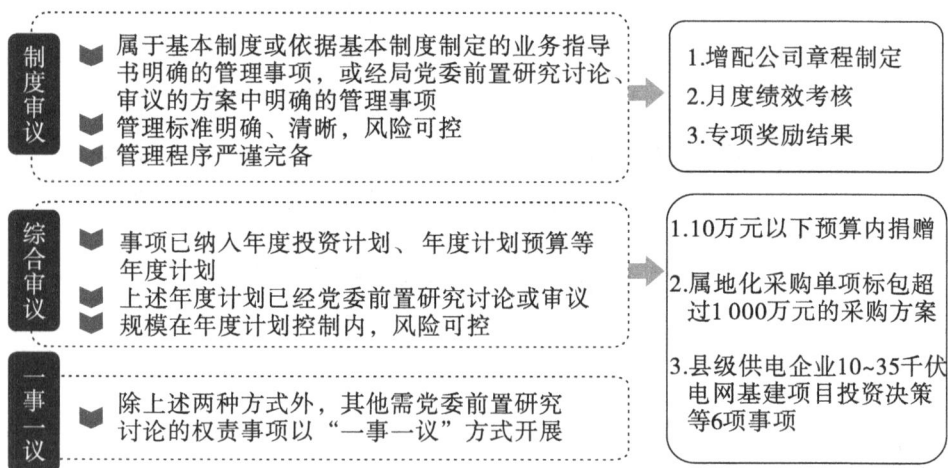

图6　党委前置研究"三种方式"适用议题

2022年，安全总监、副总工程师参与总经理办公会决策议题19项，推动计划预算安排、专项奖励方案等生产经营决策事项广纳多方决策意见，有效管控决策风险，提升决策事项的合规性。实现经理层任期制和契约化管理，激发经理层履职尽责主动性。在《柳州供电局2022年"构建现代供电服务体系"专项奖励工作方案（修订版）》总经理办公会议案酝酿中，副总工程师充分履行会前研究论证职能，牵头组织业务部门从优化营商环境、投诉管控、电费回收、现代供电服务体系建设等开展全方位论证，从源头上推动议案充分成熟、必要可行、合法合规。

二是权责划分"适度平衡"，促进协调运转。重塑党委与经理层权责边界，梳理党委直接决定党的建设等重大事项41项，将原由党委决定的24项重大经营管理事项调整至党委前置研究讨论、经理层决策。2022年，党委直接决策议题同比下降26%，党委前置研究讨论、经理层决策议题同比增长117%。

三是会议机制"适度差异"，突出功能定位。区分党委前置研究讨论与总经理办公会决策事项议案材料，在广西电网率先实现议事"两避免"（避免同一范围人员对同一事项重复研究、避免一份议案"包打天下"）。区分党委把关定向功能和经理层经营管理功能，党委会议一般由党委委员汇报，党委前置研究讨论重点聚焦"四个是否"进行必要性论述，确保贯彻落实党中央和上级重大决策部署方向不偏、力度不减；总经理办公会决策着重分析"四个研判"，突出可行性论述，充分发挥经理层"谋经营、抓落实、强管理"作用，一般由职能部门负责人汇报。

（3）以支撑保障"三个优化"重塑治理运转体系

一是优化审核机制，深度关联业务。实施"一关联两确保三复核"审核机制，推动治理要求刚性落地。将全业务领域176份业务指导书与权责清单关联，适应性修编业务指导书16份，确保权责事项落实落地，确保业务指导书与权责清单行权方式一致。执行权责事项"三复核"："一核"议题事项，清单外事项不上会；"二核"上会材料，事项未关联清单不上会；"三核"公文发布，拟发文件决策行权不规范不发文，有效规避随意上会、上错会等情形。

二是优化上会流程，提升决策效率。创新智能化工具。自主研发"权责清单智能识别小助手"（见图7），输入关键词即可快速定位权责事项，自动生成行权主体、行权路径等信息，并对合法性审查、合规性复核等关键步骤进行提醒，权责事项查找时间较人工缩短70%以上。完善决策会议管理。实行决策性会议"双周制"，留足议案沟通时间；倒排议题计划，实现议题排期均衡、会议务实高效。

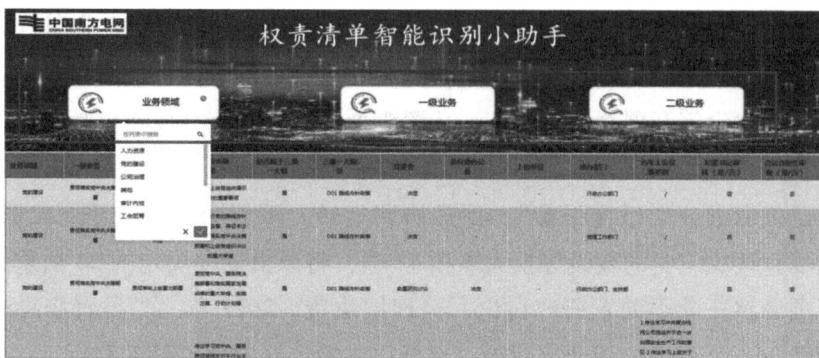

图 7　柳州供电局自主研发权责清单智能识别小助手

三是优化闭环管理，实现共享共治。强化组织保障。将公司治理作为局党委"头号工程"，成立公司治理领导小组、工作小组，在市、县供电企业各设至少 1 个公司治理岗位，为公司治理体系建设提供坚强组织保障。将治理执行情况纳入业绩考核，将决策性会议提出的重点工作纳入专项督办，督办到期办结率 100%，持续完善升级。开展"三重一大"决策后评估，完成治理检查发现问题整改，公司治理不断提档升级。培育治理文化。分级培训治理文件逾 500 人次，举办劳动、技能"治理双赛"，一举夺得广西电网公司治理竞赛团体、个人大满贯。

3. 治理成效

助推党的领导体制机制趋于完善。党委会研究党建类议题 80 项，不断谋深谋实党委班子配置、党支部书记"一肩挑""三重一大"决策制度管理等事项，建立健全总揽全局、协调各方的党的领导制度体系，以高质量党建引领保障企业发展，荣登广西电网公司 2022 年上半年深度融合先锋榜第二名，切实将制度优势转化为治理效能。

推动公司治理基层样板蔚然成形。通过激发公司治理"3×3 乘数效应"，建立健全"权责法定、权责透明、协调运转、有效制衡"的公司治理机制，权责落实逐步从"职能化"向"制度化"转变，"清单之外无权力"理念进一步深化，基层治理能力大幅提升。柳州供电局荣获南方电网公司治理优秀企业称号，是广西电网公司唯一获此殊荣的地市供电局，下属柳江供电局荣获公司治理良好企业称号。

治理优势充分转化为高质量发展胜势。自 2022 年 5 月底全面应用南方电网公司治理范本以来，党委会审议议题 109 项，总经理办公会审议议题 39 项，确保企业改革发展始终沿着正确方向前进，企业抗风险能力、价值创造力持续增强，一流标杆指数同比提升 7.71 分，五级及以上电力事件同比下降 63%，售电量连续保持正增长，全员劳动生产率同比提升 25.86%，成功打造综合能源服务等领跑南网的亮丽名片。

（四）玉溪供电局：突出权责边界划分构建科学高效分公司治理体系

1. 基本情况

云南电网有限责任公司玉溪供电局（下文简称"玉溪供电局"）作为公司系统的三级单位，落实公司治理"一张清单"准确界定权责，优化决策流程，创新前置程序，聚焦"四个是否"发挥党委"把方向、管大局、保落实"的作用，紧扣健全完善治理结构这个核心，突出权责边界划分这个关键，着力构建定位准确、权责衔接、有效制衡的治理机制，积极探索治理先进经验和成功做法，持续将公司治理成效转化为治理效能。

2. 治理实践

（1）坚持政治原则，党的领导在公司治理中全面加强

一是坚持加强党的领导与完善公司治理相统一。制定党委权责清单，明确71 项党的建设等重大事项由党委决定，71 项重大经营管理事项由党委前置研究讨论，重点把"四个是否"作为前置研究的判断标准，促进党委议事程序更加规范，确保党委既把好方向又不包办代替，在有效促进党委围绕谋全局、议大事、抓重点发挥作用的同时，更好调动经理层的积极性，提高决策效率。率先探索新增行权方式"听取"，完善党委会权责事项，优化行权方式。推进公司治理与基层党建融合穿透，结合玉溪供电局探索建立的"四强四穿透"党建穿透式管理模式，全面厘清党组织与其他治理主体的权责边界，党组织行权更加规范化。玉溪供电局党委管辖 4 个局直属党总支、6 个县（区）局党总支、105 个党支部，从"党员大会""委员会"两个维度，制定适用于本党支部（党总支）的议事清单，将重大经营管理事项作为党组织议事清单"必议项"，将生产经营关键指标提升纳入支部"登高"计划，推进基层党支部"只做一件事、做好一件事"。

二是坚持优化党委前置研究方式。针对目前三、四级单位党委和经理层存在高度重合的特点，避免同一议题同一拨人重复研究审议，玉溪供电局在全省率先开展党委三种前置研究方式落地研究，分别选取局本部及两家县（区）局作为研究对象，收集汇总分析三家单位近 3 年的 120 个党组织前置研究讨论议题。从"方向正确、大局突显、有据可依（总体可控）"三个维度明确分类清单，确定

采取"综合审议"的事项5项，采取"制度审议"的事项4项，"制度审议+综合审议"事项5项，"一事一议"事项57项，减少20%的"一事一议"议题。同步完善相关决策流程机制，将党委的三种前置研究方式列入报审表，明确由上会承办部门对具体议案的前置研究方式进行选择和论证。

（2）坚持"一单化"管理，公司治理体系更加健全完善

一是坚持践行"清单之外无权力"。按照"落实政策文件、梳理权责事项、优化权责配置、厘清权责边界"的思路，搭建治理主体权责清单的体系框架。将"三重一大"事项清单、治理主体权责清单、法人层级权责清单三合一，实现权责清单"一单化"管理。通过识别法律法规、党内法规、规章制度要求和总结惯例，梳理出各部门、领导岗位、议事机构、治理主体的权责事项共618项，局本部专用事项439项，局对县级供电局管控事项146项，局对改革后企业审核事项33项。其中，经玉溪供电局治理主体决策的170项，占比32.8%；经各类议事机构审核或审批的54项，占比9.23%。属于玉溪供电局"三重一大"管理的事项共计142项，占清单总数的22.9%。梳理职代会审议建议、审议通过、监督评议、民主选举四类职权事项20项，推动职代会职权的依法行使和落实。权责清单对上承接云南电网公司权责清单，对下与县级供电企业、改革后企业权责清单贯通，分类明确业务管控界面，实现授权管理对各治理主体、各部门、各岗位的全面覆盖，确保"横向到边，纵向到底"，实现"一表检索，一目了然"。

二是坚持权责清单与规章制度协同一致。搭建"纵横"清晰的制度图谱，健全制度制定、执行、评估、改进等工作机制。玉溪供电局在4月完成了权责清单的印发，7月完成了111份业务指导书的本地化制度修编、评审和印发。制度与权责清单不一致的，一律以权责清单为准，各部门应先申请调整权责清单，权责调整通过后再对应修订制度，不得在清单之外任意创设权力，确保"隐形权力显性化""清单之外无权力"。

三是坚持顶层设计和基层首创相结合。准确把握分公司设党委、设党总支的区别，指导县（区）局准确适用治理范本，严格按照南方电网公司治理范本匹配行权方式，按照"初稿集中修编—各县（区）局专业部门审核修改—县（区）局集中审核比对"三个步骤，既充分征集了县（区）局业务部门的意见，又经过了玉溪供电局专业部门审核把关，确保不同治理结构的各县（区）局清单事项和行权路径保持一致，促进基层单位企业治理水平整体提升。

（3）优化流程管理，推动决策运转高效

一是优化决策会流程。建立年度决策会议计划、决策会议"预安排"统筹

机制及"赶班车"模式，明确例行议题上会时间节点，实现"被部门推着走"到"推着部门走"的转变。编制党委会议全流程工作指引，用思维导图的方式梳理业务流程，在梳理流程过程中查找易错点和风险点，提高了决策会议筹办效率和工作质量。

二是优化过程管控流程。第一时间承接落实网省公司治理示范创建工作方案，印发《玉溪供电局治理示范企业创建活动工作推进计划的通知》，按期推进21项工作计划。将公司治理纳入《玉溪供电局法治型企业建设方案》按月跟踪督办落实。抓实动态调整机制，根据权责清单运行实际，组织局本部和县（区）局开展了两次权责清单优化调整，确保权责清单契合业务实际。抓实定期检查机制，制订《治理范本落地监督检查计划》，按季度对局本部、县（区）局"三重一大"事项的行权路径、治理文件的落地运行情况进行检查并制定24项整改提升措施。抓实交流学习机制，利用半年法务工作交流会契机，开展公司治理文件知识普考，组织各县（区）局对治理工作落地情况、存在问题开展交流，促进共同提升。

3. 治理成效

治理范本有效落地，决策行权更加科学高效。通过厘清权责边界，切实解决了"大包大揽""职责混同"等问题，治理主体行权履职得到有力保障，决策效率大幅提高。通过强化决策全周期管理，创造性细化和落实权责清单，优化流程，公司治理范本实现有效落地，行权路径更加全面清晰准确，进一步完善了治理体系。

推进党委发挥领导作用和经理层依法行权履职的有机统一。完善任期制与契约化管理，新提拔管理人员竞争上岗人数占比100%。制定经理层权责清单，明确经理层权责93项，依法保障经理层行权履职，更好发挥经理层谋经营、抓落实、强管理的作用。推行党委成员和经理层适度分离，在不调整领导班子职数的前提下，在全省率先将总师、副总师纳入经理层参与总办会决策，经理层成员与党委成员重叠率由原先的100%下降至75%。副总师参加决策会议26次，通过会前征求意见、会中参与决策，多维多角度提出专业意见，提升总经理办公会决策的专业性。

实现权责清单智能检索。基于"南网智搜平台"开发"玉溪供电局权责清单模块"，实现权责清单历史版本查询、多重精准筛选、相关法律法规文件关联性查询等功能，并在全网首次实现权责事项与有关法律法规、制度文件的关联性查询、下载，有效打通公司治理落地"最后一公里"，推动公司治理顶层设计落地见效。

（五）贵阳供电局：运用"统深融"组合拳加快推动治理体系和治理能力全面提升

1. 基本情况

贵州电网有限责任公司贵阳供电局（下文简称"贵阳供电局"）是贵州首家特大型供电企业，为深入贯彻"国企改革三年行动"决策部署，作为设置"党委、经理层"治理结构的分公司，贵阳供电局党委深入贯彻"国企改革三年行动"决策部署，充分发挥分公司"头雁效应"，在"统"字上下功夫，在"深"字上求突破，在"融"字上做文章，积极推动公司治理改革有效落地。

2. 治理实践与成效

（1）"统"筹兼顾，完善治理机制谱新篇

一是高质量推进公司治理示范企业创建工作。编印《贵阳供电局创建公司治理示范企业工作计划》，明确关于工作保障、运转监督、创新亮点等方面 13 项重点工作任务；成立创建公司治理示范企业工作领导小组，下设治理结构、制度体系、运行机制三个工作组，全面统筹推进创建工作；将创建工作纳入经营业绩考核，双周通报工作进展情况，按周、月进行管控、督办。自 2022 年 3 月份创建工作启动后，召开领导小组会议 2 次，专题会议 20 次，宣贯培训 7 场，现场检查 13 次，发布双周报 11 期，创建工作任务节点完成率 100%。

二是统筹推进，保障治理文件运转高质量。贵阳供电局充分发挥地区局协调、指导、监测工作的统揽定位作用，组织地、县两级同步编制治理文件。建立统一规范的运转监督机制，采用"检查、分析、纠偏、考核"手段，按照"全面覆盖、分层实施、滚动监测"的工作思路，创新建立和运用"1 机制 3 清单 1 报告"（系统性常态化监测机制；决策性会议注意事项及要点清单；治理文件运转台账及检查清单、治理文件运转问题记录清单；公司治理示范企业创建活动运行阶段运行监测分析报告），对地、县两级治理文件运转进行常态化监测，对存在的不规范问题及时整改纠偏，强化对治理文件运转的管控。加强应用"其他"兜底条款的管控，除上级文件、制度要求外，禁止滥用"其他"兜底条款，并将应用"其他"的决策事项作为下次修编权责清单的依据，确保应上会的不漏项，同时避免事无巨细上会决策的问题。自 2022 年 6 月正式应用治理文件后至 12 月，监测地、县两级党组织和经理层决策会议议题共 363 项，监测覆盖率 100%，编制监测分析报告 2 份，发出整改提醒函 3 份。按照公司对大集体企业

"等同管理"的要求，贵阳供电局在指导大集体企业完成治理文件印发实施后，于2022年11月启动对大集体企业治理文件运转监测工作，监测议题27项，出具监测分析报告1份。

（2）"深"耕创新，推动治理效能上新阶

在进一步完善治理机制方面，贵阳供电局创新开展"两套清单一个系统"的探索应用，重点解决如何保障治理主体的决策效率提升和决策风险控制。

一是建立党委三种前置研究方式分类清单。把党的领导融入公司治理各环节，落实党组织前置研究是重要环节。贵阳供电局认真研究公司关于"制度审议""综合审议""一事一议"的适用标准，对39项党委前置研究权责事项进行逐项深入分析，结合企业自身实际确定采取"综合审议"1项、"制度审议"10项，其余28项采用"一事一议"。例如，贵阳供电局本部的"电网发展专项规划"事项采用"综合审议"，体现党委前置研究把关的整体性和计划性。例如，将成本管理、资产管理和法务管理特定事项（如法律案件中具有法律关系较为简单，诉讼策略、诉讼风险较为清晰一致等特点的电费追收类主诉案件）采用制度审议，体现前置研究把关的规范性和依从性，避免对具体事项逐个重复前置研究。通过建立分类清单，调整近三分之一的企业重大经营管理决策事项前置研究方式，在确保把关质量的前提下提升决策效率。

二是建立涉法经营管理决策事项清单。编制应用与权责清单配套的涉法经营管理决策事项清单，明确涉及制度管理、组织机构管理、用工管理、资产管理等业务领域16个事项。2022年，涉法清单应用后，法律部门已开展法律审核3次并出具相应法律意见书。将合法合规风险审查嵌入决策前期管理过程，既有利于业务部门清晰判断涉法议题，确保"不漏项"，也有利于法规部门提高风险识别评估质量，确保"把关严"，达到有效避免或降低决策风险的管理效果。

三是创新运用公司"智"理系统。公司"智"理系统通过固化运行机制，从议题发起、议题审核、会议决策、决策落地、评估问效五个环节实现运行机制系统化、流程化，确保了各个议题运转顺畅规范。将权责清单文本嵌入系统中，把权责清单事项设置为议题发起必选项，确保"清单之外无权力"；完善清单选项功能，新增"制度审议""综合审议""一事一议"三种党组织前置研究方式的选项；规范设置决策性会议会前签报流程，所有决策性会议议题只有经过相关业务部门、行政管理部门、公司领导层层审核把关，才能最终进入决策阶段，确保每个议题做到会前充分沟通酝酿。2022年8月至12月，共有60项决策事项运用公司"智"理系统完成流转上会，公司治理机制规范运转。

（3）"融"入基层，构建党建治理出新绩

贵阳供电局持续强化党建引领融入基层治理，推动实现党的领导与完善公司治理有机融合，保障决策有效落地实施，不断提升公司治理效能。

一是健全议事机构辅助决策机制。编制党建领导小组议事规则，对需党委决策的有关事项提前研究酝酿。健全覆盖各级基层党组织的议事清单，推动各级基层党组织有效参与公司治理，融入企业经营管理业务，全面加强各级党组织标准化规范化建设，打通贯彻落实上级决策部署的"最后一公里"。

二是推动治理主体决策事项有效落地实施。充分发挥各基层党组织的战斗堡垒作用，在安全生产、电网建设、用电服务各专业领域实施"党建+"深度融合，打造 12 个党员示范工程，推出"聚创联心"等一批在全省"拿得出、喊得响"的领先名片。其中"党建+营销"提升客户满意度，2021、2022 年贵州省营商环境评价"获得电力"排名名列前茅；"党建+基建"提升电网建设首位度，南网首个 110 千伏智能变电站建成投产，220 千伏五里变电站获得中国电力行业优质工程奖。基层党总支《实施"聚创联心"工程，推动企业改革创新高质量发展》入选南方电网公司党的建设工作与改革生产经营深度融合第一批典型示范案例。

近年来，贵阳供电局治理体系和治理能力现代化水平不断提升，成效显著，先后荣获全国五一劳动奖状、贵州电网公司五一劳动奖状，连续四年获得南方电网公司安全生产先进集体荣誉称号，连续三年经营业绩考核为 A 级。典型案例《贵阳供电局强化三管齐下 全面激发内生活力动力 不断释放改革红利》被《国资委国企改革三年行动简报》（2022 年第 170 期）刊载，《运用"统深融"组合拳，推动党的领导融入公司治理各环节》入选南方电网公司部分基层单位优秀改革案例，《打好"统深融"提质增效组合拳》先后在"中国电力报""人民日报"客户端等媒体上刊登。

（六）三亚供电局：创建六个"明"字诀 打造"三亚模板"

1. 基本情况

海南电网有限责任公司三亚供电局（下文简称"三亚供电局"）是海南电网有限责任公司下属分公司，为深入贯彻孟振平党组书记关于改革创新和公司治理水平提升的重要指示精神，落实好治理示范企业创建各项工作，三亚供电局积极推进公司治理范本落地生根，以示范创建带动能力提升，以评促建、建评并举，总结探索出一套公司治理创建的六个"明"字诀（明方向、明底色、明边界、明落地、明引领、明机制），积极打造公司治理示范的"三亚模板"。

2. 治理实践

（1）明方向，统筹确定工作计划和阶段性目标

结合自身实际组织专题研究，把握将公司治理示范创建与改革标杆创建工作同统筹、同部署、同落实的工作方向和思路。突出问题导向、目标导向、结果导向，编制印发《三亚供电局关于印发治理示范企业创建工作计划》，以工作计划为核心抓手，明确工作任务、时间节点及里程碑目标等内容，统筹公司治理示范企业创建各项活动有序开展。

（2）明底色，加强党的领导和完善公司治理相统一

坚持和强化党的全面领导，把党组织内嵌到公司治理结构之中，明确和落实党委在法人治理结构中的法定地位。严格落实"双向进入、交叉任职"领导体制，符合条件的4名党委成员通过法定程序进入经理层，党委班子和经理层成员实现"适当交叉、适度分离"，避免高度重叠。依据清单事项梳理，以清单为行权边界，处理好党组织和经理层的关系，明确权责边界。发挥党委在保证党和国家方针政策、重大部署在国有企业贯彻执行的"把方向、管大局、保落实"的领导作用，将坚持和加强党的全面领导作为公司治理的底色。

（3）明边界，规范各治理主体权责清单和行权界面

严格贯彻落实《海南电网有限责任公司所属分公司治理体系建设系列文件》等文件和配套制度的要求，以"一个清单"方式厘清各治理主体权责界面，为各项决策工作提供规范依据和高效指引，推动"隐形权力显性化"，确保"清单之外无权力"。按照"双进双责、决策前置、把关到位、深度融合、监督考核"等路径体系精准行权，将"路线图"变成"施工图"。以"两个适度"确保党委总揽不包揽、到位不越位，党委行权决策时，严格区分"定"和"议"，党的建设等重大事项由党委决定，重大经营管理事项由党委按照"四个是否"前置研究讨论。注重党委发挥领导作用与支持经理层依法行权履职适度平衡，重大经营管理事项经党委前置研究讨论后由经理层决定，经理层重点发挥"谋经营、抓落实、强管理"的作用，推行经理层任期制和契约化管理，充分激发经理层内生动力。

（4）明落地，强化制度宣贯学习和刚性执行到位

结合分公司在公司治理创建中重在执行的特性，将重点放在与省公司印发的权责清单相配套的制度建设上，制订《三亚供电局2022年度制度图谱与制度建设计划》，对制度中存在的与公司治理权责清单不匹配的内容进行完善修订，建立一套与之相适应的制度配套体系。狠抓执行力建设，印发《三亚供电局强化制度执行推动制度落地闭环管控实施方案》，围绕"制度健全、执行到位、效能显著"目标，开展制度执行专项提升行动，建设确保制度有效执行的学习培训、执行评价、优化创新、激励约束4项机制，梳理岗位对应制度清单，充分利用公司的制度夜校、专题学习会、视频展播、展板展示等方式，提升员工制度执行能力，积极将制度优势转化为治理效能，坚决防止制度成为摆设、沦为"稻草人"。

（5）明引领，发挥图南文化引领公司治理入脑入行

将公司治理植入三亚供电局"家"文化，充分发挥三亚供电局图南文化阵地的引领作用，利用图南工作室"夜读"活动宣贯学习公司治理的相关法律法规、治理体系文件等内容。利用每月两期的"制度夜校"开展轮训学习，每期"制度夜校"明确一个学习重点、一项学习任务、一份学习心得，将公司治理文件与其他制度同宣贯、同学习、同落实，营造浓厚的公司治理创建氛围。充分发挥图南文化的示范引领作用，将公司治理创建示范理念融入图南文化，进一步丰富三亚供电局的"家"文化内涵，以文化的力量反向促进全体干部职工对公司治理理念的入心入脑入行，形成强大创建合力，推进公司治理示范创建取得成效。

（6）明机制，建立工作基础保障和工作推进机制

成立三亚供电局治理示范企业创建工作专班，明确专班工作职责和工作机制，召开专题推进会5次，加速推动治理示范企业创建目标实现。完善重要决策运行机制，开展涉法重要经营决策后评估和重要经营决策后评估，跟踪重要经营决策的执行监督和闭环管理。强化议题审核把关，落实"四个是否"等上会说明模板，妥善完成涉密议题的脱密处置，持续规范上会材料。制定党支部规范化"1+1"工作指引，推进各党支部议事清单落地，实现基层党建和治理相融合。推动"六个一""三册"落地。健全完善监督体系，将公司治理示范创建纳入重点工作督办体系，将公司治理示范企业创建工作纳入党建周报，制定落实《局党

委加强对"一把手"和领导班子监督工作清单》，推动"五项机制"有序运转，将监督工作贯穿全业务、全流程。

3. 治理成效

将公司治理融入业务，推动治理水平和业务发展的双提升。三亚供电局将公司治理示范创建工作和改革标杆示范行动等重点工作有机融合，抓好治理主体权责清单刚性执行，确保治理主体行权的"四个是否""三个论证"执行到位。2022年，"电力贷""电力+保险"等"基础+增值"服务产品的推出；基层单位实行工分制考核、工分分配薪酬等工作获得网、省公司肯定；三亚220千伏鸭仔塘巡维中心获得五星班组，实现五星班组零的突破；组建亮剑突击队，落实"四个大幅度减少"专项行动，供电可靠性排名全国第19，得到中电联和网、省公司肯定；主动服务中央商务区、崖州湾科技城重点园区；落实《优化供电营商环境示范亮点行动方案》等系列文件，水电气"报装联动"创新案例被列入海南省优化营商环境示范案例在全省推广，园区平均办电时间同比减少15.3%。这些"旧貌换新颜"的改革成效，都与公司治理规范息息相关，是其实效的生动体现。

将公司治理融入文化，发挥文化对公司治理水平提升的引领作用。文化是一个企业的内生驱动力要素，三亚供电局依托"图南文化工作室"平台，进一步将公司的治理理念融入三亚供电局的"家"文化，通过"图南·知行"栏目、制度夜校、夜读分享等多种多样的活动宣传公司治理的理念和要求，将其作为"家"文化的一部分进行重点解读宣传。这不仅仅丰富了三亚供电局图南文化工作室的"家"文化内涵，也能够反向为公司治理示范创建工作奠定思想基础、价值观基础，从而促进全局干部职工统一思想，将公司治理创建融入行为、融入业务，推动公司治理示范创建见实效、上台阶，提升三亚特色"家"文化品牌，推动公司高质量发展。图南文化工作室被中华全国总工会职工书屋评选为全国示范性读书会，成为海南省唯一获得此殊荣的单位。

五、明晰经理职责：
设党支部（党总支）、经理层分公司

麻江供电局：探索党组织与经理层适度交叉新模式　助力企业高质量发展

1. 基本情况

贵州电网有限责任公司凯里麻江供电局（下文简称"麻江供电局"）成立于1994年4月，现有职工人数163人，党员47人，属设党支部、经理层分公司。内设部门15个，直属机构5个，供电所4个，服务面积1 222.20平方千米，供电总户数9.113 1万户。

在优化完善公司治理的实践中，县级供电企业由于仅设党组织和经理层两个治理主体，且成员一般重叠，部分党组织直接成为企业生产经营的决策和指挥中心，带来党的领导"事无巨细"等问题。如何将党的领导和公司治理有机融合、如何激发经理层活力，亟需基层单位探索解决。麻江供电局聚焦党支部和经理层人员高度重叠问题，通过改选支委委员，实现党支部和经理层适度交叉、相对独立、配备科学，给出了将公司治理的制度优势转换为治理效能的"麻江答案"。

2. 治理实践

（1）定方案明原则，实现党支部经理层正式分设

麻江供电局原有四级管理人员6名（党支部书记1名，总经理1名，副总经理3名，纪检委员1名）。为做到适度交叉，麻江供电局开展了解决党组织和经理层人员高度重叠问题的试点工作，通过方案的刚性实施完成党支部和经理层的正式分设，实现支委会、经理层之间的相互约束、有效制衡。

一是明确支委会设置及职责。支委会共设4名成员，其中设党支部书记1名（副总经理担任）、党支部副书记1名（总经理担任）、纪检委员1名，并从其余3名副总经理中选取1名工作经历丰富、群众认可度高、熟悉企业情况的任组织委员兼宣传委员。同时明确支委会职责：发挥战斗堡垒作用，把党的全面领导落实到基层；贯彻党中央决策部署和落实国家发展战略，依照党支部治理主体权责清单规定的职权和党支部议事规则规定的程序决定党的建设等方面的重大事项和

前置研究讨论重大经营管理事项。

二是明确经理层设置及职责。经理层共设 5 名成员，其中设总经理 1 名、副总经理 4 名。同时明确经理层职责：经理层是决策和执行机构，谋经营、抓落实、强管理，依照治理主体权责清单和总经理办公会议事规则行使职权。学习贯彻习近平总书记重要讲话和重要指示批示精神；研究贯彻落实党中央、国务院的决策部署，以及上级有关部委的决定、要求和工作部署；研究执行本局党组织有关决定的事项；研究决策经授权的重大事项；审定本局有关制度；研究部署生产经营管理有关重点工作。

麻江供电局原有支委会成员 6 名、经理层成员 5 名，人员高度重叠。在支委会、经理层正式分设后，改变了以往经理层的党员同志全部进入党组织领导班子的传统做法，根据党组织在重大经营决策中的定位，在经理层中差额推选，在推选中更加注重突出政治标准，而不是仅仅基于"交叉任职"要求，最终选出 1 名政治立场坚定、大局意识强、群众认可度高的副总经理进入党组织领导班子。改选后支委会成员 4 名、经理层成员 5 人，党支部和经理层的重叠人数由 5 人降至 3 人。确保了支委会和经理层既不缺位失位，也不越位错位，促进了党组织和经理层各自功能定位更加清晰，实现了两个治理主体有效制衡。（见图 8）

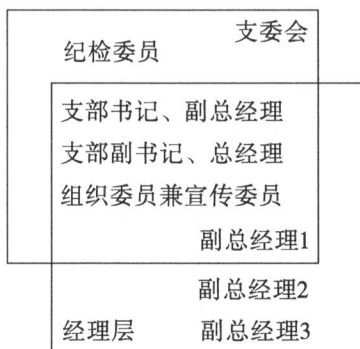

图 8　分设示意图

例如，麻江供电局审议"关于局属各食堂食材集中配送工作的请示"，支委会从关心关爱员工、防范福利费使用廉洁风险等方面，全面分析了食堂食材集中配送的优势；经理层则从合法合规、风险收益的角度出发，对食品安全、提高一线生产效率、计划预算等方面对议题进行了审议。实施集中配送制以后，福利费的使用更加规范透明，既降低了廉洁风险，也提升了管理效率。

（2）建立工作推进机制，全面完善公司治理体系

一是规范设置治理主体。严格落实"双向进入、交叉任职"领导体制，由党支部书记担任副总经理、党员总经理担任党支部副书记，实现治理主体有效制衡，治理结构科学完善。实行契约化管理模式。全面执行经理层成员任期制和契约化管理，围绕经理层岗位职责，科学设定经营业绩考核指标，严格任期管理。组织经理层及中层干部签订任期制和契约化管理责任书，覆盖率达100%。

二是规范修编及时印发治理文件。参照南方电网公司治理文件范本，对治理文件进行本地化规范修编，编制印发《麻江供电局治理主体权责清单（2022年版）》《麻江供电局"三重一大"决策管理制度》《麻江供电局党支部议事规则》和《凯里麻江供电局总经理办公会议事规则》，治理文件编制及时、齐全完整。建立治理文件与管理制度协同机制。按照《凯里网区治理权责清单对比表》《凯里局2022年制度图谱与制度建设计划》，全面梳理各项规章制度，废止与治理文件与规定不符的管理制度3份，确保权责清单对企业规章制度的统领性和协调性。

三是上下联动高效监测。编制印发《麻江供电局2022年会议活动计划和决策性会议规定议题安排表》，加强决策性会议的计划性。为确保会议运转规范，按月对支委会、总经理办公会的会议纪要、会议记录等会议资料进行自查，并在公司治理专班的指导下限时完成整改。通过上下联动动态监测，确保运行机制高效管控、及时纠偏、立行整改，实现会议监测全覆盖。治理主体协调运转有效制衡。党支部按规定前置研究讨论重大经营管理事项及干部管理权限范围内的人事任免事项，经理层决策聚焦任务的分解落实。2022年治理主体决策数：支委会107次、前置研究讨论36次、总经理办公会55次；与2021年同期比较，支委会决策数降低19.55%、总经理办公会决策数增长58.18%，决策效率有效提升。

四是支持保障提高治理意识。按月对中层干部及以上管理人员培训公司治理内容，通过学习《南方电网公司治理工作问答手册》《决策性会议注意事项及要点》等内容，梳理决策性会议全过程注意事项及规范要点难点，用"以学促用"的培育模式提升治理队伍业务能力，累计培训4期，合计86人次。积极开展公司治理宣传工作，运用工作群和电子屏投放，统一思想、营造氛围，实现运转监控、素质提升、治理效能相互促进。

（3）探索党支部三种前置研究方式，提升党支部决策效率

一是编制三种前置研究方式清单。按照"梳理事项、明确标准、提炼方法"

的工作思路，在权责清单明晰党组织"定"和"议"的基础上，编制印发《麻江供电局党支部三种前置研究方式分类清单（2022 年版）》，共计前置研究讨论事项 23 项，其中制度审议 1 项，综合审议 1 项，一事一议 21 项。

二是探索党支部三种前置研究方式落地执行。结合麻江供电局创建南方电网公司改革标杆示范企业的重点任务，将"本单位一流企业建设实施方案"列为综合审议事项，一流企业建设相关 11 项指标的工作方案不再逐一过会，有效解决制度框架下同类事项的反复研究问题，缩短决策流程。从实践上厘清了党支部前置研究边界的实现形式和方法，推动党支部把关定向更加精准高效，在有效控制决策风险的同时，大幅提升决策效率，将制度优势转化为治理效能。

3. 治理成效

成为南方电网公司系统内率先实现党组织和经理层适当交叉、相对独立、配备科学的分公司。2022 年 6 月 29 日，麻江供电局党支部党员大会审议并通过了两名支委成员辞去委员职务的议题，标志着麻江供电局正式成为南方电网公司系统内率先实现党组织和经理层适当交叉、相对独立、配备科学的分公司，相关签报获得南方电网公司董事长孟振平肯定性批示。典型案例《贵州电网公司探索县级供电企业党支部经理层分设新模式》分别在人民网、中国新闻网、南方电网报等多家媒体刊发；《探索党组织与经理层适度交叉新模式 奋力创建成为南方电网公司治理优秀企业》入选南方电网公司基层优秀典型改革案例。

被评定为南方电网公司 2022 年度公司治理优秀企业。本着勇于创新、规范实践的精神，麻江供电局各治理主体始终坚持依法履职、科学决策，连续四年被评为凯里网区党建责任制和经营业绩考核"双 A"企业，连续十年获得"全省文明单位"荣誉称号。2022 年 8 月，麻江供电局被评为南方电网公司管理提升"三个标杆"中的标杆企业，是贵州电网公司唯一获评的县级供电企业。2022 年 12 月，麻江供电局被评定为南方电网公司 2022 年度公司治理优秀企业，是优秀企业中唯一设党支部（党总支）、经理层的分公司。

六、增进市场效能：控股上市公司

（一）南网储能公司："五定"原则、"六项"举措筑牢公司战略落地的治理基石

1. 基本情况

南方电网储能股份有限公司（下文简称"南网储能公司"）是南方电网控股上市公司，主营业务包括调峰水电、抽水蓄能和新型储能的开发、投资、建设和运营管理。2021年9月，南方电网对旗下上市公司云南文山电力股份有限公司实施重大资产重组，将全资子公司南方电网调峰调频发电有限公司（下文简称"调峰调频公司"）100%股权注入上市公司。2022年9月28日，文山电力股份有限公司更名为南方电网储能股份有限公司，正式登陆上海证券交易所，成为我国首个主营抽水蓄能及新型储能业务的上市公司。

2022年是南网储能公司的改革发展大年，资产重组上市、"国企改革三年行动"、科改示范行动、深化集约化专业化改革等重大改革任务全面铺开，抽水蓄能业务、新型储能业务快速发展。在全面落实南方电网公司法人治理工作部署基础上，南网储能公司坚持"五定"原则，构建差异化法人治理体系，实施"六项"举措，优化上市后法人治理体系，进一步提升公司治理体系和治理能力现代化水平，加快中国特色现代企业制度的落地见效，为顺利完成各项重大改革任务、推动公司战略落地提供了坚实保障。

2. 治理特色

（1）坚持"五定"原则，构建差异化法人治理体系，为推动公司战略落地提供坚强保障

在服务"双碳"目标以及规划建设新型能源体系的大背景下，公司抽水蓄能业务迎来重大战略发展机遇。根据南方电网公司规划目标，"十四五"将新增抽水蓄能装机600万千瓦，"十五五""十六五"各新增装机1 500万千瓦。为满足业务快速发展需要，南网储能公司坚持"五定"原则，针对集约化、专业化管控模式，构建差异化法人治理体系，为推动公司战略落地奠定治理基础。

一是定发展战略。南网储能公司积极贯彻落实《南方电网公司"十四五"

发展规划和 2035 年远景目标展望》，主动在服务"双碳"目标，规划建设新型能源体系中找准定位，明确提出了"两军两者"的战略定位，即"做构建新型电力系统生力军、调峰调频领域主力军，抽水蓄能投资建设与运营管理引领者、新型储能建设运营与技术创新领跑者"。

二是定管控策略。根据南网储能公司的发展战略和业务发展方向，针对不同业务领域，制定不同的管控策略。在抽水蓄能业务领域，认真落实孟振平董事长提出的"加强集约化、专业化能力建设……更好地适应抽蓄建设运行规模扩大的实际"要求，对 10 家项目公司、5 家专业分公司实施"运营型管控"，在尊重子公司法人主体地位及独立人格的前提下，促进核心资源的优化配置和各分子公司的有效协同，真正实现规模效应、协同效应、结构效应，确保公司整体利益的最大化。在新型储能业务领域，南网储能公司下属的南方电网调峰调频（广东）储能科技有限公司（下文简称"储能科技公司"），作为新型储能业务建设投资主体，面临激烈的市场竞争，需要建立敏捷高效的经营决策机制，对其管控模式由原来的经营型管控转变为战略型管控。

三是定授权大小。结合各分子公司定位和管控策略，应用精准授权模型，对各出资企业进行授权评估，确定各类出资企业授权类型。对项目公司采用一般授权，在全面落实子公司董事会职权的基础上，考虑到集约化专业化改革以后业务范围缩小、人员高度精简，进一步减少授权、加强管控。对专业公司采用适度授权，按照"让专业的人做专业的事"的原则，适度扩大各专业公司在专业领域、专业事项上的授权。对储能科技公司采用高度授权，根据其内部管理体系的健全程度和市场化改革的推进情况，授予其与行业特点、发展阶段和风险控制能力相匹配的决策权。

四是定治理结构。根据出资企业的不同战略定位及管控策略，按照依法合规、规范高效的原则，设置不同的治理结构。对于控股项目公司，严格按照公司章程设置"四会一层"，全面实现董事会应建尽建和外部董事占多数。对于全资项目公司，由于规模较小、业务单一、市场稳定，按照精简高效的原则，设置党支部、执行董事及经理层。对于全资的储能科技公司，配齐配强其董事会成员，并委派财务和储能领域专家各 1 名作为其外部董事，以适应其业务特点和市场发展需要。

五是定治理机制。全面应用《南方电网公司不同治理结构公司治理范本》，及时修订出资企业章程、权责清单、议事规则等治理文件，保障中国特色现代企业制度有效落地。控股项目公司，重点是落实董事会六项职权；全资项目公司，重点是明确执行董事的职责权利和行权方式；储能科技公司，重点是将高度授权的原则落实到具体决策事项。编制《外部董事监事履职保障工作方案》《出资企业外部董事监事管理办法》《出资企业董事会、监事会评价管理办法》《出资企业外部董事监事行权履职管理细则》《董事会授权管理细则》等制度文件，进一步完善治理机制，推动各子企业董事会规范运作。

（2）实施"六项"举措，优化上市后法人治理体系，为压缩管理层级贡献实践经验

资产重组完成后，由于地方政府诉求以及税收等原因，南网储能公司和调峰调频公司短期内不能吸收合并，导致增加了一个法人层级。为提升上市公司质量和管理效率，按照"战略引领、依法合规、平稳过渡"的原则，通过压缩管理层级、优化组织机构、理顺治理机制等"六项"举措，对南网储能公司和调峰调频公司的法人治理体系进行系统设计，确保重组前后生产经营平稳过渡和员工队伍稳定。

一是压缩管理层级。通过分析比对，选择由南网储能公司作为运营主体，配置完整的内设机构和齐备的管理人员，在遵循上市公司监管要求的前提下，依法合规开展各项经营活动；通过签订委托代管协议的形式，将调峰调频公司经营管理事项委托南网储能公司开展，下属各分子公司由南网储能公司穿透管理。

二是优化组织机构。在保留原单位基础上，新设南网储能广州分公司、云南储能有限责任公司，有效解决注册地与办公地不一致、小水电业务管理困难的问题。

三是简化党组织设置程序。将调峰调频公司党委更名为南网储能公司党委，调峰调频公司党委所属各级党组织，结合更名情况作相应调整。

四是差异化设置治理结构。南网储能公司设股东大会、党委、董事会、监事会、经理层。调峰调频公司仅设执行董事及监事各1名，执行董事兼任总经理。

五是理顺治理机制。南网储能公司对其子公司行使股东权利和日常经营管理权；对其分公司行使日常经营管理权；对调峰调频公司所属子公司行使除处分权、收益权以外的其余股东权利；对调峰调频公司子公司及分支机构行使日常经营管理权。

六是精简内设机构。调峰调频公司不设内设机构，将其原部门成建制划转至公司，并根据上市需要，南网储能公司设置专职的董事会办公室，调整部分部门名称或职责，进一步精简内设机构。为高效推进上述工作，南网储能公司制订了"三表四册"（任务表、时间表、议案表，资产重组操作手册、管理模式调整操

作手册、小水电交接操作手册、职工董事监事选举操作手册），将重组项目调整公司治理结构的时间由常规的 4 个月缩减到 1 个月，跑出了资本运作的加速度，体现了公司治理的优秀基因，得到了资本市场高度认可。

3. 治理成效

公司治理能力持续提升。党的领导充分融入公司治理各环节，党组织在企业改革发展中的领导核心地位持续巩固，公司基本建立了"权责法定、权责透明、协调运转、有效制衡"的治理机制，中国特色现代企业制度基本成熟定型，公司治理水平和治理效能不断提升。2022 年，南网储能公司被评为南方电网"公司治理优秀企业"，深蓄公司、储能科技公司被评为南方电网"公司治理良好企业"。

公司业务发展跃上台阶。通过理顺治理机制，充分激发了各出资企业干事创业热情，公司抽水蓄能及新型储能业务迅速发展壮大。提前全面投产梅蓄一期、阳蓄一期工程，公司抽蓄装机突破 1 000 万千瓦。南宁、梅蓄二期，肇庆浪江和惠州中洞 4 座抽水蓄能电站主体工程开工建设。启动 13 个新项目前期工作，完成 9 个项目预可研审查，新增签约 5 个项目，项目储备超过 2 800 万千瓦。已投运储能项目 5 个，在建储能项目 3 个，新型储能项目储备超过 700 万千瓦。

（二）南网科技公司：深化改革攻坚开创科技型企业高质量发展新局面

1. 基本情况

南方电网电力科技股份有限公司（下文简称"南网科技公司"）组建于 2017 年，是国家认定的高新技术企业，国资委"科改示范标杆企业"。2021 年，公司通过混合所有制改革成功登陆科创板，成为电力行业首家科创板上市公司。公司始终坚定改革信念，对标优质上市公司，以建立完善中国特色现代企业制度为重要抓手，建立健全公司治理体制机制，持续深入推动改革。

2. 治理实践

（1）优化结构，增强上市公司治理专业性

一是引入外部资本，实现股权结构多元化。以"引资、引制、引智"为导向，建立多维度遴选评估模型，并通过产权交易所公开挂牌的方式成功引入 5 家战略投资者，实现央企和地方国企交叉持股，从单一股东行政式管控模式向多元化股东的现代公司治理模式转变。

二是引入独立董事，实现董事会成员专业多维化。着力打造成员背景多样、结构合理的董事会，实现 9 名董事成员中外部董事占多数，引入 3 名具有丰富上市公司治理经验的独立董事，2022 年，独立董事共发表独立意见 25 条。扩充董事会席位，增设南方电网系统外小股东委派非执行董事 1 名，积极发挥小股东"当家人"的作用。

三是强化职能分工，发挥专委会专业优势。成立 4 个董事会专门委员会，其中战略与投资委员会负责科技创新工作职责，并在外部董事中引入 1 名与公司主营业务关联度较高的科技领军人才，为董事会科技创新相关重大决策提供建议和支撑。2022 年，公司专委会累计开会 19 次，审议议题 54 项，外部董事通过参与专门委员会工作，充分发挥其专业背景优势，深度支撑董事会运作。

（2）建章立制，提高上市公司治理规范性

一是以章程定基准。以《上市公司章程指引》为蓝本，清晰界定各治理主体法定权责，充分发挥章程的统领作用。规范和完善公司章程中党建工作内容，落实党委在公司法人治理结构中的法定地位。以章程为治理行为执行监督依据，纠正与公司章程不符的治理现象，形成以问题为导向的章程持续优化机制。

二是以清单明权责。梳理公司法律法规、上市监管规则及国资委最新政策要求，与公司现行制度逐条比对，归纳缺漏项、差异点，构建《治理主体权责清单》，对各治理主体在 17 个业务领域、35 个一级业务和 141 个具体权责事项进行动态化、清单式管理，确保法定权责全进清单。全网率先将决策流程、董事会专门委员会、职代会和独立董事发表意见、法律审核要求等核心要素融入清单，明确行权方式及主体、行权路径，实现"一表在手，一目了然"。

三是以制度保运行。建立符合上市公司治理规范要求的治理机制，构建以章程为统领、"四会一层"议事规则为主链条的公司治理制度体系。在满足上市公司治理监管要求的基础上，落实控股股东管控要求，进一步细化规范会议提案、召集、审议、表决工作机制等要求，便于控股股东合规的精准管控，确保各治理主体行权履职的每一环节均有章可循，推动治理型行权常态化。

（3）多措并举，提升上市公司治理协调性

作为国有控股上市公司，南网科技公司在完善法人治理的过程中始终坚持以法律法规、党章规定、国资监管、证券监管等规范为准绳，统筹整合党组织、股东、国资监管者等多重角色定位，从管控依据、角色、事项、路径、载体等各维度理顺母子公司间关系，实现公司独立经营与控股股东行权管控协调一致。

一是坚持"管治"结合，以"三个依托"为抓手，优化股东行权路径。对于落实党中央重大决策部署、国家重大战略以及国资监管的事项，采用"管理型"模式，按照控股股东依托职能管控的行权路径履行内部审核流程，加强管控要求的执行力、业务监督的穿透力；对于业务复杂、风险敞口较大的重大经营决策事项，实施"治理型"模式，控股股东依托股东代表和依托外部董事将股东意志转化为公司内部管理要求，充分保障上市公司独立性和市场主体地位。

二是坚持"方案"统领，以"制度"为支撑，全面落实董事会职权。公司将落实董事会职权与经营管理重点任务同部署、同谋划、同推进，制订《落实董事会职权工作方案》，逐步推进构建完备的董事会职权制度体系，实现方案、制度、清单间的协调有序运作。2022 年，公司共召开董事会 10 次，审议通过议案84 项，有力发挥董事会定战略、作决策、防风险作用；公司以满分通过国资委董事会建设抽查，荣获国资委"科改示范行动"评估最高标杆评级。

三是坚持"效益"导向，以"赋能"为目标，推进董事会科学授权。构建董事会授权规范体系，按照"重大事项不授权"和"二八原则"，优化董事会授权层级、额度等要求，合理设置授权权限，提升决策效率。在法定权责以外，将与董事会法定权责事项密切关联的实质性事项 8 项，授权董事长；将流程性强、实操性强或价值判断依赖度小的 8 项程序性事项，授权总经理。

（4）督行促办，保障上市公司治理合规性

一是强化证券事务管理。提高重大决策事项信息披露质量，对需要对外披露的决策事项，通过统一提案格式、使用内容要素指引，做到董事会、股东大会议题文件与公告文本同步审核，确保信息披露内容真实准确、依据充分。制定《内幕信息保密管理规定》，严格管理内幕信息，做好内幕信息知情人登记，有效防范内幕交易，规范董、监、高等关键少数合法合规履职，促使上市公司信息披露更规范透明，为公司治理和业务健康发展奠定基础。加强投资者关系管理，提升中小股东参与公司治理的积极性，有效保护中小股东权益，探索完善多元化股东的公司治理模式。发挥上市平台功能，规范公司投资交易全流程管理，明确各治理主体职责，高效推进项目，2022 年公司聚焦主营业务，完成首例股权投资项目。

二是落实董、监、高履职保障。制订发布董事会年度会议计划，对投资事项、关联交易、职工薪酬分配等重大事项提前部署，便于董事及时掌握公司经营管理动向。严格落实董事会"预沟通"工作要求，在发出董事会会议通知之前向各位董事征求议案意见，根据反馈及时完善议题文件，提高决策质量。进一步完善公司风险管理体系，为董、监、高购买保额 5 000 万元/年的责任险，增强董事、监事和高级管理人员履职保障。

三是探索构建 ESG 体系。公司高度重视践行社会责任，切实把全面社会责任管理融入企业发展战略，并将安全生产、生态保护、维护稳定、社会责任等方面的重要事项纳入权责清单，明确决策主体为公司董事会，彰显了公司在助力实现"双碳"目标中的使命担当。提高 ESG 管理理念，主动学习研究主流 ESG 标准，设计符合企业实际的责任管理理念或社会责任管理模型，发布公司上市后首份《环境、社会及管治报告》，初步构建符合企业实际的 ESG 体系及信息披露机制。

3. 治理成效

盈利能力不断增强，发展质量持续向好。公司 2018—2021 年总资产增 7 倍、营收增 4 倍、利润增 10 倍、研发投入增 4 倍、人工成本利润率增 2 倍，效益效率大幅提升。截至 2022 年三季度，公司实现营业收入 11.06 亿元，同比增长 50.13%；净利润 1.36 亿元，同比增长 162.07%。自 2018 年以来，公司总资产增 7 倍、营收增 4 倍、净利润增长近 10 倍、复合增长率 119%、营收利润率增长超 7 个百分点。

资本市场发展态势稳中有升，治理水平持续加强。公司通过完善公司治理体系、优化信息披露机制、常态化高质量召开业绩说明会等方式主动加强投资者关系管理，使得中小股东更深入了解公司的重大经营决策，提升投资者对公司战略和长期投资价值的认同感，2022 年获得钛媒体最佳投资者关系管理上市公司奖项，树立了良好的资本市场形象。截至 2022 年 12 月 31 日，公司收盘价 57.1 元，较上年末（23.1 元）增长 147.98%，涨幅为科创板排名第一、广州地区 A 股上市公司排名第一，总市值 322.44 亿元，在广州地区科创板上市公司中排名第一。

科技创新成果丰硕，硬核实力明显增强。基于丝路 InOS 操作系统核心技术的"智能低压配电系统项目"获得国资委"熠星创新创意大赛"创业类一等奖；实施世界首例由电化学"储能调频+黑启动"9F 重型燃机项目，连续两年荣获国际储能创新大赛创新典范 TOP 10 奖；推进广东省重大研发计划源网荷储协同项目，抢跑新型电力系统"源网荷储"赛道；"慧眼"无人机产品体系日渐完备，省级无人机巡检调度平台成功上线运行；完成电网侧一体化挂网运行储能模块等标准化产品研发，开拓了电网侧储能的广阔天地；智慧电厂自动化改造技术在台山电厂落地应用。

附录二　企业简称对照表

企业简称	企业全称
南方电网公司/南方电网	中国南方电网有限责任公司
广东电网公司	广东电网有限责任公司
广西电网公司	广西电网有限责任公司
云南电网公司	云南电网有限责任公司
贵州电网公司	贵州电网有限责任公司
海南电网公司	海南电网有限责任公司
深圳供电局	深圳供电局有限公司
超高压公司	中国南方电网有限责任公司超高压输电公司
南网储能公司	南方电网储能股份有限公司
南网产业投资集团	南方电网产业投资集团有限责任公司
鼎元资产公司	南方鼎元资产运营有限责任公司
南网能源公司	南方电网综合能源股份有限公司
南网国际公司	南方电网国际有限责任公司
南网云南国际公司	南方电网云南国际有限责任公司
南网资本控股公司	南方电网资本控股有限公司
南网财务公司	南方电网财务有限公司
鼎和保险公司	鼎和财产保险股份有限公司
南网党校（南网培训中心、南网领导力学院）	中共中国南方电网有限责任公司党校（中国南方电网有限责任公司培训与评价中心、中国南方电网有限责任公司领导力学院）
南网北京分公司	中国南方电网有限责任公司北京分公司
南网数字集团	南方电网数字电网集团有限公司
南网供应链集团	南方电网供应链集团有限公司

（续上表）

企业简称	企业全称
南网能源院	南方电网能源发展研究院有限责任公司
南网科研院	南方电网科学研究院有限责任公司
广州电力交易中心	广州电力交易中心有限责任公司
南网传媒公司	南方电网数字传媒科技有限公司
南网科技公司	南方电网电力科技股份有限公司
南网物资公司	南方电网物资有限公司
贵州送变电公司	贵州送变电有限责任公司
前海蛇口供电公司	前海蛇口供电公司
南方电网大数据公司	南方电网大数据服务有限公司
融资租赁公司	南网融资租赁有限公司
金秀供电公司	广西新电力投资集团金秀供电有限公司
珠海供电局	广东电网有限责任公司珠海供电局
柳州供电局	广西电网有限责任公司柳州供电局
玉溪供电局	云南电网有限责任公司玉溪供电局
贵阳供电局	贵州电网有限责任公司贵阳供电局
三亚供电局	海南电网有限责任公司三亚供电局
麻江供电局	贵州电网有限责任公司凯里麻江供电局
储能科技公司	南方电网调峰调频（广东）储能科技有限公司

参考文献

［1］周其仁．产权与制度变迁：中国改革的经验研究［M］．北京：北京大学出版社，2004．

［2］刘汉民．企业理论、公司治理与制度分析［M］．上海：上海人民出版社，2007．

［3］陈清泰．重塑企业制度：30 年企业制度变迁［M］．北京：中国发展出版社，2008．

［4］吴敬琏，林毅夫，厉以宁，等．读懂中国改革 4：关键五年 2016—2020［M］．北京：中信出版社，2016．

［5］李维安，郝臣．公司治理手册［M］．北京：清华大学出版社，2015．

［6］李维安．公司治理学［M］．4 版．北京：高等教育出版社，2020．

［7］邵宁，秦永法，等．大企业治理构架［M］．南京：江苏人民出版社，2011．

［8］邵宁．国有企业改革实录（1998—2008）［M］．北京：经济科学出版社，2014．

［9］沈乐平，张咏莲．公司治理学：第二版［M］．大连：东北财经大学出版社，2015．

［10］王勇，邓峰，金鹏剑．混改下一步：新时代混合所有制改革的新思路［M］．北京：清华大学出版社，2018．

［11］王悦．混改：资本视角的观察与思考［M］．北京：中信出版集团，2019．

［12］习近平．习近平谈治国理政：第二卷［M］．北京：外文出版社，2017．

［13］晓甘．国民共进：宋志平谈混合所有制［M］．北京：企业管理出版社，2014．

［14］于强伟．股权架构解决之道：146 个实务要点深度释解［M］．北京：法律出版社，2019．

［15］张国宝．筚路蓝缕：世纪工程决策建设记述［M］．北京：人民出版社，2018．

［16］张文魁．混合所有制的公司治理与公司业绩［M］．北京：清华大学出版社，2015．

［17］张文魁，等．混合所有制与现代企业制度：政策分析及中外实例［M］．北京：人民出版社，2017．

［18］张思平．思平讲话实录：第二卷［M］．深圳：海天出版社，2015．

［19］中共中央文献研究室．十八大以来重要文献选编［M］．北京：中央文献出版社，2014．

［20］WHICOP M J. Corporate governance in government corporations［M］．高明华，译校．北京：经济科学出版社，2010．

［21］常健．论公司章程的功能及其发展趋势［J］．法学家，2011（2）．

［22］陈清泰．资本化是国企改革的突破口［J］．中国金融，2016（4）．

［23］陈晓华．从党建视角探索新时代国企高质量发展的实现路径［J］．理论探索，2019（3）．

［24］陈岩鹏．国资委力推淡马锡模式：国网等16家央企纳董事会试点［EB/OL］.（2015－01－26）［2022－10－21］. http：//www. byqsc. net/news/show－3901. html.

［25］程浩，管磊．对公共产品理论的认识［J］．河北经贸大学学报，2002（6）．

［26］杜国功．坚持系统观念谋划推进国有企业改革［N］．经济参考报，2021-03-22．

［27］杜莹，刘立国．股权结构与公司治理效率：中国上市公司的实证分析［J］．管理世界，2002（11）．

［28］房巧玲，刘明硕，崔宏．国有企业内部监督体系研究：理论渊源、现实困境与实施路径［J］．财会通讯，2022（14）．

［29］付永刚，刘启．党组织参与对公司治理水平及企业绩效的影响研究：基于国有企业三层委托代理关系视角［J］．科技与管理，2020，22（2）．

［30］高明华．论国有企业分类改革和分类治理［J］．行政管理改革，2013（12）．

［31］郭培民．基于企业资源论的母子公司性质及管理策略研究［D］．杭州：浙江大学，2001．

［32］张林山．国企改革历程回顾与当前改革重点［J］．中国经贸导刊，2015（7）．

［33］韩书臣，张学斌．国有企业推行职业经理人制度的实操经验总结与思考［J］．中国人事科学，2021（5）．

［34］韩喜平，郝婧智．人类文明形态变革与中国式现代化道路［J］．当代世界与社会主义，2021（4）．

［35］何瑛，杨琳．改革开放以来国有企业混合所有制改革：历程、成效与展望［J］．管理世界，2021，37（7）．

［36］贺金生，等．完善中国特色现代企业制度建设，规范治理，主动求变，走市场化改革之路［C］//中国企业改革与发展研究会．中国企业改革发展优秀成果2020（第四届）：上卷．北京：中国商务出版社，2020．

［37］黄辉．国企改革背景下母子公司债务责任问题的规制逻辑和进路［J］．中外法学，2017（6）．

［38］黄辉．公司集团背景下的法人格否认：一个实证研究［J］．中外法学，2020，32（2）．

［39］黄良杰．党委领导与国有企业治理：理论与实践［J］．财会通讯，2019（11）．

［40］黄群慧，余菁．新时期的新思路：国有企业分类改革与治理［J］．中国工业经济，2013（11）．

［41］黄群慧．"新国企"是怎样炼成的：中国国有企业改革40年回顾［J］．中国经济学人（英文版），2018（1）．

［42］黄群慧．以高质量发展推进中国式现代化［J］．上海质量，2022（12）．

［43］黄群慧．国有企业在中国式现代化建设中的新使命新任务［J］．支部建设，2022（35）．

［44］黄群慧．国有企业分类改革论［J］．经济研究，2022，57（4）．

［45］黄速建，肖红军，王欣．论国有企业高质量发展［J］．中国工业经济，2018（10）．

［46］黄速建，肖红军，王欣．竞争中性视域下的国有企业改革［J］．中国工业经济，2019（6）．

［47］黄晓春．党建引领下的当代中国社会治理创新［J］．中国社会科学，2021（6）．

［48］坚持党的领导、加强党的建设是国有企业的"根"和"魂"［J］．国

资报告，2021（10）.

［49］坚持党对国有企业的领导不动摇　开创国有企业党的建设新局面［N］. 人民日报，2016-10-12（1）.

［50］姜付秀，王莹. 国有企业公司治理改革的逻辑：从国家治理到公司治理［J］. 经济理论与经济管理，2021，41（6）.

［51］金碚. 关于"高质量发展"的经济学研究［J］. 中国工业经济，2018（4）.

［52］李季. 企业社会表现与企业绩效关系研究［D］. 上海：复旦大学，2008.

［53］李寿喜. 产权、代理成本和代理效率［J］. 经济研究，2007，42（1）.

［54］李维安，郝臣. 中国公司治理转型：从行政型到经济型［J］. 资本市场，2009（9）.

［55］李维安. 企业改革进入公司治理新阶段［J］. 南开管理评论，2001（1）.

［56］李笑宇. 党的领导嵌入国家治理的三重维度：理论逻辑与实践路径［J］. 公共治理研究，2021，33（6）.

［57］李珍刚，古桂琴. 清单式治理在中国公共领域的兴起与发展［J］. 江西社会科学，2020，40（8）.

［58］李政. 创新与经济发展：理论研究进展及趋势展望［J］. 经济评论，2022，237（5）.

［59］林毅夫，李周. 现代企业制度的内涵与国有企业改革方向［J］. 经济研究，1997（3）.

［60］林毅夫，李志赟. 政策性负担、道德风险与预算软约束［J］. 经济研究，2004，39（2）.

［61］刘泉红. 董事会职权改革与央企治理机制的关联度［J］. 改革，2014（11）.

［62］刘媛媛. 探索大型国企集团治理转型与管控模式的新思路［J］. 宏观经济研究，2015（3）.

［63］柳学信，孔晓旭，王凯. 国有企业党组织治理与董事会异议：基于上市公司董事会决议投票的证据［J］. 管理世界，2020，36（5）.

［64］柳学信，李胡扬，孔晓旭. 党组织治理对企业 ESG 表现的影响研究［J］. 财经论丛，2022（1）.

［65］鲁桐，党印. 改善国有企业公司治理：国际经验及其启示［J］. 国际

经济评论, 2015 (4).

[66] 罗新宇. 国有企业分类与分类监管 [M]. 上海：上海交通大学出版社, 2014.

[67] 罗志荣. 国企改革：十年攻坚探出发展新路子 [J]. 企业文明, 2013 (3).

[68] 马连福, 王元芳, 沈小秀. 中国国有企业党组织治理效应研究：基于"内部人控制"的视角 [J]. 中国工业经济, 2012 (8).

[69] 马连福. 党组织嵌入国有企业治理结构的三重考量 [J]. 改革, 2017 (4).

[70] 非凡十年·国企改革 | 十年来国企资产增长 2. 6 倍 已有 96 家国企进入世界 500 强 [EB/OL]. (2022 - 10 - 12). https：//baijiahao. baidu. com/s? id = 1746470113663373958&wfr = spider& for = pc.

[71] 孟圆. 国企社会责任工作观察 [J]. 国资报告, 2023 (3).

[72] 孟振平. 完善中国特色现代企业制度 加快把南方电网公司建成世界一流企业 [J]. 国资报告, 2022 (11).

[73] 孟振平. 将"国之大者"铭于心、践于行 [J]. 当代电力文化, 2022 (7).

[74] 孟振平. 加强党的全面领导 探索公司治理南方电网公司实践 [J]. 旗帜, 2022 (7).

[75] 孟振平. 构建科学授权体系 深化国有企业改革 [J]. 企业管理, 2021 (A1).

[76] 孟振平. 服务和融入国家大局发挥电网企业战略支撑作用 [J]. 中国产经, 2021 (23).

[77] 孟振平. 在新的历史起点上全面深化国企改革 [J]. 当代电力文化, 2020 (04).

[78] 孟振平. 新时代国有企业改革发展的根本遵循 [J]. 电力设备管理, 2020 (02).

[79] 潘石, 李莹. 战后日本国有企业私有化的特点、后果评析及启示 [J]. 现代日本经济, 2012 (6).

[80] 彭斌, 庞欣. 嵌入式领导：新时代党的领导融入国企治理体系的机制分析：以组织、责任与制度为分析视角 [J]. 云南社会科学, 2022 (2).

[81] 平新乔, 范瑛, 郝朝艳. 中国国有企业代理成本的实证分析 [J]. 经

济研究，2003（11）.

［82］钱婷，武常岐．国有企业集团公司治理与代理成本：来自国有上市公司的实证研究［J］．经济管理，2016，38（8）。

［83］强舸．"国有企业党委（党组）发挥领导作用"如何改变国有企业公司治理结构?：从"个人嵌入"到"组织嵌入"［J］．经济社会体制比较，2019（6）.

［84］乔雪莲．母子公司管控模式设计及其影响因素的实证研究［D］．天津：天津大学，2011.

［85］孙立平，王汉生，王思斌，等．改革以来中国社会结构的变迁［J］．中国社会科学，1994（2）.

［86］盛明泉，李昊．预算软约束、过度投资与股权再融资［J］．中南财经政法大学学报，2010（4）.

［87］汪建康．基于子公司主导行为的企业集团母子公司治理研究［D］．哈尔滨：哈尔滨工程大学，2007.

［88］王宏淼．中国国企改革过程中公司治理特征、挑战与对策［J］．经济纵横，2022（6）.

［89］王纪平，邓可欣．正向激励：国企高质量发展的内在驱动力［J］．管理会计研究，2021，4（6）.

［90］王敏．在国企建立职业经理人制度的思考：从身份到契约［J］．现代管理科学，2017（10）.

［91］王勇．国务院关于国有企业改革与发展工作情况的报告：2012年10月24日在第十一届全国人民代表大会常务委员会第二十九次会议上［N］．中华人民共和国全国人民代表大会常务委员会公报，2012-11-15.

［92］王志刚．加快科技自立自强和科技强国建设步伐［J］．智慧中国，2022（1）.

［93］翁杰明．国企改革三年行动推动国资国企领域发生深刻变革［N］．学习时报，2023-02-10.

［94］翁杰明．勇当加快建设世界一流企业主力军排头兵　在新征程上作出国资国企更大贡献［J］．现代国企研究，2022（9）.

［95］武常岐，钱婷．集团控制与国有企业治理［J］．经济研究，2011，46（6）.

［96］武常岐，张林．国企改革中的所有权和控制权及企业绩效［J］．北京

大学学报（哲学社会科学版），2014，51（5）.

［97］习近平．关于《中共中央关于党的百年奋斗重大成就和历史经验的决议》的说明［N］．人民日报，2021-11-17（2）.

［98］习近平．关于《中共中央关于坚持和完善中国特色社会主义制度 推进国家治理体系和治理能力现代化若干重大问题的决定》的说明［N］．人民日报，2019-11-06（4）.

［99］习近平．当前经济工作的几个重大问题［J］．求是，2023（4）.

［100］肖红军．面向"十四五"的国有企业高质量发展［J］．经济体制改革，2020（5）.

［101］肖红军．推进国有经济产业布局优化和结构调整的方法论［J］．改革，2021（1）.

［102］肖谦．中国南方电网公司发展战略评价［D］．北京：清华大学，2004.

［103］中央组织部组织局．学习贯彻《中共中央关于进一步加强和改进国有企业党的建设工作的通知》问答［J］．党建研究，1997（5）.

［104］杨瑞龙．新时代深化国有企业改革的战略取向：对习近平总书记关于国有企业改革重要论述的研究［J］．改革，2022（6）.

［105］杨瑞龙．中国特色社会主义经济理论的微观分析基础［J］．上海经济研究，2020（10）.

［106］杨瑞龙．国有企业改革逻辑与实践的演变及反思［J］．中国人民大学学报，2018，32（5）.

［107］杨瑞龙．中国特色社会主义政治经济学逻辑下政府与市场之间的关系［J］．政治经济学评论，2016，7（4）.

［108］杨瑞龙，王元，聂辉华．"准官员"的晋升机制：来自中国央企的证据［J］．管理世界，2013（3）.

［109］叶林．股东会会议决议形成制度［J］．法学杂志，2011，32（10）.

［110］闫永，郭大鹏，刘青山．中国式国资治理［J］．国资报告，2023（4）.

［111］张浩，崔丽，侯汉坡．基于协同学的企业战略协同机制的理论内涵［J］．北京工商大学学报（社会科学版），2011，26（1）.

［112］张婷婷．独立董事勤勉义务的边界与追责标准：基于15件独立董事未尽勤勉义务行政处罚案的分析［J］．法律适用，2020（2）.

［113］张维迎．国企治理的最大问题［J］．董事会，2014（8）.

［114］张炜，逄锦彩. 国外国有资产监管体制比较研究［J］. 税务与经济，2013（3）.

［115］赵峡. 国资监管体制改革全面深化中央企业健康快速发展［EB/OL］.（2006-01-05）. http：//www. gov. cn/govweb/gzdt/2006-01/05/content_147686. htm.

［116］辛宇，徐莉萍，蔡祥. 控股股东性质与公司治理结构安排：来自珠江三角洲地区非上市公司的经验证据［J］. 管理世界，2008（6）.

［117］杨瑞龙. 新时期新国企的新改革思路：国有企业分类改革的逻辑、路径与实施［J］. 经济理论与经济管理，2017（5）.

［118］高培勇，黄群慧. 中国式现代化的理论认识、经济前景与战略任务［J］. 经济研究，2022，57（8）.

［119］周学东，李宏瑾，李康，等. 预算软约束、融资溢价与杠杆率：供给侧结构性改革的微观机理与经济效应研究［J］. 经济研究，2017，52（10）.

［120］周淳. 组织法视阈中的公司决议及其法律适用［J］. 中国法学，2019（6）.

［121］周建军. 国有企业彰显中国抗疫制度优势［EB/OL］.（2020-06-19）. https：//m. gmw. cn/baijia/2020-06/19/33925745. html.

［122］周丽莎. 国企外部董事制度研究与改革路径［J］. 国企管理，2022（1）.

［123］朱方伟，宋昊阳，王鹏，等. 国有集团母子公司管控模式的选择：多关键因素识别与组合影响［J］. 南开管理评论，2018，21（1）.

［124］朱国伟. 清单式管理：模式化的趋向与内卷化的破除［J］. 领导科学论坛，2019（3）.

［125］朱珊珊. 国有企业监督制度的困局与策略［J］. 经济体制改革，2020（1）.

［126］BERLE A，MEANS G. The modern corporation and private property［M］. New York：Commerce Clearing House，1932.

［127］COASE R H. The nature of the firm［J］. Economica，1937（4）.

［128］ALCHIAN A，DEMSETI H. Production，information cost，and economic organization［J］. American economic review，1972，62.

［129］MECKLING W，MICHAEL J. Theory of the firm：managerial behavior，agency costs and ownership structure［J］. Journal of financial economics，1976，3（4）.

［130］DENIS D K，MCCONNELL J J. International corporate governance［J］.

Journal of financial and quantitative analysis, 2003, 38 (1) .

［131］GILLAN S. Recent developments in corporate governance: an overview ［J］. Journal of corporate finance, 2006, 12.

［132］GROSSMAN S J, HART O D. The costs and the benefits of ownership: a theory of vertical and lateral integration ［J］. Journal of political economy, 1986, 94 (4) .

［133］HOLMSTROM B. Moral hazard and observability ［J］. Bell journal of economics, 1979, 10 (1) .

［134］JENSEN M C, MURPHY K J. Performance pay and top management incentives ［J］. Journal of political economy, 1990, 98 (2) .

［135］CHENHALL R H. Management control systems design within its organizational context: findings from contingency-based research and directions for the future ［J］. Accounting organizations & society, 2003, 28 (2-3) .